国家社会科学基金项目资助
本书受到云南省哲学社会科学学术著作
出版专项经费资助

鸡足山上的薪火

云南鸡足山的佛教圣地学研究

张庆松 著

中国社会科学出版社

图书在版编目（CIP）数据

鸡足山上的薪火：云南鸡足山的佛教圣地学研究 / 张庆松著 . —北京：
中国社会科学出版社，2017. 7
ISBN 978 - 7 - 5161 - 9475 - 1

Ⅰ. ①鸡… Ⅱ. ①张… Ⅲ. ①佛教史—云南 Ⅳ. ①B949. 2

中国版本图书馆 CIP 数据核字（2016）第 308835 号

出 版 人	赵剑英
责任编辑	许 晨
责任校对	张爱华
责任印制	张雪娇

出　　版	中国社会科学出版社
社　　址	北京鼓楼西大街甲 158 号
邮　　编	100720
网　　址	http：// www. csspw. cn
发 行 部	010 - 84083685
门 市 部	010 - 84029450
经　　销	新华书店及其他书店

印　　刷	北京君升印刷有限公司
装　　订	廊坊市广阳区广增装订厂
版　　次	2017 年 7 月第 1 版
印　　次	2017 年 7 月第 1 次印刷

开　　本	710×1000　1/16
印　　张	18.75
插　　页	2
字　　数	306 千字
定　　价	78.00 元

前　言

一　佛教圣地学的理论与方法

公元前 6 世纪，佛教诞生。早期佛教圣地与佛陀及其弟子真实事迹或遗物有关，且都在印度本土境内。事实上，佛陀及其弟子的活动范围是在印度本土境内，并未走出国门向外传教。公元前 3 世纪，阿育王向外大规模传播佛教，印度之外的亚洲地区陆续出现了很多新的佛教圣地。在远离印度本土，没有佛陀及其弟子的真实历史行迹的异质地理、异质文化环境里，新的佛教圣地是如何形成的呢？佛教圣地学即讨论在亚洲一定的历史时空里某个地方如何从一个"非圣"的地方演变成一个佛教"圣地"的原因与过程。佛教圣地学（Buddhist Sacred Geography）的名称，首见于罗柏松 2010 年发表于劳格文主编的《早期中国宗教》中的"佛教圣地学"[①]一文。罗柏松在此文中提出了"佛教圣地学"的名称及其研究内容和方法等，给予本书提供了可借鉴的一些母题和有益的启发。

（一）佛教圣地学的研究对象、范围、性质

佛教圣地学的研究对象是佛教圣地。佛教圣地学的主旨是解读佛教圣地的形成原因和历史变迁。[②]佛教圣地学的研究范围涉及佛教圣地所处的地理环境、历史文化、民族传统、政治制度、经济生活等背景资料；佛教圣地与佛陀、诸菩萨和名僧等佛教人物的相关性，包括真实的历史遗迹和文字的、口头的传说故事；佛教圣地形成的原因分析、发展变迁的现象及其背后深层次的社会因素等。佛教圣地学倾向于聚焦在这样一个路径：即

---

① James Robson, *Buddhist Sacred Geography*, see John Lagerwey, Pengzhi Lü: *Early Chinese religion*. Part Ⅱ, The period of division （220 AD—589 AD），Leiden Boston Brill，2010.

② 见杰姆斯·罗柏松 2009 年在中国人民大学暑期国际研讨班开设的《亚洲圣地学》课程大纲。

亚洲被认为是一个布满圣地的地方，这些具有奇特的自然风貌或神秘特征的圣地，适合于迎请佛陀驻足，也有助于僧人的修持和解脱。更进一步说，这种理解模式，把亚洲的景观看作是佛陀、诸菩萨和名僧以某种特别、神秘方式出现的道场。因此，佛教圣地学与宗教学、地理学、传播学、历史学、社会学和民族学等学科有交叉的地方。

与佛教圣地学最为接近的学科是宗教地理学（Religious Geography）。宗教地理学以探讨地理环境对宗教信仰的影响为研究开端。孟德斯鸠在《论法的精神》中第一次将东方各国的宗教起源归因于气候影响人的生理特点导致的"惰性"精神；19 世纪末美国地理学者辛普尔（E. C. Semple）认为地理环境对人类的精神气质影响直接反映在人们宗教活动的差异之中。美国 D. E. 索尔的专著《宗教地理学》（1967）和论文《地理学与宗教》（1981），为"宗教地理学"的确立奠定了基础。"宗教地理学"主要研究宗教的起源、分布规律及其与地理环境的关系，包括宗教的起源地分布和传播、宗教文化景观、宗教对自然环境的影响、宗教对政治地图的影响、宗教对区域经济和城市的影响，着重于宗教传播的地理背景、宗教活动的环境效应等。就佛教而言，"宗教地理学"与"佛教圣地学"的主要区别在于：宗教地理学关注的是佛教在地理学和历史学方面的发展，比如佛教寺院的形成与分布、佛教僧团的成立与发展等。换言之，宗教地理学更侧重从地理学视角还原宗教历史。[①] 而"佛教圣地学"更侧重分析佛教圣地"神圣性"的来源，强调佛教人物、佛教经典、社会背景及自然景观在佛教圣地形成与发展中的作用。就其学科性质归属而言，"佛教圣地学"仍属于宗教学的范畴。因此，"佛教圣地学"是宗教学与地理学、传播学、历史学、社会学和民族学等学科相交叉的一个分支学科。

（二）佛教圣地学的主要概念

1. 圣地、宗教圣地

《辞海》对圣地的解释有三个义项：神圣的境界、具有重大历史意义及纪念意义的地方以及宗教徒声称与教主生平事迹有重大关系的地

---

① James Robson, *Buddhist Sacred Geography*, see John Lagerwey, Pengzhi Lü: *Early Chinese religion*. Part Ⅱ, The period of division (220 AD—589 AD), Leiden Boston Brill, 2010, p. 1356.

方。显然，本文所讨论的圣地是指最后一个义项，即与宗教有关的地方，或可以称之为"宗教圣地"。如耶路撒冷、麦加等，早期佛教亦有"四圣地"之说：释尊诞生之地迦毗罗卫、成道之地菩提伽耶、初转法轮之地鹿野苑、涅槃之地拘尸那罗。后来佛教圣地的外延扩大了，不限于与佛陀本人有关，与诸菩萨、高僧大德的行迹有关的地方也有可能成为新的佛教圣地。

在西方语境中，圣地（sacred space、sacred site、sacred geography、holy land）也有两大系统，一个系统是自然界中实质上（substantial）存在的神秘的、可怕的、具有超自然力量和终极意义的地方，这个系统中的圣地大都具有独自的、鲜明的地理特征，或据知情人的历险宣说而成为令人敬畏的圣地；[1]另一个系统的圣地与人的实践和社会历史事件相关（situational），是人们通过自己的言行赋予它们某些虚拟的意义。从这个角度上看，第二个系统中的圣地没有天然的、固有的神圣性，它们只是一些象征性的意符，是人们在创造神圣文化时候的副产品。[2]这两个系统的分歧在于解读的视角不同，一个是"内向的"（inside），一个是"外向的"（outside），彼得·斯塔利布拉斯和阿隆·怀特称之为"诗意圣地"和"政治圣地"。[3]对照中文的"宗教圣地"的内涵，"诗意圣地"更接近本文所讨论的宗教圣地概念。宗教圣地的形式也是多样性的，一塔一苑、一山一水、一洞一泉、一木一石等，只要与宗教人物的行迹相关，都有可能成为信徒顶礼膜拜的对象。每一个宗教圣地的核心，都有一个共同的内核，即神圣性。[4]综合以上的内容，我们可以给宗教意义上的圣地下个定义：简言之，宗教圣地就是与宗教人物行迹相关，并且引来信徒朝拜的地方。

宗教圣地很早就进入学术研究的视野。18世纪初，英国地理学家爱

---

① See Frank Joseph（ed.），*Sacred sites: A Guidebook to Sacred Centers and Myssterious Place in the United States*（St. Paul, Minn: Llewellyn publications, 1992），xii.

② See David Chidester and Edward T. Linenthal, *Amercian Sacred Space*, Introduction, Indian University Press, 1995, p. 6.

③ See Peter Stallybrass and Allon White, *The politics and poetics of Transgression*（London: Methuen, 1986）.

④ Sited from Danid Chidester and Edward T. Linenthal, *Amercian Sacred Space*, Introduction, Indian University Press, 1995, p. 7.

德华·威尔斯（Edward Wells，1667—1727）即著有《神圣的地理——对〈圣经〉中提到的地名的地理和历史解读》（*Published by Charles Taylor*，1824），确立了"圣经地理学"（Biblical Geography）。伴随着宗教地理学的发展与成熟，越来越多的宗教圣地成为人们关注的对象。贝拿勒斯印度教大学的辛格（Rana P. B. Singh）在谈及圣地时说，圣地研究可以从三个方面展开：（a）圣地的仪式空间背景；（b）圣地所附属的意义和情感；（c）圣地的象征性。①莱恩认为，圣地的研究框架应该包含现象学的四个原理：一是圣地不是任意选择的，而是其自身具有独立的神圣性；二是圣地本是平常的地方，因为仪式而使其不平常；三是圣地可能被践踏，但不能被侵入；四是圣地是变动不居的。②当代论及宗教圣地的专著还有瓦·辛格主编的《南亚女神的圣地》（纪念大卫·金斯利的论文集），③大卫·金斯利（David Kinsley，1939—2000）是加拿大麦克马斯特大学教授，终身致力于印度女神研究，有"女神研究之父"之称。在《南亚女神的圣地》论文集中，金斯利教授梳理了印度女神圣地的概况；威尼西·亚波特（Venetia Porter）著《麦加——到达伊斯兰教心脏之旅》，④详述了伊斯兰教的圣地麦加的历史；戴安娜·艾克著《印度：一个神圣的国度》，⑤作者曾经亲身游历印度，描述了当代印度遗存的宗教圣地，其中很大一部分是佛教圣地及其遗址。

2. 佛教圣地

对照上文关于"宗教圣地"的界定，我们可以类似地说，佛教圣地是与佛陀、诸菩萨及名僧行迹有关，并引起僧俗大众朝拜的地方。这里所说的与佛陀、诸菩萨及名僧相关的行迹，或是历史真实，或出于佛教经藏的记载以及由此衍生出来的神话传说等。山水本无言，圣地的神圣性主要

---

① Rana P. B. Singh Edi，*Sacred Geography of Goddesses in South Asia：Essays in memory of David Kinsley*，Cambridge Scholars Publishing，2010，p. 9.

② Sited from Rana P. B. Singh Edi，*Sacred Geography of Goddesses in South Asia：Essays in memory of David Kinsley*，Cambridge Scholars Publishing，2010，p. 10.

③ Rana P. B. Singh Edi，*Sacred Geography of Goddesses in South Asia：Essays in memory of David Kinsley*，Cambridge Scholars Publishing，2010.

④ Venetia Porter，*Hajj - Journey to the Heart of Islam*，Publisher：Lustre（Roli Books）British Museum，London，2012.

⑤ Diana L. Eck，*India：A Sacred Geography*，Harmony，1 edition，March 27，2012.

是人为赋予的。①正因为有了佛教人物的驻锡或经行而成为人们朝拜的圣地。因此，佛教圣地的神圣性，在很大程度上，来自于真实的或传说中的佛陀和诸菩萨等佛教人物。早期的佛教圣地主要是与佛陀或诸菩萨真实的生平事迹有关，并且都位于印度境内。后来，随着佛教向外传播，在印度本土以外的新的文化环境里，新佛教圣地的神圣性来自佛陀、诸菩萨、名僧的舍利或其他遗物、遗迹等。比如在印度以外的亚洲地区，信徒往往会确认某地有佛陀、诸菩萨的脚印、手印、头发、牙齿、袈裟等遗迹或遗物，于是在该地建佛塔或寺院供奉佛陀、诸菩萨的舍利或遗物，以标志此地的神圣性。信徒们虔诚地朝拜佛教圣地，并希冀亲历当年佛陀、诸菩萨留下的足迹，以此表达自己的敬仰和虔诚。一个新佛教圣地的诞生，即叙说着一段佛教传播史。事实上，通过考察亚洲佛教圣地的初建、发展和变迁，特别是通过许多新佛教圣地在不同的文化背景里的不断创建或重建，我们可以看出佛教在印度本土以外的传播与发展概况。

　　有关中国佛教圣地的研究，多集中在佛教四大名山上。中文资料有《四大名山志》（印光大师修订，苏州灵岩山寺·弘化社印）；《四大名山》（秦孟潇，中国建设出版社1987年版）；中国佛教文化研究所编《中国佛教四大名山》（中国旅游出版社1991年版）；郑国铨《山文化》（中国人民大学出版社1996年版）；严耕望《魏晋南北朝佛教地理稿》（李启文整理，中研院历史语言研究所专刊之105，2005年版）；颜尚文《中国中古佛教史论》（宗教文化出版社2010年版）等。上述前三个文本和著述，大都是说明性的资料；后三个文本著述中论及中国佛教四大名山，但均不是以四大名山为主题。英文资料中论及中国佛教四大名山的有雷金纳德·约翰斯顿（Reginald Johnston）的《佛教化的中国》（伦敦，1913）；保罗·威廉姆斯（Paul Williams）的《大乘佛教》（伦敦，1998）；罗伯特·M.詹美罗（Robert M. Gimello）的《张商英在五台山》（伯克利，1992）；拉乌尔·伯恩鲍姆（Raoul Birnbaum）的《一座寺院的言说》（1986）和《山神的秘密殿堂》（1989）；威廉·鲍威尔（William Powell）

---

①　关于圣地神圣性的来源，鞠熙在《圣地之"圣"何来？——法国人类学研究空间神圣性的几个方向》（《世界宗教研究》2013年第5期）一文中人为，圣地的神圣性归结为三个方面：（1）圣地的神圣性存在于社会仪式和集体意识之中；（2）其神圣性来自于自然或景观自身；（3）其神圣性的建构是历史的过程，而不是先验性的普遍存在。

的《九华山的文化转向：仪式、团体和文化》（1995）；杰姆斯·哈盖特（James Hargett）的《通往天堂的阶梯：峨眉山顶之旅》（2006）等。①近年来出现了两部关于中国佛教圣地的佛教史：崔正森著《五台山佛教史》（山西人民出版社 2000 年版）和朱封鳌著《天台山佛教史》（宗教文化出版社 2012 年版）。这两个圣地佛教史遵循的是传统佛教史的叙事方式，其中心不在佛教圣地神圣性的解读之上。

（三）佛教圣地学的基本主题

1. 经典故事：佛陀、诸菩萨"出现"在东亚等地并留下"遗迹"

佛教圣地的神圣性主要源自佛陀、诸菩萨的行迹。佛陀及其弟子传教范围仅在印度本土，并未走出国门；东亚等地新佛教圣地神圣性的来源就成为一个问题。解决这个问题的策略是要证明佛陀或诸菩萨曾经到过这些地方，并且留下一些遗迹。这种转移策略是印度境外的佛教圣地诞生的前提条件。在阿育王的极力推动下，佛教大规模地向外传播，佛陀和诸菩萨的行踪也走出印度，出现在东亚、东南亚等地方。中国的僧人的确发起过把佛陀、诸菩萨从印度迎请到中国的穿越时空的"搬神运动"，只是请来的不是佛陀或诸菩萨本人，而是他们身体的一部分：舍利、骨殖、头发、牙齿等，然后造塔供奉，新佛教圣地的前提条件已经具备了。此外，中国僧人还致力于寻找佛陀、诸菩萨在中国的"遗迹"。"中国僧人不反对在历史的弹性内积累一些开创性的故事，这些故事支持他们主张佛教很早就传到了中国。"②佛教传入中国的时间，中国僧人甚至上溯到周代，以拓展足够的时间和空间在佛道论衡中占得先机，并由此衍生了更多的佛教故事。

4—6 世纪，发现"新"佛教遗迹的故事越来越多了。声称在中国发现了有关佛陀、阿育王及其后代的"新"佛教遗迹大量出现，造塔、塑像也越来越多起来。这些发现"新"佛教遗迹的故事可见于慧皎的《高僧传》、道宣的《广弘明集》《集神州三宝感通录》《道宣律师感通录》和道世的《法苑珠林》等。大乘佛教传入中国以后，被完全神化了的佛

---

① James Robson, *Buddhist Sacred Geography*, see John Lagerwey, Pengzhi Lü, *Early Chinese religion*. Part Ⅱ, The period of division（220 AD—589 AD）, Leiden Boston Brill, 2010, pp. 1353—1354, note 3.

② Ibid., p. 1360.

陀、诸菩萨可以在任何时间和地方现身，为人们发现"新"佛教遗迹、建立新佛教圣地提供了更为方便的理论依据。当然，我们应避免佛教圣地泛化的倾向，即由佛性无处不在，不能推出世间皆圣地的结论。有人对此作过反思：如果法身无处不在，一切空间皆圣地，那么我们在哪能找到一块地方小便呢？①

2. 名山与名僧：自然与人为在佛教圣地形成中的合奏

山的角色在印度的佛教经文里是不清晰的，甚至是污秽的。舍利佛曾言："我见此中亦有杂糅，其大陆地则有黑山、石沙，秽恶充满。"②与之相反，在中国的佛教圣地里，名山所占的比重最大。究其原因，一是名山美景本身即令人倾心，同时也为僧人提供了远离喧嚣尘世的、幽静的修行场所，所谓"天下名山僧占多"即是最好的注脚；二是中国的名山大多是没有私人权属的，且大多地处偏远、不适于农耕的地方，很少产生经济利益的冲突；三是中国道教"洞天福地"思想对于僧人的启发；四是中国有隐士的传统，而且隐士也倾向于择山而居，以隐士为中心往往形成一些文化教育中心，即使是远山，也不会寂寞；五是中国田园诗派的示范作用。中国历史上有很多名僧是诗僧，他们吟诗作画、歌咏田园风光，名山、佛教和诗画融于一己之心；六是中国禅宗兴起以后，农禅合一的传统，引导禅僧们寻找合适的山地，开山种地以自养。这实际上也是对儒家"耕读"模式的借鉴。

虽然早期的印度佛教对山的印象不好，但这并不妨碍中国僧人借印度佛教名山之名来命名中国的山脉。众所周知的杭州灵隐寺飞来峰就是最生动的例子。《祖庭事苑》卷2载："慧理至曰：此吾西竺灵隐鹫峰也，飞来隐于此地。人未之信。理曰：彼山白猿呼之可验。因呼猿，猿为之出。今寺之前有呼猿洞。"③《佛法金汤编》卷12载："飞来峰者，武林之奇巇也。晋有梵僧慧理，指此山乃灵鹫之小岭耳，不知何年飞来至此。"④这种借用方式就是把印度佛教名山之名直接粘贴在中国的山脉之上，这样就出

---

① Bernard Faur, "Space and Place in Chinese Religious Traditions," *History of Religions*, 26 (1987), pp. 337—356.

② 《佛说维摩诘经》卷1，《大正藏》，（吴）支谦译，第14册，第520页下栏。

③ （北宋）善卿：《祖庭事苑》卷2，《卍新纂续藏经》第64册，第327页上栏。

④ （明）心泰：《佛法金汤编》卷12，《卍新纂续藏经》第87册，第425页中栏。

现了印度和中国各有名称相同的佛教圣地的现象，例如灵鹫峰、鸡足山等。中国佛教圣地在建立过程中，除了回溯到印度以寻求圣地的神圣性之外，中国僧人也在运用本土化的文化元素创建新的佛教圣地。罗柏松指出："建立佛教与山脉，尤其是与圣山的紧密联系，是中国首创的发展，这种模式很快就传到了朝鲜和日本。"①

名山变成佛教圣地的过程中必不可少的因素是名僧。在印度，佛教圣地的建立主要与佛陀、诸菩萨的生活行迹有关；在中国，佛教圣地的建立则主要与名僧相关。在佛陀和诸菩萨实际上并没有来过的地方，要找到他们的遗迹并论证其神圣性，毕竟不是一件容易的事情。因此，中国佛教圣地的创建，更为便捷的资源就是中国名僧（包括来中国的梵僧、西域僧等）。中国名僧行迹的真实性考证起来更容易，也更具说服力。事实上，中国佛教名山大都与某一个或几个名僧相关，中国名僧也热衷于选择名山而栖，名山与名僧的结合，是佛教圣地学的一个重要的主题。《高僧传·序录》卷 14 中记载了很多早期中国僧人择山而居的例子，②这也说明自然与人为是佛教圣地形成中的两个重要因素。琅琊王茂弘曾经戏说西域僧人

---

① James Robson, *Buddhist Sacred Geography*, see John Lagerwey, Pengzhi Lü, *Early Chinese religion*. Part Ⅱ, The period of division (220 AD—589 AD), Leiden Boston Brill, 2010, p. 1372.

② 《高僧传·序录》卷 14 中名僧居名山的例子：宋六合山释宝云（T50p419c01）、晋豫章山康僧渊（康法畅、支敏度）（T50p419c12）、晋中山康法朗（令韶）（T50p419c14）、晋剡东仰山竺法潜（竺法友、竺法蕴、竺法济、康法识）（T50p419c16）、晋剡沃洲山支遁（支法虔、竺法仰）（T50p419c17）、晋剡山于法兰（竺法兴、支法渊、于法道）（T50p419c18）、晋剡白山于法开（于法威）（T50p419c19）、晋剡葛岘山竺法崇（道宝）（T50p419c21）、晋始宁山竺法义（T50p419c22）、晋泰山昆仑岩竺僧朗（支僧敦）（T50p419c27）、晋飞龙山释僧先（道护）（T50p419c29）、晋长安覆舟山释道立（僧常、法浚）（T50p420a06）、晋于替青山竺法旷（T50p420a08）、晋庐山释慧远（T50p420a12）、宋吴虎丘山释昙谛（T50p420b12）、宋山阴天柱山释慧静（T50p420b15）、宋长沙麓山释法愍（僧宗）（T50p420b16）、宋吴兴小山释法瑶（昙瑶）（T50p420b26）、齐蜀齐后山释玄畅（T50p420c09）、齐山阴法华山释慧基（昙行、慧恢、道旭、慧求、慧深、法洪）（T50p420c13）、齐琅琊［山＊聂］山释法度（法绍、僧朗、慧开、法开、僧绍）（T50p420c19）、梁山阴云门山寺释智顺（T50p420c23）、晋罗浮山单道开（T50p421a05）、晋常山竺佛调（T50p421a06）、晋洛阳盘鸱山捷陀勒（T50p421a09）、晋洛阳娄至山呵罗竭（T50p421a10）、晋剡隐岳山帛僧光（T50p421a28）、晋始丰赤城山竺昙猷（慧开、慧真）（T50p421a29）、晋始丰赤城山支昙兰（T50p421b03）、晋蜀石室山释法绪（T50p421b04）、宋长安寒山释僧周（僧亮）（T50p421b06）、宋始丰瀑布山释僧从（T50p421b09）、齐武昌樊山释法悟（道济）（T50p421b16）、齐钱塘灵苑山释昙超（T50p421b17）、齐始丰赤城山释慧明（T50p421b18）等。以上未包含只言寺名而未言山名的那一部分，因此，实际上该卷中名僧居名山的例子还要多一些。

康僧渊鼻高眼深，康僧渊有段精彩的回答：

> 渊曰：鼻者面之山，眼者面之渊。山不高则不灵，渊不深则不清。时人以为名答。①

　　虽是戏说妙答，却能透露出名山在中国僧人心目中的重要地位，表达了佛教与名山的亲近关系。罗柏松对《高僧传》中的佛教山名作了一番梳理之后认为，中国佛教与名山相结合的传统从公元 4 世纪就开始了，但由于相关资料的缺乏，唐以前的中国佛教圣地，比如《大方广佛华严经》之"诸菩萨住处品"中提到的名山以及可以作对比研究的葛洪在《抱朴子》中提到的中国名山，尚待进一步展开。② 这也正是"佛教圣地学"需要研究的对象，说明"佛教圣地学"有尚待进一步拓展的广阔空间。

　　3. 鸠占鹊巢：中国佛教圣地形成的便捷方式

　　山是静止的，但佛教圣地却是动态的。佛教圣地的动态特性有两层含义，一是佛教圣地的形成和发展过程是动态的，佛教圣地兴废变迁，起落沉浮，与同步的世俗社会息息相关；二是佛教圣地与其他宗教圣地之间的转换，在中国主要表现为道教等其他本土宗教的圣地转型为佛教圣地，换言之，佛教改造了中国道教和其他本土宗教原来的圣地，把它们变成了佛教的圣地。罗柏松说，研究印度佛教的学者很早就注意到早期佛教的一个倾向：吸收了佛教以前人们崇拜的对象，只要与佛教相关的，都被广泛地借鉴。……在佛教向中国传播的漫长而复杂的过程中，倾向于把佛教圣地定位于已经被其他宗教供奉的圣地之上，或者说孤立原来的宗教信仰的传统，并没有改变。③佛教改造中国原有的圣地的方式主要有以下几种：一是与本土的民间宗教的博弈，通过斗法等形式降服、同化本土的神祇，使其皈依为佛教的护法神，或者使其孤立，并生共存；二是改造中国原有的节日内容，从而达到使佛教在某圣地立足的目的。这种改造往往保留中国原有的节日形式，融入佛教的内容，使佛教节日慢慢地深入人心，最后甚

---

① （梁）慧皎：《高僧传》卷4，《大正藏》第50册，第347页上栏。

② See James Robson, *Buddhist Sacred Geography*, see John Lagerwey, Pengzhi Lü, *Early Chinese religion*. Part Ⅱ, The period of division (220 AD—589 AD), Leiden Boston Brill, 2010, p.1379.

③ Ibid., pp.1382—1383.

至取代了原来的节日内容。比如中国道教的"中元节"（农历七月十五），民间称之为"鬼节"，佛教融入了"目犍连度母"的内容，使佛教的盂兰盆会逐渐流行起来。类似的还有中国原有的"腊祭"习俗，佛教加入了佛陀"悟道成佛"的内容，从而衍生出"腊八粥"的故事等。三是挤占道教的洞天福地，把它们改造为佛教的圣地。道教有"十大洞天、三十六小洞天、七十二福地"，基本上囊括了中国主要的名山，佛教要想在这些名山上建立自己的圣地，唯一的选择就是与道教斗争，取而代之或与之妥协共存。比如嵩山、衡山、罗浮山、普陀山、峨眉山、五台山、赤城山，等等，不胜枚举。在佛教到来之前，这些山上已有道教，但后来还是被佛教易主，成为新的佛教圣地。当然，这个过程并不是一帆风顺的，会遇到强烈的反对与抵抗。例如，在佛教到达泰山之前，道教把持了秦汉封禅这一国家大典，成为泰山上的显教，泰山南面的中轴线上的形胜之地，基本上都成了道教的据点。佛教到达泰山的时候，与道教妥协，把寺院建在泰山北面或西北麓、东南麓，同时在佛教寺庙也容纳进本土的神祇塑像。在道教圣地青城山，由于唐玄宗的干预，佛教彻底失败了，未能在青城山立足。①四是名僧通过"降龙伏虎"等法术，树立起佛教的威仪，引起人们的敬畏，从而使佛教立足，逐步建立起一个佛教圣地。这里的"龙""虎"往往是本土宗教的神祇的象征物，驯服了极具危险性的龙、虎，即寓意着佛教战胜了本土宗教信仰。这样的故事大多记载于《神僧传》卷9②等关于神异类的僧人传记里。五是接收施主捐赠的私宅或宫殿，直接改造成为佛教圣地等。

（四）佛教圣地学的主要研究方法

佛教圣地散布亚洲，既有共性，也有差异。每一个佛教圣地都有不同的形成原因和发展史，因此，佛教圣地学的研究内容非常丰富。由于佛教的特殊性及佛教圣地的自身的特色，佛教圣地学在研究方法上主要有以下几点。

首先是文本研究的方法。佛教圣地学在探讨佛教圣地的成因和历史变

---

① See James Robson, *Buddhist Sacred Geography*, see John Lagerwey, Pengzhi Lü, *Early Chinese religion*. Part Ⅱ, The period of division （220 AD—589 AD）, Leiden Boston Brill, 2010, pp. 1387—1396.

② （明）御制：《神僧传》，《大正藏》第50册，第948页中栏—1015页上栏。

迁时，必须利用各学科的文本材料，需要考察相关的文本资料和一些可以提供关于某一山、某一塔的零散的背景材料。佛教典籍、方志资料、地理记载、历史文献、社会学和民族学的调查资料等，是"佛教圣地学"的基础性文献。

其次是田野调查的方法。在文本材料以外，"佛教圣地学"还需要收集关于佛教圣地的一些民间传说、口述历史、节庆仪式等实地调查的材料，这些资料在文本中很难找到记载，但它们却是佛教圣地不可或缺的真实背景。佛教圣地的神圣性是超俗的，但佛教圣地却实实在在坐落人间，从世俗的角度去解读佛教圣地，通过田野调查，获得关于佛教圣地的一手资料，可以在一个鲜活的、立体的时空环境里对佛教圣地作多侧面的考察。

再次是综合运用多学科的研究方法。佛教圣地学是多学科的交叉学科，除了运用宗教学的研究方法外，还可以积极借鉴地理学、传播学、历史学、考古学、社会学和民族学等学科的研究方法。"佛教圣地学"的特质决定了它更侧重于世俗资料的运用，更需要综合运用相关多学科的研究方法，丰富"佛教圣地学"的研究手段，提高"佛教圣地学"的研究水平。

最后是动态变迁的研究视角。佛教圣地在整个亚洲是怎样建立的？佛教圣地神圣性是怎样被赋予的？有哪些叙述方式可以用来描述这些圣地？在远离印度、没有佛陀历史足迹的异域文化背景里，新佛教圣地的创建如何可能？佛教与佛教圣地形成以前宗教传统之间的关系是什么？佛教圣地对于当地的经济社会产生了哪些影响？佛教圣地形成之后如何沉浮发展的？回答以上问题，"佛教圣地学"需要运用动态变迁的视角来审视历史与现实，聚焦佛陀、诸菩萨和名僧的行迹上，同时辐射社会人文、自然地理等诸方面，在流动的历史时空里考察佛教圣地的发展与变迁。

二　学术史回顾

云南鸡足山佛教的研究大致经历了资料收集、初步判断、系统分析三个阶段。首先，有关云南鸡足山佛教最基础、最直接的材料是《鸡足山志》。迄今为止，《鸡足山志》共修了七次：明代徐霞客的《鸡足山志》、明末清初大错和尚钱邦芑的《鸡足山志》、清代范承勋的《鸡足山志》、高奣映的《鸡足山志》、近代赵藩与李根源合著的《鸡足山志补》以及现当代宾川县志编纂委员会编的两本《鸡足山志》（1991 年版、2012 年版）。除前两部已佚外，其他五部均存世。其共同的内容包括寺庙、人物、艺文、风物等；其次是云南鸡足山僧人的撰述，有周理《曹溪一滴》（收于《嘉兴藏》第 25 册）、释禅《依楞严究竟事忏》（收于《卍续藏经》第 129 册）、释禅《风响集》四卷（云南省图书馆善本）、钱邦芑的《大错和尚遗集》四卷（藏云南省图书馆）、苍雪的《南来堂诗集》四卷（杨为星：《苍雪大师〈南来堂诗集〉诗注》，云南出版集团 2011 年版）、（唐）大来的《担当诗文全集》（余嘉华、杨开达点校，云南美术出版社 2003 年版）等。最后是散见于地方志和当地文人著述中的材料，如《大元混一方舆胜览》、（明）《寰宇通志》《大明一统志》等。此外，《大理丛书·金石篇》《新续高僧传》、《徐霞客游记》中的《滇游日记》、（元）郭松年撰《大理行记》、（元）李京撰《云南志略》、（明）刘文征撰《滇志》、（明）沈德符撰《万历野获编》、（清）谢圣纶辑《滇黔志略》、（清）倪蜕辑《滇云历年传》、王叔武辑著《云南古佚书钞》、袁嘉谷《滇南释教论》等文献中有关于鸡足山的零星材料。这些文献大都可见于方国瑜主编《云南史料丛刊》（1—13 卷）（云南大学出版社 2001 年版），有待挖掘整理。

现当代分析、论述云南鸡足山佛教的著述不多。首先是陈垣的《明季滇黔佛教考》（1940），该书中有明末鸡足山的高僧传记、藏经、僧人著述、寺院和静室和遗民逃禅等内容，资料翔实，是现代研究云南佛教包括鸡足山佛教的力作；其次是方国瑜先生编《新纂云南通志》中《宗教考》《金石考》和《云南史料目录概说》中“文物”“山川志”等涉及鸡足山佛教的相关材料；最后是当代学者侯冲先生对云南鸡足山佛教做过细致的考察，其专著《白族心史——〈白古通记〉研究》对鸡足山名称的由来以及鸡足山佛教圣地的崛起做过阐述，认为明初朱元璋在云南推行儒学等一系列汉化政策，使白族知识分子感到民族文化的危机，于是依附于印度佛教以表明白族的悠久传统。成书于明初的《白古通记》把大理说成是妙香佛国，鸡足山是迦叶尊者的道场，从而实现了文化移植：把印度的“鸡足山”之名嫁接在大理宾川的九曲山上。此后，僧俗闻名纷至沓来，云南鸡足山在中国西南崛起，很快成为一个新的佛教圣地。侯冲先生曾注意到云南大理写经《护国司南抄》等文献中出现过"鸡足山"一词，他指出这些文献中提及的"鸡足山"不是指云南的鸡足山，而是指印度的鸡足山。① 侯冲在其论文《云南鸡足山的崛起及其主要禅系》中对鸡足山上七个主要寺院的禅宗谱系作了梳理，指出其渊源都来自内地禅宗的临济和曹洞两宗。另有 4 篇硕士、博士学位论文论及云南鸡足山佛教圣地的若干侧面：王贤全的《论鸡足山寺院经济中供给方式的变迁》（云南大学硕士论文，2006 年）考察了鸡足山寺院供给方式的历史演变；蔡学勤的《明及清前期清鸡足山寺院经济研究》（云南大学硕士论文，2010 年）论及明代和清前期鸡足山寺院经济的构成、发展历程、运行情况和对当地社会的影响；田甜的《名山风景区的可持续发展研究》（北京林业大学硕士论文，2009 年）以鸡足山风景区为例，在风景区的资源评价、分区规划、旅游服务设施建设等方面，探讨了名山风景区的发展模式。孙浩然在《宗教旅游的社会学研究——以云南鸡足山为例》（中国人民大学博士论文，2009 年）中对鸡足山佛教旅游进行实证研究，概述了鸡足山佛教旅游的类型及佛教与社会各个阶层的互动关系。此外，2003 年 4 月，"中国宾川鸡足山佛教论坛"论文集论及虚云与鸡足山的中兴、鸡足山禅宗支系、鸡足山藏经、高僧著述及其弘法活动和诗僧逃禅等。

　　有关云南鸡足山佛教的国外文献很少，专论云南鸡足山佛教的仅有日本学者镰田茂雄的《雲南省鶏足山の仏教》一文，该文依《法显传》《大唐西域记》等文献考察了"鸡足山"名称的来历，根据明钱邦芑撰、清范承勋补续的《鸡足山志》，梳理了鸡足山的主要寺院的概况和高僧的传记，得出的结论是云南鸡足山佛教在明代急速发展，清代逐渐衰落，民国虚云法师重振鸡足山，使其成为继中国四大佛教名山之后的又一佛教圣地。② 另外有杰姆斯·罗柏松在《佛教圣地学》中谈及云南鸡足山，指出印度鸡足山与云南鸡足山是"本体"与"幻影"的关系，但并没有进一步展开解析。③

---

　　① 侯冲：《大理国写经〈护国司南抄〉及其学术价值》，《云南社会科学》1999 年第 4 期。

　　② ［日］镰田茂雄：《雲南省鶏足山の仏教》，国際仏教の教え大学院大学紀要 1998 年版，第 1—34 页。

　　③ James Robson, *Buddhist Sacred Geography*, see Jhon Lagerwey, Pengzhi Lü, *Early Chinese Religion*. Part Ⅱ, The Period of Division (220—589 AD), Leiden Boston Brill, 2010, p.1371.

三　主要研究内容

早期的佛教典籍明确地、反复地告诉我们，大迦叶入定处的鸡足山在印度。而中国云南也有一座鸡足山，也被奉为大迦叶入定之所。这其中有何奥秘？如果仅从信仰的角度说大迦叶的确入定在云南鸡足山，则大迦叶似有分身之术，很难让人从理性上接受。"佛教圣地学"为解读云南鸡足山圣地之谜提供了一种新的研究方法。近年来，美国哈佛大学的杰姆斯·罗柏松（James Robson）提出佛教圣地学的概念，旨在研究佛教圣地的形成与变迁。在佛教圣地的成因中，强调依据佛教经典确定佛教圣地与佛陀或菩萨、名僧的相关性以及佛教圣地形成的社会文化背景；在佛教圣地的变迁中，重视运用世俗社会的材料，以动态描述的方式陈述佛教圣地的发展变迁。在此视域内，解读云南鸡足山圣地缘起之谜和发展变迁的历程。

第一，"佛教圣地学"的理论与方法。早期佛教圣地与佛陀及其弟子真实事迹或遗物有关，且都在印度本土境内。在远离印度本土，没有佛陀及其弟子的真实历史行迹的异质地理、异质文化环境里，新的佛教圣地是如何诞生的呢？"佛教圣地学"即讨论在亚洲一定的历史时空里某个地方如何从一个"非圣"的地方演变成一个佛教"圣地"的原因与过程，亦即佛教圣地的形成与发展。佛教圣地学强调依据佛教经典确定佛教圣地与佛陀或菩萨、名僧的相关性以及佛教圣地形成的社会文化背景；在佛教圣地的变迁中，重视运用世俗社会的材料，以动态描述的方式陈述佛教圣地的发展变迁，突破了传统的佛教史研究的路径，更多地采用非佛教的材料来解读佛教圣地。"佛教圣地学"为我们研究中国众多的佛教圣地提供了一种新视角，也为我们研究中国地域佛教史提供了一种可能的新范式。本书以佛教圣地学为主要研究方法，解读云南鸡足山圣地缘起之谜和发展变迁的历程。当代中国佛教史以通史居多，地域佛教史也大都以省级为区域单位，以一个佛教圣地为对象的更少。中国拥有众多的佛教圣地，而专论某一个佛教圣地的地域佛教史寥若晨星，因此佛教圣地学的学术空间非常广阔。

第二，对于印、滇两座鸡足山的考辨。作为迦叶入定之所，云南鸡足山蜚声国内外，并成为继中国四大佛教名山之后的又一大佛教圣地。但问题也随之而来：印度也有一座鸡足山，且也被认为是迦叶入定处。迦叶入定处的鸡足山到底在哪儿?《阿育王传》《法显传》《大唐西域记》《佛祖统纪》、敦煌遗书等早期的佛教文献均有记载，大迦叶入定在印度鸡足山;《卍新纂续藏经》《嘉兴藏》中有关鸡足山的材料、《新续高僧传》以及云南地方史志等文献记载，云南鸡足山的名称从明代才开始出现。因此可以确定大迦叶入定在印度鸡足山，而不是云南鸡足山。

第三，云南鸡足山佛教圣地的缘起。云南鸡足山圣地缘何而起?佛教圣地学认为，一个佛教圣地的形成一定与佛陀或菩萨、名僧有关。云南鸡足山圣地的形成即与大迦叶有关。简言之，明朝攻克大理后，大理国的治国精英——"儒释"阶层解体了，这些精英遗民怀着亡国之痛和民族生存危机，试图在精神世界里实现心灵突围，尤其是大理白族精英遗民把白族祖源与印度阿育王联姻，以表明白族的佛教文化传统，区别于汉族儒家文化。在《白古通记》中，大理地区被宣称为具有佛教文化传统的"妙香国"，大理宾川县的九曲山也被易名为大迦叶入定处的鸡足山。在完成这次佛教文化嫁接之后，僧众慕名而来，云南鸡足山在明初便确立为大迦叶道场了。

第四，云南鸡足山佛教圣地的兴起。云南鸡足山被奉为大迦叶道场，只是完成了一个新的佛教圣地的理论预设，它的兴起还依赖于实践层面的操作。传入初期，云南鸡足山佛教必须面对道教等本土宗教的博弈。佛教在云南鸡足山立足以后，汉传佛教、藏传佛教和南传佛教三派共尊云南鸡足山为圣山，引来大量的信众朝山，同时名僧、名士、官宦也以高度的热情投入到云南鸡足山圣地的兴建与护持中。在鸡足山圣地兴起的过程中，有佛教对鸡足山本土宗教的斗争与融摄，有广大信众对迦叶道场的信仰朝圣，当然更少不了官宦名士这些大檀越（施主）的重要参与。如果说广大信众是鸡足山佛教立足的广阔的土壤，那么，官宦名士的参与则是支撑鸡足山佛教圣地的主要支柱。正因为官宦名士的经济实力和影响力的护持，鸡足山佛教圣地的兴盛才有源源不竭的动力，他们捐资建寺、刻碑作传，为云南鸡足山佛教圣地的兴起起到了关键性的作用。到明代后期，云南鸡足山圣地达到鼎盛阶段，寺院群落宏大，且拥有大量的寺田庙产，为鸡足山圣地的兴盛提供了坚实的经济支持。

第五，云南鸡足山佛教圣地的人文风采。由边缘转向核心，接下来要讨论鸡足山僧人的主体性角色。名僧与名山是"佛教圣地学"的基本主题之一。作为禅宗道场，云南鸡足山僧团大都是禅宗派的，主要源自江南临济宗，其次有嵩山少林寺雪庭福裕系的曹洞宗等。云南鸡足山圣地的兴盛与僧人们艰苦卓绝的拓殖之功、行脚万里的游学求法是分不开的。他们外出游学大都集中在江南地区临济宗的天童寺和天目山寺院，因此，临济宗的"看话禅"也成为云南鸡足山禅师的主要修持方法。正是云南鸡足山僧人孜孜以求，逐步积累了鸡足山的人文底蕴，至明季前后，云南鸡足山名僧辈出，涌现出一大批僧人的著述作品，彰显了鸡足山圣地的人文风采。本书整理了云南省图书馆藏释禅的《风响集》、钱邦芑的《大错和尚遗集》等高僧著述资料；收集到《嘉兴藏》中云南僧人语录并加以解读。从总体上看，这些僧人的著述大都体现出禅宗特色。其中，如彻庸周理在《谷响集》中提出"你即是佛"的禅学命题、又在《云山梦语摘要》中提出"梦即佛法"的惊人之语、担当在《橛庵草》中提出"风即禅"论等，折射出一个新崛起的佛教圣地的人文风采。正因为有了这些高僧宿耆居于鸡足山，以德馨而聚芳邻，才有鸡足山圣地僧才荟萃；正因为有了这些僧人的著述宣说，以人文描山魂，才有鸡足山圣地的声名鼎沸。

第六，云南鸡足山佛教圣地的兴衰变迁。山是静止的，佛教圣地却是流动的。动态叙述是佛教圣地学的另一个重要研究视角。明季以后，云南鸡足山圣地渐趋衰落，主要原因有：政策层面上，清政府压缩了鸡足山圣地的生存空间；经济层面上，鸡足山寺田庙产大量流失，经济基础严重萎缩；僧才素质层面上，由于清初试经给牒的制度并未严格实施，且到了乾隆朝最终废止了度牒制度，导致僧才素质下降，寺院甚至成为藏污纳垢之所。至清末民国时期，虚云法师中兴云南鸡足山，重建鸡足山十方丛林制，道风一新。新中国成立后，云南鸡足山圣地又一次经历了兴衰起落的变迁，时至今日，云南鸡足山圣地再现昔日圣地辉煌。综观一部云南鸡足山圣地的佛教发展史，也是一段世俗社会变迁史的剪影。

目　　录

表 目 录

第一章　云南苍洱地区的佛教历史

第一节　苍洱地区与"妙香国"

云南苍山洱海地区历来被誉为"妙香国"，而佛教经典里的妙香国却在北天竺。这是为什么？先从一组词语说起：乾陀罗、犍陀罗、鹤拓、妙香国。

《高僧法显传》：

> 犍陀卫国，是阿育王子法益所治处。佛为菩萨时，亦于此国以眼施人，其处亦起大塔金挍饰。此国人多小乘学。①

《大悲经》卷二：

> 阿难，汝莫忧悲，我灭度后于北天竺乾陀罗国，当有比丘名曰迦叶，有大神通，具大威力，有多堪能，正智得道，多闻无畏，持修多罗，持毗尼，持摩多罗迦，乃至亦能令我正法广行流布。②

慧琳《一切经音义》卷二十二：

> 乾陀罗国（此云持地国，昔此国多有道果，圣贤住持其境，不为他国侵害也。又云乾陀是香，罗谓陀罗，此云遍也。言遍此国内多

① （东晋）法显：《法显传》，《大正藏》第 51 册，第 858 页中栏。
② （北齐）天竺三藏那连提耶舍译：《大悲经》，《大正藏》第 12 册，第 954 页下栏。

生香气之花，故名香遍国。其国在中印度北、北印度南，二界中间也）。①

《大唐西域记》卷2：

> 健驮逻国（旧曰乾陀卫，讹也。北印度境。）健驮逻国东西千余里，南北八百余里，东临信度河。国大都城号布路沙布逻，周四十余里。王族绝嗣，役属迦毕试国。邑里空荒，居人稀少，宫城一隅有千余户。谷稼殷盛，花果繁茂，多甘蔗，出石蜜。②

乾陀罗或犍陀罗、健驮逻、乾陀卫、乾陀，来自梵语"Gandhara"的音译。慧琳说得很清楚："乾陀是香，罗谓陀罗，此云遍也。"合起来称为"香遍国"。"香遍国"与"妙香国"只是翻译表述上的不同而已。从上述资料描述的位置，佛教典籍里的"妙香国"在"北天竺"，"中印度北、北印度南二界中间"，"东临信（印）度河"，由此可以推知"妙香国"大致相当于今巴基斯坦的白沙瓦一带，且"白沙瓦"的梵文意亦为"百花之城"。

认为唐宋时大理即有"妙香国"之名，是缘于学术上的推论。《新唐书南·诏传》：南诏或曰鹤拓；《资治通鉴》乾符四年曰：法（隆舜）立，国号鹤拓；《五代会要》《册府元龟》等文献中也有南诏时云南大理苍洱地区称"鹤拓"之名。③但大理与"妙香国"结缘还需要一个前提条件：

> 鹤拓（大理）＝乾陀罗（妙香国）

于是有（清）释圆鼎《滇释纪》卷1："妙香，即今大理也，亦曰鹤拓。"方国瑜先生也认为，乾陀罗，梵名之乾（gan）对音鹤，陀（dha）对音拓，读音相近，试图从音韵学上说明"鹤拓"即"乾陀"之异写。④

---

① （唐）慧琳：《一切经音义》卷22，《大正藏》第54册，第447页下栏。
② 玄奘：《大唐西域记》卷2·健驮逻国，《大正藏》第51册，第879页中栏。
③ 方国瑜：《唐代后期云南安抚司（南诏）地理考说》，《历史研究》1982年第3期。
④ 同上。

但这个结论仅仅是一种学术上的假设，并且找不到历史文献上的旁证，值得商榷。对于这个问题，明代就有人怀疑了，谢肇淛《滇略》卷4："世传苍洱之间，在天竺为妙香国。观音大士，数居其地。"谢肇淛认为大理有"妙香国"之名的说法只是一种"世传"，并无确凿的历史依据。近代袁嘉谷《滇南释教论》曰："'妙香国'之名，古经无之，迨因苍山之香而附会耳。"

既然云南地方史无记载，且"妙香国"原在北印度境内，为什么苍洱地区也被称为"妙香国"呢？我们可以从《白古通记》中追溯其原因。《白古通记》载："苍、洱之间，妙香城也。"并且说佛陀是在西洱河证如来位，在点苍山（灵鹫山）上说《法华经》；大迦叶入定九曲山（鸡足山）；阿难亲刻迦叶尊者香像于华守门等。事实上，佛教典籍里的灵鹫山、鸡足山等都在印度境内，佛陀、大迦叶并没有来过苍洱地区。把佛陀、大迦叶和阿难都安排在苍洱地区活动，无疑是为了增加苍洱地区就是妙香国的可信度，其最终目的是为了服务于白族祖源与阿育王血统的融合。①明初苍洱地区的白族精英遗民在完成白族祖源与印度阿育王的联姻之后，为了支撑这种祖源宣说，利用印度的"妙香国"的传说，把本来在印度版图内的"妙香国"整体复制，然后粘贴在苍洱之间，并且进一步把苍洱地区与印度妙香国的地理标志一一对应：

西洱河→恒河；点苍山→灵鹫山；青巅山（九曲山）→鸡足山②

像这样，把印度地名移植到他国的现象，伯希和有过中肯的分析，他在《交广印度两道考》中说："越南半岛印度化之民族，咸有在其地建设一新印度之习惯。曾将印度地名移植于其国内，有时将本地之名梵化，有时竟以印度之名名之。"③因此，这种移花接木之术是云南苍洱地区被称为"妙香国"的主要叙事方式。其次，这种叙事方式能够为人们所接受，是

---

①　参见侯冲《白族心史——〈白古通记〉研究》，云南人民出版社2011年版，第85—95页。

②　李元阳：《嘉靖大理府志》，郭惠青、李公主编《大理丛书·方志篇》卷4，民族出版社2007年版，第26页。

③　引自方国瑜《新纂云南通志》卷101，云南人民出版社2007年版，第483页。

因为有苍洱地区人心向佛的心理基础。人们倾向于、乐于接受把某一个佛教兴盛的地方誉为"妙香国"。"香为佛使",香可启迪心智,治疗疾病,给人愉悦美好的感觉。美丽富饶的苍洱,香花遍地,法音悠长,把这样一块净土比喻成"妙香国"也在情理之中。

第二节 佛塔、金石中凝固的苍洱佛教历史

云南苍山洱海地区,有着悠久的佛教传统。至今仍然矗立在洱海边的崇圣寺三塔,昭示着昔日南诏、大理国的皇家寺院的妙香佛光。崇圣寺三塔的建筑年代有贞观说、开元说和开成元年说,① 以开元元年(713)计算,千寻塔建成至今已有1300多年了。1978—1981年维修崇圣寺三塔时出土的600多件文物中,有《金刚般若波罗蜜经》《无垢净光大陈罗尼经》和《大方广佛华严经》字样的朱书写经残片;有佛教造像153尊,多数藏于塔刹基座中,其中佛像64尊,菩萨造像76尊,护法造像13尊,以金属铸像为主,间或有水晶等。当然,这些佛教造像不全是建塔时同步塑造的,有些是后世添加的。其中的一些佛像雕塑、阿嵯耶观音雕塑与《南诏图传》中的画像相似。从写经上看,崇圣寺弘传的既有密教,同时还有华严宗和禅宗等教派;从建筑上看,千寻塔的密檐式建筑风格和砖塔是典型的中原唐代风格;从文字上看,砖塔上能见的文字大都是汉字,且唐代武后所创的字体,在大理国时仍继续沿用;从文物上看,千寻塔中有"开元通宝"钱币、刻有"湖州""成都"制字样的青铜镜、瓷器等。② 以

---

① 李元阳的《崇圣寺重器可宝者记》和杨慎的《重修崇圣寺记》中持"贞观说";张道宗《记古滇说集》和景泰《云南图经志书》卷5《大理府寺观》中持"开元说";王崧《南诏野史·丰祐传》中持"开成元年说"。方国瑜在《大理崇圣寺塔考说》一文中认可"开成说",主要依据是贞观年间(627—649)及唐开元元年(713),南诏政权(752—902)尚未建立,苍洱地区还未统一,不大可能建造如此宏大的塔寺。而唐开成元年(836)是南诏劝丰祐(824—859)在位时期,此时南诏政权稳固,佛风日盛,特别是从四川掳掠了大批汉族工匠和一些僧人,具备建塔的条件。侯冲《唐宋间云南汉地佛教及其与巴蜀佛教文化的关系》一文则认为:根据1978年维修三塔时,用放射性碳元素测得东塔门的木质过梁的年代为距今1445±75年,树轮校正年代为1375±80年来判断,即此树至少在公元603±80年已被伐用,则崇圣寺三塔建立时间为公元603±80年左右。以此可以推知,"开元说"可能性最大。

② 见葛季芳《从千寻塔文物看大理国与中原文化的联系》,《云南社会科学》1984年第1期。

上这些实物说明南诏大理国与唐宋存在着经济文化的交流，苍洱佛教与中原地区佛教关系密切。

苍洱地区的佛教传统还可见于被凝固的历史——剑川石窟中。著名的剑川石窟位于鸡足山的北面，剑川县的石宝山上，其中沙登箐区的石雕以弥勒佛和阿弥陀佛为主题，石钟寺区和狮子关区以观音像、天王和南诏王等为主题。① 从石窟中现存的题记看，剑川石窟开凿时间从南诏"天启十一年"（850）至大理"盛德四年"（1179）之间，元代仍有一些小型的造像活动。王俐秋先生注意到，沙登箐区的弥勒佛和阿弥陀佛雕像面相方圆、身宽体壮、着双领下垂式袈裟的造像样式，与隋末唐初四川和陕西地区造像特点相似，并指出南诏时期的造像题材和样式应该来自汉地佛教造像系统。② 此外，剑川石窟也有本土的特色，如阿嵯耶观音雕像和阿姎白，③ 其中阿嵯耶观音雕像与大理崇圣寺出土的阿嵯耶观音金像造型一致，是云南特有的细腰观音形象。这些石窟造像以固态可视的历史述说着苍洱地区悠久的佛教传统。

第三节　图卷、经文中灵动的苍洱佛教历史

除了崇圣寺三塔、剑川石窟以外，《南诏图传》《宋时大理国描工张胜温画梵像卷》《大理国写经》等，同样记载了苍山洱海间各民族崇奉佛教的历史。无论是描写在纸上的还是刻在石头上的，都以不同的形式保存了苍山洱海间的灵动、鲜活的佛教传统，这种崇佛的传统历经千年，传承

---

① 剑川石窟共有17个洞窟200余躯石雕造像以及石壁上的壁画、刻字，包括石钟寺、狮子关、沙登箐三个石窟群。其中，石钟寺分布了9个窟，分别为：一号窟：异牟寻坐朝图；二号窟：阁罗凤议政图；三号窟：地藏像；四号窟：释迦牟尼佛像；五号窟：母子修行图；六号窟：八大明王像；七号窟：剖腹观音像；八号窟：阿央白；以及十一号窟：波斯国人。狮子关共有三个窟，九号窟：细奴逻全家福；十号窟：观音化现梵僧造像；十二号窟：佛、菩萨造像。沙登箐遗留有五个窟，它们是十三号窟：阿嵯耶观音造像；十四号窟：一佛二弟子；十五号窟：毗沙门天王；十六号窟：大黑天神以及剑川金华山上的毗沙门天王。

② 王俐秋：《剑川——云南文明的见证》，《云南档案》2011年第5期。

③ 关于"阿姎白"，众说不一，有人认为与白族的性力崇拜有关，也有人认为"阿姎白"雕刻的成因与性力崇拜无关，也不是女性生殖崇拜，而是在开凿中石材崩裂后，人们性心理意识的联想和附会。可参见王瑞章《剑川石窟"阿姎白"迷雾辨析》，《民族艺术研究》2006年第1期。

不绝，至今犹存。

　　《南诏图传》是弥足珍贵的南诏历史实物资料，包括图卷和文字卷两个部分，现存日本京都滕井有邻馆。学术界存在着关于《南诏图传》是原本和摹本之争，绘制或摹本的时间在唐末到 13 世纪之间。[①]《南诏图传》图卷部分反映的内容有巍山起因，梵僧观音授记建国；祭天仪式，张乐进求祭柱禅位；观音在西洱河显化的故事等。《南诏图传》文字卷共2410 字，包括"观音七化""中兴皇帝敕书"和"赞颂"三个部分。从主题看，《南诏图传》紧紧围绕着"崇佛"这一主题展开的。观音授记细奴逻家族建国、观音七化的故事以及隆舜、舜化贞对阿嵯耶观音的顶礼膜拜等情节，有些荒诞不经，其中掺杂了很多神话成分。但神话终究还是人话，它是某一历史时期的人民对自然和社会的理解和认识。君权神授是古代中外历史上对政权合法性的最有权威性的论证，《南诏图传》很明显在为南诏政权的合法性找依据，只不过南诏政权找到的神是外来的圣僧——观音的化身，而不是中原地区的天帝。天帝和神都是人们信仰的对象，而观音无疑已经是南诏时期人们的信仰对象了。姑且不论南诏佛教的传入的路径如何，[②] 从《南诏图传》可以看出苍山洱海间的观音信仰已经很流行了。

　　以中兴二年（898）为《南诏图传》的初成时间，此后二百多年出现

---

　　① ［美］海伦·嘉萍（Helen. B. ChaPin）于 1944 年 8 月在《哈佛亚洲研究季刊》上发表的《云南的观音像》一文中认为该图传是 12 世纪或 13 世纪的摹本；李霖灿在《南诏大理国新资料的综合研究》（台湾"中央研究院"民族学研究所，1967）中认为是大理国段思英时（945）的一个摹本；汪宁生认为原画作于中兴二年（898）"文武皇帝"部分补作于郑买嗣时代（903—909），今日所见者可能是一个晚期之摹本。（《南诏中兴二年画卷考释》，载《中国历史博物馆馆刊》1980 年第 2 期）温玉成也持王宁生的观点。（《南诏图传文字卷考释》，《世界宗教研究》2001 年第 1 期）与此相反，李惠铨等在《〈南诏图传·文字卷〉初探》（《云南社会科学》1984年第 6 期）中认为是唐代末期的原本；王蓓蓓也认为是唐末的真迹。（《〈南诏图传〉奏乐仙女与永陵伎乐之比较研究》，《思想战线》2011 年第 1 期）

　　② 《南诏图传》文字卷有："敕。大封民国圣教兴行，其来有上。或从胡梵而至，或从蕃汉而来，奕代相传，敬仰无异。……朕以童幼，未博古今。虽典教而为帮，未知何圣为始？誓欲加心供养图像，流形于今世，后身除灾致福。因问儒释耆老之辈，通古辨今之流，莫隐知闻，速宜进奉。敕付慈爽，布告天下，咸使知闻。中兴二年二月十八日。"由此可见南诏时人们就不清楚佛教的来源了，南诏佛教史对后人而言就像迷雾里的菩提树，隐约可见。当代学界对此争议纷繁，亦不出《南诏图卷》的范围。

的《宋时大理国描工张胜温画梵像卷》（以下简称《梵像卷》）则更是以恢宏的画面展现了苍山洱海间的佛教传统。《梵像卷》为研究南诏大理国历史提供了更丰富的珍贵资料，其价值与意义堪比中原的《清明上河图》，现藏于中国台湾"故宫博物院"。二十世纪三四十年代，学术界开始关注《梵像卷》，至今仍是学术界研究的一个热点和难点，虽然取得了丰硕的成果，但还有很多未解之处。① 尽管学者们在《梵像卷》的作者、成画时间、画卷的结构错简等问题上争论不休，但在《梵像卷》的主题上较易达成一致，即"崇佛"。《梵像卷》里有"利贞皇帝礼佛图""十六大国王众""禅宗七祖"、众多的观音、护法诸天、大理本土高僧、供养人等画面，毋庸置疑，这些画面反映的是大理国上层的"崇佛"情景，并且大理王朝（包括后理国）22 代国王中，先后有 9 位国王禅位为僧，不管是自愿还是被迫，弃位出家为僧是个很好的制度安排，少了一些骨肉相残和血腥的屠戮，多了一分超然与洒脱，这是中原封建政权更迭时难以臻至的禅让遗风余香。这种尘世超脱和禅让古韵，与佛教对大理国世俗人心的浸润有关。

苍洱地区的佛教传统还以写经的形式叙说着。1925 年，崇圣寺千寻塔塔顶因地震而塌，散落一批大理国写经，流落民间或海外，其中有《维摩诘经》（现在美国大都会博物馆藏）《金刚经》《妙法莲华经》《大般若经》等；1956 年 8 月，社会学家费孝通等人在大理凤仪北汤天村调查时，发现了近 3000 卷册佛经，有写本也有刻本，其中最有价值的是 20余卷大理国时期的写本佛经；1979—1981 年维修千寻塔、佛图塔时又发

---

① 二十世纪三四十年代《梵像卷》的研究者有美国的海伦·嘉萍和亚历山大·梭柏（Alexander C. Soper），以及我国的李根源《胜温集》、方国瑜《跋大理国张胜温画卷》和罗庸中《张胜温梵画瞽论》等，他们开始关注《梵像卷》的某一个方面或细节。二十世纪六七十年代，《梵像卷》的研究者有日本的关口正之、松本守隆和中国台湾学者李霖灿。李霖灿在《南诏大理国新资料的综合研究》中对《梵像卷》展开了较为系统的研究。二十世纪八十年代以来，《梵像卷》的研究者有李公、李玉珉、侯冲、杨晓东、张楠、邱宣充、李伟卿、杨延福、梁晓强等。这一时期是研究《梵像卷》的高峰期，取得了丰硕的成果：《梵像卷》的成画时间，大部分学者趋同于公元 1180 年；《梵像卷》的作者张胜温的族属大多倾向于"白族说"；《梵像卷》的结构大都倾向于是"错简说"。《梵像卷》曾由长卷改成册，又由册改成长卷，乾隆皇帝曾命章嘉国师指导宫廷画师丁观鹏摹《梵像卷》而成《法界源流图》和《蛮王礼佛图》（现分别藏于吉林省博物馆、辽宁省博物馆）。李玉珉、侯冲、邱宣充、杨延福等对画卷的复原作了不同角度的尝试，但至今未达成共识。

现了一批写本和刻本佛经，其中有部分经卷在考订后也可以确定属于大理国写经。在上述大理国写经中，《护国司南抄》是云南发现的有最早纪年的写本佛经，是对良贲《仁王经疏》的注释，现存抄本是释道常抄于大理国保安八年（1052）。《护国司南抄》是有关南诏佛教难得的材料，从其卷首"内供奉僧、崇圣寺主、义学教主、赐紫沙门玄鉴集"一行题识来看，"内供奉僧""赐紫沙门"无疑是唐代汉地佛教的体系特色，且《护国司南抄》中不见一个梵文或藏文字母，内容亦全是汉地佛教的内容，证明南诏已有汉地佛教的传承，传入路线主要经由四川。① 换言之，南诏、大理国流行的密教主要来自中原地区的汉地密教。所谓"滇密""白密"并不是自成体系的，而是汉地密教在云南本土化的结果；关于"阿吒力教"的源流与定性，众说纷纭，② 侯冲先生认为"阿吒力"一词至明代才开始出现，并根据大理凤仪北汤天法藏寺发现的南诏大理国写经和当代民间流传的阿吒力僧人使用的科仪等文献确定，阿吒力僧就是应赴僧，阿吒力教也就是明初佛教三分后传入云南的"教"。③ 另外，需要补充说明，南诏以后，云南流行密教的同时，亦有汉地佛教显宗的传播，诸如华严宗、禅宗、净土宗等在云南均留下历史痕迹；即使元代禅宗再传云南、明代汉地佛教大规模传播，云南密教（尤其是阿吒力教）仍然顽强地生存于民间。显密并行，是云南佛教历史的基本特点之一。无论显密，这些大理国时代的写经，无疑是南诏、大理国时期佛教盛行的证明。另外，这批写经中，除了大理国时期以外，还有大量的元明时期的写本和刻本佛经，这足以说明苍洱地区佛教传统的源远流长、久盛不衰。

---

① 参见侯冲《大理国写经〈护国司南抄〉及其学术价值》，《云南社会科学》1999 年第4 期。

② 关于云南阿吒力教的渊源与性质主要有几种观点：一是从印度直接传入云南的印度密教；二是从西藏传入云南的藏密；三是从印度传入云南后，以大理为中心形成的独具地域特色的滇密；四是从印度传入云南的印度密教与从中原传入云南的汉地密教的融合体等。

③ 侯冲：《云南阿吒力教经典及其在中国佛教研究中的价值》，载方广锠主编《藏外佛教文献》第 6 集，宗教文化出版社 1998 年版，第 389—400 页。

第四节　苍洱地区白族以佛号为名的集体记忆

　　崇圣寺三塔、剑川石窟、《南诏图传》《梵像卷》《大理国写经》等，其共同点是描绘的是皇室贵族、僧侣世家崇佛的传统。正是由于统治阶层的倡导，南诏大理时期苍洱地区，佛光普照，民心向佛，佛教传统根深蒂固，深入到社会的各个层面，成为普通百姓的生活习俗。苍洱地区南诏大理国时白族以佛号为名的现象，足以说明佛教在苍洱地区流布的广度和深度。

　　苍洱地区自古就是白族的聚居地。古代白族先祖有名无姓，直至东汉时期还未正式出现姓氏。历史上白族一直以开放的心态积极接受、学习汉文化，又融合了大量的汉族移民，唐时白族贵族就开始普遍地使用汉姓。白族和西南地区藏缅语族的其他少数民族一样，采用父子连名制度，但与其他少数民族不同的是，白族在父子连名前还要加上一个汉姓，这种冠汉姓的父子双名现象是白族姓名传统中的一个重要特征。①南诏时，白族冠姓父子连名制度出现一点变化，即以佛号代替父名。这种姓名通常是"祖姓＋佛号＋本名"。白族姓名中出现了以佛号为名的现象，凸显了苍洱地区佛教的流布与兴盛，同时也为探讨佛教传入云南的时间提供一个重要的参数。白族姓名中常用的佛号有：观音、药师、般若、金刚、大日、天王、文殊、妙音、易长、逾城、诸天、法华、华严、三宝、大藏、圆通、普贤、天神、大师、梵僧、焰慧、延寿、婆罗、舍利、弥陀、释迦、迦罗、波罗等。从这些佛号上看，有密宗的金刚、大日、易长、延寿、迦

---

　　①　白族冠以汉姓的父子连名，其形式为：汉姓＋父名＋子名。父名的末一个字连在子名之前，正推顺连，形成一种顶真、连环的语言结构。《大理国国相高氏族谱》整整列出六十代人，一世祖为高光，从六世祖望奏开始，到三十五世祖信益，有三十代人实行父子连名：（六世祖）望奏→奏晟→晟君→君补→补余→余武→武邱→邱善→善诺→诺义→义和→和亮→亮从→从君→君辅→辅仁→仁温→温情→情智→智升→升泰→泰惠→惠珠→珠寿→寿长→长明→明惠→惠直→直信→信益。此高氏族谱一直续谱至1982年的第六十代孙炳坤（当时23岁）。每代以二十五年上溯，高氏在大理地区已约有一千五百年历史。其中父子连名从第六代"望奏"开始，至第三十五代"信益"为止，共有八百多年的历史，推算这段时间正值南北朝后期至明代初期。白族的冠姓父子连名主要通行于南北朝到元明这个历史阶段，清代基本消失。参见颜晓云、陆家瑞《白族姓名文化探微》，《云南社会科学》1997年第5期。

罗等；有华严宗的华严、圆通、普法、焰慧等；有净土宗的药师、弥陀等。以上这些佛号中，以观音为名的最多，可见苍洱地区观音信仰之盛。①

　　这种带有佛号的冠姓双名的现象多见于南诏末期至明代的文献典籍中，以宋元时期最多见。翻检《孟孝琚碑》《爨龙骧墓碑》《爨宝子碑》《爨龙颜碑》《大周故国河东州刺史之碑》等在《南诏德化碑》之前的金石碑刻中的人物姓名，没有出现以佛号为名的。《南诏德化碑》中的人物姓名："大军将王琮罗铎""大总管段旋忙凑""群牧大臣杨嵯白奇""亲诏大军将李外成苴"等，也没有出现佛号。细数《南诏图传》文字卷中的人物姓名：三赕白大首领将军"张乐尽求"、细奴逻的妻子"浔弥脚"和"梦讳"、村主"加明"和"王乐"、普苴诺苴大首领"张宁健"、和泥大首领"宋林别"、忙道大首领"李忙灵"、大军将"王丘佺"、酋望"张傍"、澜沧郡王"张罗疋"、男大军将"张疋傍"、银生节度"张罗诺"、开南郡督"赵铎咩"、石门邑主"罗和""李忙求"、赞御臣"王奉宗"等，均未出现以佛号为名的现象。田怀清考察胡蔚本《南诏野史》，载有后晋高祖天福元年（936），在段思平领导的推翻杨干贞政权的起义中，大理凤仪北汤天村的董迦罗尤参加一事，依此认为白族姓名中夹有佛号的人名最早出于五代晚期；同时指出，1979年维修中发现大理千寻塔第七层南佛像背后题字中有"杨氏观音坚""杨氏梵僧婶""李药师祥""赵氏观音锦"等，但此佛像是明代维修千寻塔时放入的，据此否定了苍洱地区以佛号为名最早出现在南诏末期（晚唐）的说法。② 五代晚期与南诏末期，两者之间相差不到百年的时间。对于一种习俗，可能找不到具体的时间起点，因为习俗本身就是一个逐渐约定俗成的过程，正是从这一点可以说明佛教传入南诏的时间，肯定要早于以佛号为名出现的时间。因此，学界一般认为佛教传入云南的时间在南诏早期（初唐）是可以立足的。从一个异质文化的传入到渗透、移植到当地的习俗中去，需要一个时间过渡，佛教从初传南诏到社会各个阶层均以佛号为名的习俗的形成过

---

① 田怀清：《宋、元、明时期的白族人名与佛教》，《云南民族学院学报》（哲学社会科学版）2002年第1期。

② 同上。

程，大致与不到百年时段相当。在此之前，人们以用民族图腾名为荣；而后来大理国上至皇帝贵族，下至底层百姓，都以用佛号名为荣，①究其原因，无疑是借助佛教神灵的力量保护自己，希望得到佛、菩萨、金刚的佑护。这种习俗生动地说明苍洱地区的人们信仰的变迁，由原来的图腾崇拜转而接受了佛教信仰。佛教在苍洱地区的流布盛况，也充分说明了佛教成为一种深入人心的信仰（见表1—1）。

表1—1　　　　大理国、元、明时期苍洱地区以佛号为名简表

姓名所在原文	佛号	出　处
至善于高明生，则大将军高观音明之中子也。	观音	《大理国佛弟子议事布燮袁豆光敬造佛顶尊胜宝幢记》（《大理丛书·金石篇》卷一，第56页）
皇帝骠信段政兴资为太子段易长生、段易长兴等造。	易长	《段政兴铸铜观音像铭文》（《大理丛书·金石篇》卷一，第60页）
大理国造像施主药师祥妇人观音巧爱□□□□等雕。	药师、观音	《药师祥妇人观音巧爱造像题记》（《大理丛书·金石篇》卷一，第63页）
奉为施主三遍坦绰袁□长妇人药师信男女造。	药师	《米达拉摩崖造像题记》（《大理丛书·金石篇》卷一，第66页）
乾道癸巳（1173）冬，忽有大理人李观音得、董六斤黑、张般若师等，率以三字为名，凡二十三人，至横山议市马。……其人皆有礼仪，擎诵佛书，碧纸，金银字相间。邕人得其《大悲经》，称为坦绰赵般若宗祈祷目疾而书。	观音、般若	（南宋）范成大：《桂海虞衡志·志蛮》"大理"条，参见田怀清：《宋、元、明时期的白族人名与佛教》，《云南民族学院学报》（哲学社会科学版）2002年第1期，第59页。

①　无独有偶，佛教在契丹辽国传播过程中也出现过以佛号为名的现象。辽圣宗的仁德皇后萧菩萨哥和辽道宗的懿德皇后萧观音的名字中也有佛号。

续表

姓名所在原文	佛号	出　处
□姬，大高氏，讳金仙贵。天下相君高妙音护之女，母建德皇女段易长顺，翰林郎李大日贤之内寝也。	妙音、易长、大日	《大理国故高姬墓铭》（大理五华楼遗址出土）
1979 年维修千寻塔，第七层南佛像背后题字中有"杨氏观音坚""杨氏梵僧婶""李药师祥""赵氏观音锦"等。	观音、梵僧、药师	云南省文物工作队，《大理崇圣寺三塔主塔的实测和清理》，《考古学报》1981 年第 2 期，第 265 页。
在剑川石钟寺狮子关第二号石刻造像题记上有杨天王秀。	天王	剑川石窟
娌何观音婢，次男杨春，娌彭观音桂；孝孙杨保、杨贤、□□；孙娌李观音香、杨观音修；孙女法华圆、法华芳、法华息、观音才、观音和；孝女观音□、观音玉；婿杨寿段□；孝孙昭信校尉百户杨珠，孙婿杜坚、杨顺；外孙杨德春、李玄岱、段观成；外孙女妙祖、春化好、冬菊花立。	观音、法华	（明）《姚安公惠武阿嵯墓志铭》

第五节　中原仕宦文人有关苍洱佛教的见闻

　　苍洱地区的佛教传统不仅仅见于本土的文献和文物，而且历史上来过云南的中原仕宦文人的著述中亦有关于苍洱佛教的珍贵记录。唐朝对南诏册封时，有使节来滇，袁滋就是其中一个。袁滋（749—818），字德深，陈郡汝南（今河南汝南）人。弱岁强学，与著名诗人元结交往齐名。贞元（785—805）年间拜中书侍郎平章事，嗣为剑南西川节度使，赠太子少保。贞元十年（794），袁滋奉旨到达羊苴咩城（今大理古城）册封异牟寻，①《云南记》是袁滋在云南行程的记录，所记山川、风俗应该是他所见所闻，极其珍贵。可惜原本失传，但其书内容大都为樊绰《云南志》（又名《蛮书》）所转录。

樊绰生平事迹不详，从《蛮书》中可知大略。唐懿宗咸通年间，安南地区（今越南）屡受南诏侵扰，而安南经略史王宽戍边不力，边祸不断。咸通三年（862），朝廷改命蔡袭为安南经略史，领精兵三千奔赴安南，樊绰跟随蔡袭军队前往。第二年（863）春，蔡袭守安南城失败，蔡袭以身殉职；樊绰的家人也都死于安南，但樊绰本人侥幸逃脱，并且还带着经略使印章，渡江而还。后来樊绰转赴滕州、长安、夔州等地。从樊绰的大略事迹可知他没有亲自到过云南，但在驻守安南城的过程中，就用心收集有关南诏国各方面的材料，参考袁滋的《云南记》、韦齐休的《云南行记》等，写成了《云南志》10 卷。从樊绰委托张守忠把《云南志》转呈朝廷的细节来看，樊绰写《云南志》的用意很明显：尽自己的可能收集南诏的政治、经济、军事、民俗文化等方面的信息，为唐王朝政权制定边地政策提供参考，同时亦表自己对唐王朝的忠心。因此，樊绰的写作态度是认真的，材料的真实性比较大。《云南志》卷10 "南蛮疆界接连诸番夷国名"中记载了一个颇为异类的故事：

> 咸通四年正月初六日寅时，一胡僧，裸形，手持一杖，束白绢，进退为步，在安南罗城南面。本使蔡袭以弓飞箭当胸，中此设法胡僧，众蛮扶升归营幕。城内将士无不鼓噪。②

在这场唐与南诏的战争中，一件很新鲜的事情是南诏方有一个设法僧出城施法助战，而且很异类：裸形，头束白绢，手拿杖器，来回舞动作法……结果被蔡袭一箭射中胸口。南诏军队有胡僧助战一幕被记载下来，看似很滑稽，却给我们透露一个信息：咸通四年（863）时，南诏已有佛教，且取得南诏王室的信任，用来助战。尽管胡僧的法术不敌一箭，却能

---

① 袁滋来滇册封南诏一事见证于《袁滋奉旨册封南诏开石门路题记摩崖》，有关此摩崖的记载最早见于（南宋）王象之：《舆地碑目》，光绪《云南通志》录取全文。该摩崖在云南省盐津县南 60 里豆沙关山路左侧壁崖上。

② （唐）樊绰撰：《蛮书校注》，向达校注，中华书局 1962 年版，第 238 页。

说明南诏此时已有佛教存在的事实。此外，樊绰在介绍南诏民族和风俗时，进行了很细致的描述，诸如计量方法、半生而食等，但未见有关佛教在南诏民俗生活中的痕迹；在谈到接界民族时，说到"骠国（今缅甸）人性和善少言，重佛法"，[①]却未说南诏国人崇奉佛教；他记下了夜半国"其部落妇人，唯兴鬼通，能知吉凶祸福，本土君长崇信之"[②]的细节，却未言南诏国王崇信佛法；樊绰记下了南诏使用胡僧助战一事，却未记载南诏佛教习俗的见闻。原因是樊绰转录前人著述，并未亲临云南实地考察，南诏此时已有佛法而他不知。

（南宋）范成大《桂海虞衡志·杂志》载：

> 大理国，间有文书至，南边及商人持其国佛经，题识犹有"圀"字者。"圀"，武后所作国字也。唐书称大礼国，其国止用理字。[③]

范成大（1126—1193）曾任广南西路经略安抚使，知静江府（治所今广西桂林市）兼广南西道安抚使，是当时地方最高行政长官，更可贵的是他究心吏治，洞察民情，耳闻目睹广西的风土人情、山川名胜等。大理国和南宋在广西开互市，在经济交往的同时，也有文化上的互动，大理国佛经中仍然用唐代武则天所造"圀"字，就连商人也"皆有礼仪，擎诵佛书"。这段记载的价值在于从一个旁观者的视角，有力说明了大理国崇奉佛教的传统，大理国当时佛法昌盛由此可见一斑。

元初郭松年两次从中原到云南，至元年间（1264—1294）任云南西台御史，留下《大理行记》《题筇竹寺壁诗》和《创建中庆路人成庙碑记》等珍贵作品。《大理行记》记录了元代初期作者从中庆（今昆明）至大理城途经地区的山川、地貌、物产及人们的社会经济生活情况，是研究宋元时期大理地区的历史文化与经济社会的重要文献。《大理行记》有关佛教习俗的记载历来为人引用，成为反映大理国佛教历史的经典材料：

---

① （唐）樊绰撰：《蛮书校注》，向达校注，中华书局1962年版，第232页。
② 同上书，第244页。
③ （南宋）范成大：《桂海虞衡志·杂志》，见孔凡礼点校《范成大笔记六种》，中华书局2002年版，第130页。

此邦之人，西去天竺为近，其俗多尚浮屠法，家无贫富，皆有佛堂，人不以老壮，手不释数珠；一岁之间，斋戒几半，绝不茹荤饮酒，至斋毕乃已。沿山寺宇极多，不可殚记。中峰之下有庙焉，是为点苍山神，亦号中岳。中峰之北有崇圣寺，中有三塔，一大二小，大者高二百余尺，凡一十六级，样制精巧，即唐遣大匠恭韬、徽义所造。塔成，韬、义乃归。中峰之南有玉局寺，又西南有上山寺。凡诸寺宇皆有得道居之。得道者，非师僧之比也。师僧有妻子，然往往读儒书，段氏而上有国家者设科选士，皆出此辈，今则不尔。其得道者，戒行精严，日中一食，所诵经律一如中国；所居洒扫清洁，云烟静境，花不禅房，水循堂厨，至其处者，使人名利之心俱尽。

从郭松年的记述可见大理国当时的佛教概况：一是大理国时期佛法昌盛，深入人心，已经转化为人们的生活习俗；虽指出大理佛法流布的原因是离天竺国较近，但未明言大理国佛法从天竺国传来，作为一个外来观者，一是对现象的描述，至于大理国佛教更深层次内容的了解需要一个过程和积累，显然，郭松年在滇的时间还不足以让他了解和思考这些现象背后的东西。二是物质层面上，无论贫富，每家都有佛堂，且寺庙遍布，以此可推想大理国佛光普照，一方佛国乐土的景象。三是佛教僧侣阶层的情况，有得道者和师僧之别。得道者恪守戒律，受人崇敬；师僧是在家僧，娶妻生子，习儒业，是大理国的仕宦阶层的来源。四是很细致的一点："所诵经律一如中国"，虽未明言大理国佛教来源于中原，但僧人所诵的经律和中原一样，无疑佐证南诏大理国佛教源于中原的观点，至少是其中一个主要的来源。

元代来到云南的中原官员还有李京。李京，字景山，河间人，大德五年（1301）任云南乌撒乌蒙道宣慰副史，他几乎走遍乌蛮、六诏、金齿、百夷等地区。在处理军务之余，记下了云南的山川、地理、土产、风俗等，集成《云南志略》四卷，以切身见闻为素材，内容翔实，且订正了前人道听途说之误。方国瑜先生认为，《云南志略》是元、明以来最古老的一部云南地方志。后代志书多以此为蓝本而加以辗转抄录。[①]

---

① 方国瑜：《李京〈云南志略〉概说》，《思想战线》1981年第2期。

《云南志略》"诸夷风俗"条记载：

> 佛教甚盛。戒律精严者名得道，俗甚重之。有家室者名师僧，教
> 童子，多读佛书，少知六经者；段氏而上，选官置吏皆出此。民俗，
> 家无贫富皆有佛堂，旦夕击鼓（恭）［参］礼，少长手不释念珠，一
> 岁之中，斋戒几半。诸种蛮夷刚愎嗜杀，骨肉之间一言不合，则白刃
> 相劙；不知事神佛，若枭獍然。惟白人事佛甚谨，故杀心差少。由是
> 言之，佛法之设，其于异俗亦自有益。

李京比郭松年稍晚几年时间来到云南，其书《云南志略》中这一段
文字主要字句几乎与《大理行记》相同，不能排除李京见过《大理行记》
而转录其内容。就细节来看，李京的描述要简略得多。首先，佛教习俗主
要内容还是一致的：家无贫富皆有佛堂、手不释珠、一年斋戒几半等。其
次，僧侣阶层的情况也是相同的，分为得道者和师僧。与郭松年描述不同
的是，师僧多"读佛书，少知六经者"而郭松年却说师僧往往"读儒
书"，看来两人关注点各有侧重，但共同点是师僧是亦儒亦佛的，是大理
国选拔官员的主要阶层。最后，李京补叙的是除崇佛的白族以外其他民族
好战特点："蛮夷刚愎嗜杀，骨肉之间一言不合，则白刃相劙。"这样的
描述或是被李京放大了，但其对于佛教教化人心作用的评价还是十分中
肯的。

明初，首任云南布政使张紞，字昭季，富平（今在陕西）人。《明
史》之151卷记载，洪武十五年（1382），张紞出任云南左参政，后任左
布政使。张紞在滇17年，土地贡赋、法令条格皆有裁定；民间丧祭冠婚
咸有定制；务变其俗，滇人遵用之；诸蛮听服，诚信相孚。张紞在云南的
政绩卓越，得到皇帝的嘉奖。张紞在《荡山寺记》中记录下明初大理苍
洱地区的佛教习俗：

> 大理为郡，负山而面海。由唐以来蒙段氏据而有之，殆六百
> 年。二氏皆为白人，西南夷为类虽杂，知文教者唯白焉。其俗嗜佛
> 尚释；段氏有国用僧为相，或已任而更出家，故大理佛教最盛而僧

拔萃亦多。①

　　荡山寺后称为感通寺，位于苍山圣应峰南麓，地处大理古城和下关之间，背靠苍山，面对洱海，有"苍洱驰名第一山"之誉。明代白族学者李元阳于万历九年（1581）撰《重建感通寺记》记载："大理城南十里，西入山谷有寺曰感通，唐初李成眉贤者所建。"如果记载属实的话，感通寺应该是云南禅宗的第一寺。张紞在《具足禅院记》又指出："西南诸种，曰白、曰爨、曰僚、曰夷，而旁孳庶丑，又不可悉记。独白人事佛，余种皆不之信，盖其习气使然，无足怪者。""白人修缮刹宇，寻袭师宗，事佛唯谨。"②张紞在滇为官17年，他的记载可信度很高，并且他的记述与前人一致，即大理佛教昌盛，主要是苍洱地区白族事佛惟谨，十分虔诚。

　　另外，明代谢肇淛《滇略》卷10记载：

　　　　韦陀将军，童真梵行，不交天欲，弘护佛法。唐乾封二年（667），告宣律师曰："西洱河有白石，其土人造多宝佛全身相，安在西洱河鹫山寺。蜀青城山人往彼兴易请佛道，由郎州大小勃律三千余里，方达西洱河。河大衮百里，广三十里，中有洲岛，古寺经像尚存，无僧住守，经文与今相同。时闻钟声，百里殷实，每年二时供养古塔，基如戒坛二重，塔上有覆釜，彼土诸人见塔每放光明，即以素食祭之，求其福祚也。"③

　　谢肇淛（1567—1624），字在杭，号武林等，杭州人。谢肇淛曾出任

　　① 张锡禄：《大理白族佛教密宗的特点及其在国际佛学界的影响》，2010 年 2 月 24 日，佛教导航网（http://www.fjdh.com/wumin/2010/02/07530398584.html）。

　　② 同上。

　　③ 谢肇淛《滇略》卷 10 中的这段引文，来源颇为复杂：谢肇淛引自《太平广记》（见中华书局 1961 年版《太平广记》第二册卷 93 异僧七"宣律师"条），而《太平广记》中的这段故事又源自《法苑珠林》卷 22。此外，天启《滇志》卷 31 "灵异"条、《明史》卷 286、方国瑜《新纂云南通志》卷 102 等处也有相关引述。参见傅光宇《大理千寻塔始建年代考》，《思想战线》1988 年第 3 期，第 80—85 页。另外，傅光宇在此文中考订处大理千寻塔的建筑时间为公元 667 年之前，与前文所述的"开元元年"（713）比较接近。

云南参政、广西右布政使等职，长期在西南边地为官，因此，《滇略》中材料多有价值。上述引文中的"韦陀将军"是佛教的护法神，是南方增长天王属下八大神将之一。传说在释迦佛入涅槃时，邪魔把佛的遗骨抢走，韦陀及时追赶，奋力夺回。因此佛教便把它作为驱除邪魔、保护佛法的天神。从宋代开始，中国寺庙中供奉韦陀，称为韦陀菩萨，常站在弥勒佛背后，面向大雄宝殿，护持佛法，护助出家人。宣律师是指道宣律师（596—667），唐代律僧，中国戒律思想史上的重要思想家，又称南山律师、南山大师，世称律祖。韦陀将军告诉道宣律师在西洱河的见闻，固然是一种神话，但神话从本质上看还是一种人话的变异，一定程度上反映了某个时代社会的实际背景。这段引文中还有蜀青城山人前往西洱河请佛道，并且记下了当时所见古寺、经像、无僧住守，经文、古塔、钟声、素食祭祀等，这些似乎不完全是神话里的细节，抑或是作者为了提高自己记言的权威性和神圣性，而借韦陀之口说出佛教初传西洱河的情景。尽管这则材料的真实性存疑，但作为解说苍洱地区佛教的悠久传统还是有参考价值的。

自南诏始，佛教无疑是苍洱地区的文化传统的主流。南诏大理国上至皇家贵族，下至平民百姓，无论贫富皆以崇佛为荣，崇佛之风熏染着苍洱这片佛国乐土。南诏和大理国的上层社会为表敬佛之心，用各种方式来表达：绘制图卷、建寺造塔、开凿石窟、立碑刻石，就连皇位也可以放弃，禅位为僧，选拔官吏亦出自儒释阶层；下层社会的人们无力去做那些需要巨大经济实力支撑的事情，但他们家设佛堂、斋戒念佛、人心向善，就连自己的名字中也要加进佛号，以表虔诚和祈福。元代以后，云南成为中央政权的一个行省，苍洱佛教加强了与中原的联系，基本上与中原地区佛教同步发展。苍洱地区悠久的佛教历史为云南大理宾川鸡足山的兴起积淀了丰厚的社会人文土壤。

第二章 两座鸡足山之谜

苍洱地区的佛教历史传统是云南鸡足山兴起的大背景。在这片人心向佛的乐土上，诞生一个佛教圣地也是水到渠成的事。作为迦叶入定之所，云南鸡足山蜚声海内外，并成为继中国四大佛教名山之后的又一大佛教圣地；但印度也有一座鸡足山，且也被认为是迦叶入定处。为什么印度和中国云南各有一座鸡足山？解读其中的原因还须从大迦叶入定鸡足山的故事说起。

第一节 大迦叶入定的鸡足山在哪

鸡足山之名源于印度。这一点，在早期佛教典籍和一些传说故事中多有记载，迦叶尊者入定于印度的鸡足山；特别是在西行求法的中国僧人的传记中有较多关于印度鸡足山的描述。佛教在印度本土衰落之后，印度鸡足山也湮没无闻了。考察这些文献，可以回溯印度鸡足山的昔日圣迹，以别于云南鸡足山。现存的汉语佛教文献有关鸡足山的记载，最早见于西晋安息国沙门安法钦译《阿育王传》：

> 尊者摩诃迦叶亦中前着衣持钵入城乞食。作是念：阿阇世王本与我有要，若涅槃时必当语我，我今当往。即到阿阇世王门中，语守门人言：为我白王，摩诃迦叶今在门外，欲见于王。守门人言：王今眠睡。尊者复言：可觉语之。守门人言：王甚难恶，不敢觉之，后自觉时，我当白语。尊者复言：今若觉者，好为我语"摩诃迦叶欲入涅槃，故来相语"。于是尊者迦叶至鸡脚山三岳中，坐草敷上，加趺而坐……时阿阇世王梦大梁折坏，觉已，心生惊怖。……于是，阿难将

王向鸡足山，王既至矣，山自开张，王与阿难即见尊者，天曼陀罗花天末香牛头旃檀覆其身上。①

这段文字成为后来佛教经典中关于大迦叶入定鸡足山故事的蓝本。《阿育王传》告诉我们，大迦叶入定前在王舍城乞食，并向城中阿阇世王告别，然后入定鸡足山。此后出现的中国赴印求法的僧人传记和汉语佛教经典中关于大迦叶入定鸡足山的传说虽然演绎千余年，或增或删，但均未出《阿育王传》中记载的基本框架（参见附录一）。

研读这则材料，我们可知大迦叶的最后行踪是由王舍城去鸡足山入定。王舍城是摩揭陀国的国都（其遗址位于今印度比哈尔邦）。王舍城有新旧两个部分，旧城在新城南。旧城是阿阇世王之父瓶沙王（频婆娑罗王）所建，后来被火灾焚毁；新城为阿阇世王所建。旧城外东北有著名的耆阇崛山，也就是灵鹫山；旧城之北，有佛陀住过的迦兰陀竹园精舍，精舍的西边五六里有"车帝"石窟（七叶窟），是佛灭后由大迦叶住持五百比丘举行第一次结集的地方，现在建有纪念塔。王舍城新城北约 20 里处是古代佛教著名寺院那烂陀寺；新城西南 80 余里处是释迦牟尼成道处的菩提伽耶城。菩提伽耶城南三里，有大迦叶入定的鸡足山，鸡足山南 10 余里处有释迦牟尼出家后六年修苦行之处、觉悟成道处的贝多树（菩提树）等遗迹。② 由此可见，大迦叶入定之处的印度鸡足山附近有许多佛陀僧团活动的遗迹，且彼此之间距离不过百里。如果大迦叶入定的鸡足山在云南大理宾川，那么，大迦叶从王舍城出发，要远行数千里才能到达云南大理宾川，即使那时候有蜀身毒道可走，但路途异常艰险，何况是行将入灭的老者？从信仰的心理出发，我们宁愿说迦叶尊者神通广大，法力无边，区区数千里的距离不是问题，但在原始佛教里，不仅迦叶尊者不是神，就连佛陀本人仅被视为人生导师；而且当代南传上座部佛教里仍然认为佛陀是人生导师，不是神。因此，从客观的视域来看，迦叶尊者是人，不是神，以他垂老之躯，不可能日行千里来到云南鸡足山入定。更进一步

---

① （西晋）安法钦译：《阿育王传》第 4 卷，《大正藏》第 50 册，第 114 页下栏—115 页上栏。

② 根据法显《法显传》（又称《佛国记》等）、义净《南海寄归内法传》中所描述的行程整理。

说，上述传文中，找不到半点关于云南大理宾川的蛛丝马迹，因此，大迦叶入定云南大理宾川鸡足山之说既不符合逻辑，也不符合事实。

在印度本土，大迦叶入定鸡足山的传说绵延不绝，在赴印求法的中国僧人的传记中留下珍贵的记载。东晋法显在他的《佛国记》（又称《法显传》《历游天竺记传》等）中记下了当年他朝拜印度鸡足山时的见闻：

> （阿育王）常至贝多树下悔过自责，受八戒斋。……从此南三里行到一山，名鸡足，大迦叶今在此山中。擘山下入，入处不容人。下入极远有旁孔，迦叶全身在此中住。孔外有迦叶本洗手土，彼方人若头痛者，以此土涂之即差。此山中即日故有诸罗汉住彼，诸国道人年年往供养迦叶。心浓至者，夜即有罗汉来，共言论，释其疑已，忽然不现。此山榛木茂盛，又多师子、虎、狼，不可妄行。法显还向巴连弗邑。顺恒水西下十由延，得一精舍，名旷野，佛所住处，今现有僧。①

法显（334—420）是中国僧人赴印求法并取得硕果的第一人。《佛国记》记载了法显所历经三十余国的风土人情、物产和宗教状况，很大程度上填补了古代印度史的空白，也为我们留下了关于鸡足山的珍贵记述。从中可以得到两个重要的信息：一是鸡足山的位置是在阿育王当年悔过的贝多树向南三里，毗邻巴连弗邑。阿育王当年悔过的贝多树已不可查，但巴连弗邑确有其地。巴连弗初云“拘苏摩补罗城”，后改名“波咤厘子城”，又作“波咤利弗”“波咤罗”“波咤梨耶”“波罗利弗多罗”；本为树名，后来以此为城名。阿育王迁都于此，成为摩羯陀国新的国都，又称为“华氏城”或“华子城”。《大智度论》卷3、《异部宗轮论述记》《大唐西域记》《玄应音义》卷25、《慧琳音义》卷10等都有关于巴连弗邑的记载。法显朝拜过鸡足山后，返回巴连弗邑，沿着恒河继续西行，途中还路过有僧人居住的旷野精舍。二是记下了印度鸡足山当地人信仰大迦叶的习俗。法显到达鸡足山时，大迦叶入定已有800多年了，但当地仍有以大迦叶当年洗手土治头痛的风俗，并且年年有僧人来朝拜鸡足山，甚至还

---

① （东晋）法显：《法显传》，《大正藏》第51册，第863页下栏—864页上栏。

有罗汉与虔诚者夜语释疑的传说。可见，在印度大迦叶入定鸡足山的传说深入人心，积习成俗了。

南北朝时期，传承着大迦叶入定鸡足山这一传说的有北魏吉迦夜、昙曜共译的《付法藏因缘传》《阿育王经》和《经律异相》等。《付法藏因缘传》中卷1和卷2分别记载了大迦叶入定鸡足山及阿阇世王和阿难一同去鸡足山的情节：大迦叶入定鸡足山前曾找阿阇世王辞别时，阿阇世王在睡觉，未能亲睹大迦叶入定；后来，阿阇世王恳请阿难涅槃时一定要告诉他。这两处情节前后相续，也合乎叙说的逻辑顺序。从经传的传承体系看，《阿育王经》是《阿育王传》的简出，《经律异相》亦是出自《阿育王经》，故此两处记载与《阿育王传》是一脉相承的。

隋唐时期成书的著述和译出的佛教经典，涉及印度鸡足山的相对较多，其中记载大迦叶入定鸡足山最详细的是玄奘的《大唐西域记》：

> 莫诃河东入大林野，行百余里至屈屈（居勿反）咤播陀山（唐言鸡足）。亦谓窭卢播陀山（唐言尊足）。……其后尊者大迦叶波居中寂灭，不敢指言，故云尊足。摩诃迦叶波者，声闻弟子也，得六神通，具八解脱。如来化缘斯毕，垂将涅槃，告迦叶波曰："我于旷劫勤修苦行，为诸众生求无上法，昔所愿期，今已果满。我今将欲入大涅槃，以诸法藏嘱累于汝，住持宣布，勿有失坠。……"迦叶承旨，住持正法。结集既已，至第二十年，厌世无常，将入寂灭，乃往鸡足山。……时大迦叶授衣致辞礼敬已毕，身升虚空，示诸神变，化火焚身，遂入寂灭。时众瞻仰，憍慢心除，因而感悟，皆证圣果。故今山上建窣堵波，静夜远望，或见明炬，及有登山，遂无所睹。[①]

玄奘在《大唐西域记》中明确了汉语鸡足山与印度梵文之间的对译关系。较之法显《佛国记》，玄奘详述了如来付法大迦叶以及大迦叶入定鸡足山的细节，并且指出大迦叶入定鸡足山的时间是"结集既已，至第二十年"，大迦叶住持的第一次结集是在佛灭的当年（公元前486年），

---

① 玄奘口述、辩机笔录：《大唐西域记》，《大正藏》第51册，第919页中栏—下栏。

那么大迦叶入定鸡足山的时间应是公元前467年；另外，玄奘还增加了慈氏（弥勒佛）降世，大迦叶奉衣礼毕，幻化入灭的情景。玄奘在法显之后二百余年朝拜鸡足山，所记内容细节要比法显更加丰富，其中不免有些天马行空的想象，不过这也符合历史传说故事的演绎特点，越久远的文献记载得越简约，后世的文献越来越丰富详细了。尽管如此，玄奘的记述与《阿育王传》和《法显传》中的记载基本一致，同时也证明了大迦叶入定鸡足山之说在印度本土的持续传承。

唐代道宣在他撰写的《续高僧传》卷4、《释迦方志》下卷中均有关于大迦叶入定鸡足山的记载。道宣在《释迦方志》中抄录了《大唐西域记》中有关大迦叶入定鸡足山的记载；[①] 在《续高僧传》中，道宣还加入了《大唐西域记》中没有的细节："尔时彼国闻奘往山，士女大小数盈十万，奔随继至共往鸡足。既达山阿，壁立无路，乃缚竹为梯相连而上，达山顶者三千余人，四睇欣然，转增喜踊，具睹石罅，散花供养。"[②] 稍后的智升在他编撰的《开元释教录》卷3中也加入了法显在《佛国记》中没有的细节："未至里余，忽逢一道人，年可九十，容服粗素，而神气俊远。显虽觉其韵高，而不悟是神人。须臾进前，逢一年少道人，显问曰：向耆年是谁耶？答曰：头陀弟子大迦叶也。显方惋慨良久，既至山前，有一大石，横塞室口，遂不得入。"[③] 此细节是智升录自梁僧祐《出三藏记集》卷12之《法显传》。这两则材料的共同点在原作者的传记中没有提及，而是出现在后人的著作中，且不论其真实与否，这两个细节丰富了大迦叶入定鸡足山的传说，亦说明大迦叶入定印度鸡足山之说历久弥新。

（唐）智升《开元释教录》卷3中有一条注释："今谓显所陟者是鸡足山，大迦叶波入寂之所，非佛旧居处鹫峰山也。"[④]智升加注此条，意在澄清当时有人混淆了鸡足山与灵鹫山，明确鸡足山是大迦叶入定之所，灵鹫山是佛陀说法之处，是两个不同的地方；智升在他的另一部著述《续古今译经图纪》中记述义净游历印度时说："备历艰难，渐达印度。所至之境，皆洞言音；凡遇王臣，咸蒙礼重。灵鹫峰、鸡足，并亲登陟；祇

① （唐）道宣：《释迦方志》下卷，《大正藏》第51册，第963页中栏。
② （唐）道宣：《续高僧传》第4卷，《大正藏》第50册，第451页上栏—中栏。
③ （唐）智升：《开元释教录》第3卷，《大正藏》第55册，第507页下栏—508页上栏。
④ 同上。

园、鹿苑，咸悉周游。憩那烂陀，礼菩提树，遍师明匠，学大小乘。所为事周，还归故里。"① 把灵鹫山和鸡足山相提并论的意图与前相同。道宣的《广弘明集》第 28 卷②、澄观《大方广佛华严经随疏演义钞》第 76 卷③中亦均把鸡足山与灵鹫山并列，可见两山不是一处。

（唐）惠详《弘赞法华传》第 1 卷中载：

> 去此城（巴连弗邑）西南四百余里，渡尼连禅河，至伽耶城。城西南二十余里，至菩提树、金刚座等。菩提树东，渡大河入大林野，行百余里，至鸡足山。鸡足山东北百余里，至大山。入山东行六十余里，至上茅宫城。此城即摩揭陀国之正中也，故先君王之所都，多出香茅，故以名之。……茅城东北十四五里，至耆阇崛山，唐言鹫头，亦云鹫峰，接北之阳，孤标特起，既栖鹫鸟。又类高台，空翠相映，浓淡分色，如来御世，垂五十年，多居此山，广说妙法，即说此经之处也。④

从惠详的描述可知鸡足山在灵鹫山的西南方，两地相距不超过二百里。这样的距离也符合当年佛陀僧团经常往返的行程范围；并且，惠详所记述的地名均在印度，从中看不出半点关于云南大理宾川的痕迹。

宋、元、明、清时期，有关大迦叶入定鸡足山的故事传承近千年，大都沿袭前代的记述，没有多少变化。与隋唐时期相比，宋以后有关印度鸡足山的记载，数量明显减少，但没有中断。其中，元代念常编辑的《佛祖历代通载》第 20 卷提供了一些新的信息：

> 三藏沙门咓哈啰悉利，本北印度末光闼国人，住鸡足山，诵诸佛密语，有大神力，能祛疾病，伏猛呼召风雨，辄效皇统。与其从父弟

---

① （唐）智升：《续古今译经图纪》，《大正藏》第 55 册，第 370 页上栏。
② （唐）道宣：《广弘明集》28 卷，《大正藏》第 52 册，第 327 页中栏。
③ （唐）澄观：《大方广佛华严经随疏演义钞》76 卷，《大正藏》第 36 册，第 601 页中栏。
④ （唐）惠详：《弘赞法华传》1 卷，《大正藏》第 51 册，第 12 页下栏。

三磨耶悉利等七人，来至境上，请游清凉山礼文殊，朝命纳之。①

这则材料是元代尚书右丞右辖文献耶律履撰《天竺三藏吽哈啰悉利幢记》的开头部分。从中我们发现了有关印度鸡足山的新证据：印度僧人吽哈啰悉利曾住鸡足山，元代时来到中国。显然，他曾住鸡足山的经历在来中国之前，不可能是云南的鸡足山。以上诸文献最根本的共性在于大迦叶入定的鸡足山是在印度，在其中找不到一丝一毫关于云南大理宾川鸡足山的影子。

另外，需要补充的是，在明代云南鸡足山开始崛起以后，大迦叶入定印度鸡足山的传说仍然同时存在，且持此观点的人也有教内僧侣。例如（清）溥畹撰《大佛顶首楞严经宝镜疏》第 5 卷中有这样一段注疏：

> 摩诃迦叶，云大龟氏，亦云饮光……修灭六尽七之定。此定能灭六识，空法尘，尽七半分染末那故，仍留半分净末那，以持定故。入是定者，若身若心，忘处忘时，能度多劫，如弹指顷。故现在天竺国鸡足山，入此定，以待弥勒出世者是也。我以空观，销除法尘，断诸结使，成阿罗汉。以故世尊寻常说我头陀为最者，以能抖擞法尘故也。②

《大佛顶首楞严经宝镜疏》的作者署名"大清钦赐云南法界寺讲经广陵沙门溥畹"，云南法界寺原址在昆明，可知溥畹曾在云南昆明弘法。此时云南宾川鸡足山早已成为迦叶道场，作为云南一方大德，不可能不知晓距离昆明不远的宾川鸡足山迦叶道场的存在，而且他在《大佛顶首楞严经宝镜疏》中论及大迦叶入定鸡足山时，特意指出大迦叶入定的是"天竺国鸡足山"，这种表述无疑是在区别于云南大理宾川鸡足山，说明当时教内仍有人坚持认为大迦叶入定的是印度鸡足山。这一点，还可见于高奣映《鸡足山志》：

① （元）念常：《佛祖历代通载》第 20 卷，《大正藏》第 49 册，第 699 页下栏。
② （清）溥畹：《大佛顶首楞严经宝镜疏》第 5 卷，《卍新纂续藏经》第 16 册，第 534 页上栏。

巡方侍卫史周公懋相曰：考释氏经典诸书，皆云迦叶尊者持衣入定鸡足山，而世人贱近贵远，妄谓西番别有鸡足，以便逞其荒唐奇怪之说，使人渺茫难稽。……且西方哈嘛僧每年来朝鸡足者颇多，细询之，皆云自古相传此是迦叶守衣鸡足山。使西方果有鸡足，又何为远来朝礼？且崇祯庚辰，乌斯藏大宝法王亦遣其弟子来鸡足朝礼迦叶，则知此为迦叶入定之处无疑矣。①

周懋相是明万历年间云南鸡足山的大檀越之一，其感慨："世人贱近贵远，妄谓西番别有鸡足，以便逞其荒唐奇怪之说，使人渺茫难稽。"这里所谓"西番别有鸡足山"无疑就是指印度鸡足山。可知在云南鸡足山声名鹊起的时候，仍然有人坚持认为大迦叶入定处是印度的鸡足山，而且这种说法还很流行，以至于周懋相站在护法的角度去反驳这种观点。由此可以从侧面反映出明清时无论是教内还是教外，仍有人很清醒地认识到大迦叶入定的是印度鸡足山，而不是云南宾川的鸡足山。

第二节　敦煌遗书中"鸡足山邀请函"的真相

大迦叶入定之处的鸡足山在印度还是在云南的争论，至今未休。《世界佛教名山——鸡足山》中引用敦煌遗书中的两封"鸡足山邀请函"②：

谨请西南方鸡足山宾头卢颇罗堕上座和尚。
右今月八日，南赡部洲萨诃世界大宋国沙州就诸
寺敬设大会，伏愿
大圣誓受
佛敕，不舍苍生，兴运
慈悲，依时　降驾。谨疏。

① 高奣映：《鸡足山志》，侯冲、段晓林点校，中国书籍出版社 2005 年版，第 41 页。
② 张丽芬：《世界佛教名山——鸡足山》，陕西旅游出版社 2007 年版，第 28 页；又参照王惠民《敦煌写本"请宾头卢疏"考察》，《敦煌学辑刊》2006 年第 2 期。

乾德六年四月日 弟子归义军节度使检校太师兼中书令敦煌王曹
元忠疏。（S. 4632）

谨请西南方鸡足山宾头［卢］颇罗堕和尚。
右今月八日 南阎浮提唐国沙州就净土寺，奉
为 叔父某某大祥追福设供，伏愿誓受佛敕，
不舍苍生，兴运慈悲，依时降驾。
戊寅年六月十六日，疏子某某谨疏。（p. 3107v）

据此，该书作者认为邀请函中的在敦煌的西南方的"鸡足山"就是
今天云南的鸡足山，并试图证明在唐宋时云南就有鸡足山之说。两封邀请
函邀请的是同一个僧人宾头卢颇罗堕，前一封邀请函日期是大宋国乾德六
年即公元968年，后一封日期是唐国戊寅年，王惠民先生认为可暂定在公
元918年。① 宾头卢确是佛陀的弟子之一，生活在公元前5世纪左右，宾
头卢是否在1300多年后来到了云南鸡足山？为什么敦煌遗书中唐宋时期
两份不同的鸡足山邀请函，会同时邀请一个1300多年前的僧人呢？这与
印度的宾头卢信仰及其东传有关。所谓"鸡足山邀请函"即敦煌遗书中
的《请宾头卢疏》。宾头卢，全名为宾头卢颇罗堕誓，"宾头卢者，字也。
颇罗堕誓者，姓也。"② 有关宾头卢的记载见诸于《宾头卢突罗阁为优陀
说法经》《请宾头卢法》《四分律》卷53、《毗尼母经》卷5、《阿弥陀
经》序分、《增一阿含经》卷3、《经律异相》卷13、《分别功德论》卷
4、《法苑珠林》等佛教典籍之中。宾头卢姿容丰美，志存济苦，降服外
道，护持正法，且神通广大，尽管因为卖弄神通取钵受到佛陀的呵责③，
但佛陀还是非常倚重他，认为他是堪任游化的四大声闻之一。阿育王时代
宾头卢开始被神话，逐渐形成古代印度的宾头卢信仰。宾头卢信仰传入中
国可追溯到（梁）慧皎《高僧传·道安传》中的记载，后来民间也流行

---

① 王惠民：《敦煌写本"请宾头卢疏"考察》，《敦煌学辑刊》2006年第2期。
② 见《请宾头卢法》，《大正藏》第32册，第784页中栏。
③ （唐）道世：《法苑珠林卷》卷42，《大正藏》第53册，第610页上栏。

立座供食敬奉宾头卢的习俗。① 唐宋时宾头卢信仰在敦煌地区颇为盛行，而且莫高窟中也有宾头卢的形象。②

敦煌遗书中比较完整的《请宾头卢疏》，王惠民先生做过整理，除了上文引用的两则之外还有 5 则。③ 此外，侯冲先生还发现了在俄藏黑水城遗书中也保存了一则《请宾头卢疏》④：

> 宿请／南天竺国摩泥（利）支／山／大圣滨（宾）头卢／尊者／
> 右来臣亡过天／于拔亡之辰，修言／香斋一件。伏乞／尊者，不离／
> 慈悲，降临／道场。和南谨疏。
> 光定八年（1215）（下残）（俄藏黑水城遗书 A8v）

上述的请宾头卢的疏文，都是用于斋供仪式的，目的都是请宾头卢降临、超度亡魂、禳凶祛邪、祈福降瑞。时间从 10 世纪到 13 世纪，集中在唐末及宋代。在这些请宾头卢的疏文中，仅有敦煌遗书 pp. 3645—1 和俄藏黑水城遗书 A8v 中说宾头卢居于"南天竺国摩泥（利）支山"，其余皆说宾头卢居于"西南方鸡足山"。前一种说法，在《阿弥陀经通赞疏》中亦有记载：

> 宾头卢颇罗堕者……现在南天竺摩利支山居住受请，垂赴往往现身。⑤

而宾头卢居于"西南方鸡足山"的说法暂未找到其他的文献佐证，王惠民先生认为这种说法是宾头卢信仰东传中国以后的讹误。⑥这一点存疑之外，我们可得到以下结论：一是敦煌遗书中的《请宾头卢疏》是斋

---

① （梁）慧皎：《高僧传》卷 12 "释道琳"："琳于是设圣僧斋，铺新帛于床上，斋毕，见帛上有人迹，皆长三尺余，众咸服其征感，富阳人始家家立圣僧坐以饭之。"这里的圣僧即宾头卢尊者。可见南朝时宾头卢成为家家户户立座供奉的对象了。

② 王惠民：《古代印度宾头卢信仰的产生及其东传》，《敦煌学辑刊》1995 年第 1 期。

③ 王惠民：《敦煌写本〈请宾头卢疏〉考察》，《敦煌学辑刊》2006 年第 2 期。

④ 侯冲：《中国佛教仪式研究——以斋供仪式为中心》，上海师范大学博士论文，2009 年，第 29 页。

⑤ 见《阿弥陀经通赞疏》，《大正藏》第 37 册，第 336 页中栏。

⑥ 王惠民：《古代印度宾头卢信仰的产生及其东传》，《敦煌学辑刊》1995 年第 1 期。

供仪式中请僧证盟所用的疏文，所请的圣僧并非现实生活中的宾头卢，而是被神话了的信仰对象。这就可以理解所请的同一个僧人可以穿越千年时空，由公元前 5 世纪的印度而又出现在唐宋时期的斋供仪式疏文中的奇怪现象；二是敦煌遗书《请宾头卢疏》中"西南方鸡足山"不是指云南的鸡足山。在方位上，印度在敦煌的西南方，而云南的鸡足山是在敦煌的东南方，因此，可以确定"西南方鸡足山"是指印度鸡足山。况且宾头卢居于"西南方鸡足山"这一说法本身存疑，更不能作为唐宋时云南就有鸡足山之说的证据了。

第三节　云南鸡足山名称的出现

云南鸡足山的名称何时开始出现的呢？在汉语佛教文献中，开始出现云南宾川鸡足山的可靠材料是在明代。纵观明代以前的佛教文献，有关鸡足山的记载都是指印度鸡足山，其中没有只言片语，抑或是人物、事件、相近的地理名称、风俗习惯等背景关涉中国云南。可以确定记载的是明清时期云南鸡足山的汉语佛教文献多见于《卍新纂续藏经》《嘉兴藏》和《新续高僧传》中。分述如下。

钱谦益《华严忏法序》载：

《华严》之为经王也。……其制之者，曰唐一行；其藏之者，曰①鸡足山；其尊信而流通之者，今丽江郡世守木君也。佛法从因缘生，兴废显晦，皆有时节。《忏》之制于一行而传付于普瑞，成于唐而出于明，撰于龙首而藏于鸡足，闷于叶榆崇圣，而显于木君。②

《华严忏法序》是明末清初钱谦益为《华严经海印道场九会请佛仪》所作的序。这篇序文写于崇祯十四年（1641），此文中的木君指的是丽江土司木增。木增为鸡足山佛教作出过巨大的贡献，除了建成一山之冠的悉檀寺之外，还捐建了鸡足山华严寺藏经阁等，钱谦益在序文中的评说实不

---

① 原文为"日"，依行文应为"曰"。
② （明）钱谦益：《华严忏法序》，《卍新纂续藏经》第 74 册，第 133 页上栏—中栏。

为过。根据丽江土司木增等相关背景，可以确定钱谦益《华严忏法序》中所提及的"鸡足山"是指云南的鸡足山。另外，《卍新纂续藏经》第74册中还收录了明代鸡足山禅师释禅的《依楞严究竟事忏》2卷，在第九章中展开讨论。

纪荫《宗统编年》载：

> 空字妙有，云南太和葛氏子。出家后往鸡足山，然一指。偕友往南岳，下炼魔场，卓庵仰山，日唯一食。西踰江浙，访诸祖遗迹，阅藏天目，顿明大旨。谒万松林于双径，遂受记。是年应天界请，丙寅四十五年。①

超永《五灯全书》载：

> 安吉州乐平淑安净周禅师，盐官吴氏子。偶见里中死亡者，憾曰：一息不来，向甚处安身立命？顿起参学之志。……住后上堂，法身无相，大道无形，拨置不开，提掇不起。陕府铁牛头角异，嘉州大象鼻头长。未尽今时，难通不犯，卓拄杖曰：已被拄杖子穿却了也，送法衣上堂，大庾岭头，争之不足，鸡足山内。②

这两则材料依次出自《宗统编年》和《五灯全书》。《宗统编年》作者纪荫，以编年体记载起自释尊终于清康熙二十八年（1689）间禅宗之盛衰隆替。材料中的僧人妙有，出家鸡足山，然后历经南岳、江浙等地，从他的行程可知妙有所去的鸡足山就是云南鸡足山，行文中并未出现与印度鸡足山相关的地理信息。与此类似，明末清初临济宗僧人超永所撰《五灯全书》中也有关于鸡足山的记载，但超永行脚也只在国内，没有去过印度，所记净周禅师参学和游历的地方也皆在国内，因此，这则材料中的鸡足山应是云南鸡足山，没有印度鸡足山的任何相

---

① （清）纪荫：《宗统编年》第30卷，《卍新纂续藏经》第86册，第284页中栏。
② （清）霁仑超永：《五灯全书》第115卷，《卍新纂续藏经》第82册，第695页下栏—696页上栏。

关性。

彭绍升《居士传》中有《李贽传》载：

> 李卓吾，名贽，泉州晋江人。嘉靖间领乡荐为教官，万历初，历
> 南京刑部主事，出为姚安知府。卓吾风骨孤峻，善触人。其学不守绳
> 辙，出入儒佛之间，以空宗为归。……居三年以病告，不许，遂入鸡
> 足山，阅藏经不出。①

李贽（1527—1602），晚明时期著名的思想家。李贽思想奇特、性
格奇特、经历奇特，时人多目之为"异端""狂禅"，其佛学思想对于
晚明佛教产生过重要影响。万历五年（1577），李贽已经 51 岁，为了
远离政治斗争的是非，请赴云南，为姚安太守。在滇三年期间，李贽常
与当地名僧交流，后以病辞官，没有得到允许，干脆就上鸡足山阅藏经
不下山了，常住大觉寺、水月庵、钵盂庵，听山中名僧讲经谈禅论法，
佛学思想基本形成。李贽本人也说过："五十以后，大衰欲死，因得朋
友劝诲，翻阅贝经，因于生死之原窥见斑点"，又讲"余五十以前真一
犬也"②。由明末李贽在滇的行迹可以确定，李贽所居的鸡足山是云南
的鸡足山。

《卍新纂续藏经》还有三则关于见月律师事迹的材料提到了云南鸡
足山：

> 见月律师，师讳读体，滇南楚雄之许氏子。……遇昧祖于丹徒之
> 海潮庵，乞圆具戒，依学不离。祖视不凡，遂差为首领，辅弼法
> 门。……及住华山，命师兼掌院事，临终付托，继席华山。师受嘱
> 已，一切院务，事事躬行，布萨安居，法法如律。有滇中善信来谒
> 云：弟子礼鸡足山三载，求见迦叶尊者。梦感韦大③示现曰：尊者至
> 江南华山弘律，尔欲亲觐，当往见之，故来参请。师云：我是凡僧，

---

① （清）彭绍升：《居士传》第 43 卷，《卍新纂续藏经》第 88 册，第 260 页上栏。
② （明）李贽：《续焚书·圣教小引》，中华书局 1975 年版，第 66 页。
③ 《得依释序文缘起》中作"韦天"。

不可虚说。①

　　有一善士自滇南来参云：弟子曾礼鸡足山求见迦叶，梦感韦大示云：尊者已至华山弘律，尔欲亲觐，可往见焉，故来礼拜。师恐众惑，秘不容传。②

　　华山见祖著：《一梦漫言》，自述云：昔朝鸡足山，宿寂光寺，访问山中明师，闻狮子岩，有大力白云二位老和尚，精修净业，三十年不下山。③

　　上述三则关于云南鸡足山的材料共同点在于所记对象相同，都是有关云南律僧读体见月的行实。1631 年七月底见月与妙宗法师、萧闇初相约朝鸡足山，参礼狮子岩大力、白云二和尚。大力和尚赐名书琼，第二年依宝洪山亮如法师出家。后游学江南，嗣三昧律师，继席华山，持戒精严，道俗老幼盈途，法席之盛为近古以来所未见。在他撰述的《一梦漫言》中自述曾到鸡足山，访狮子岩大力、白云二位老和尚，此事在《读体见月大师年谱》中亦有印证。因见月与鸡足山有过宿缘，才有来自云南的善士把见月说成是大迦叶的化身，但见月没有让这一个抬高自己身份的神话传播开去，他的态度是明确而坚定的："我是凡僧，不可虚说。"这个故事一方面可看出见月的诚信思想；另一方面也说明了云南鸡足山作为迦叶道场之说已经远播江南地区。

　　此外，《嘉兴藏》第 25 卷中收录了明代云南鸡足山禅师周理彻庸编辑的《曹溪一滴》（其中包括周理自著《谷响集》，见第九章的讨论）。翻检《高僧传合集》（方广锠主编，上海古籍出版社 2011 年版）中的梁代释慧皎的《高僧传》、梁代释宝唱的《比丘尼传》、唐代释道宣的《续高僧传》、宋代释赞宁的《大宋高僧传》的目录，找不到任何关于云南鸡足山僧人的传记。在明代释明河的《补续高僧传》中开始出现了云南昆明僧人古庭善坚和云南鸡足山僧人读彻的名字；在民国喻谦《新续高僧

---

① （清）书玉：《佛说梵网经初津》第 7 卷，《卍新纂续藏经》第 39 册，第 159 页中栏—下栏。

② ［日］慧坚：《得依释序文缘起》，《卍新纂续藏经》第 88 册，第 393 页上栏。

③ （清）仪润证义：《百丈丛林清规证义记》第 7 卷，《卍新纂续藏经》第 63 册，妙永校阅，第 470 页中栏。

传》中则集中出现了云南鸡足山僧人的传记：

> 《明云南鸡足山大觉寺沙门释尽玄传》（《新续高僧传》卷6，见《高僧传合集》，上海古籍出版社2011年版，805页下。下文同此书，略注。）
>
> 《明云南鸡足放光寺沙门释禅传》（《新续高僧传》卷7，《高僧传合集》，808页下）
>
> 《明云南鸡足山圣峰寺沙门释德住传》（《新续高僧传》卷19，《高僧传合集》，842页中）
>
> 《明云南鸡足山大觉寺沙门释真利传》（《新续高僧传》卷28，《高僧传合集》，867页上）
>
> 《清云南鸡足山兰陀寺沙门释道足传》（《新续高僧传》卷35，《高僧传合集》，880页中）
>
> 《明云南鸡足山西来寺沙门释如唐传》（《新续高僧传》卷37，《高僧传合集》，886页下）
>
> 《明云南鸡足山大觉寺沙门释周理传》（《新续高僧传》卷37，《高僧传合集》，887页上）
>
> 《明云南鸡足山大觉寺沙门释圆彩传》（《新续高僧传》卷44，《高僧传合集》，904页上）
>
> 《明云南鸡足山传衣寺沙门释寂观传》（《新续高僧传》卷55，《高僧传合集》，931页中）
>
> 《清云南鸡足山断际庵沙门释定寂传》（《新续高僧传》卷56，《高僧传合集》，933页上）

《新续高僧传》记载的10位云南鸡足山僧人，有8位是明代的；2位是清代的。云南鸡足山僧人传记如此集中地出现在明代，也从一个侧面证明了云南鸡足山在明代成名及兴盛的历史事实。以上关于云南鸡足山的文献材料出现的时间不早于明代，换言之，云南鸡足山名称的出现最早在明代。

综上，我们可以明确以下几点结论：一是大迦叶入定时的鸡足山在印度。从西晋时翻译过来的《阿育王传》到清代僧人的著述中，都传承着这个记载，且演绎一千五百多年，大迦叶入定印度鸡足山的故事梗概没有改变，即使在云南鸡足山崛起以后，云南本土的僧人仍然清醒地认识到大迦叶入定的鸡足山是在印度。19世纪时，一些考古学家依据义净、法显、玄奘大师等的著述，考订印度鸡足山的地理位置，应该是在离菩提伽耶东北边的32里处或那烂陀寺南方64里的地方。当代印度法师阿难陀在此基础上找到湮没已久的印度鸡足山的位置，并在各方信众护持之下，建设登山阶梯，完成山顶的两座佛塔，供奉大伽叶尊者与佛陀，重现了圣地佛光；二是云南鸡足山的称名最早是在明代。尽管诸版《鸡足山志》、云南僧人著述和一些受《白古通记》影响的云南地方志里说云南鸡足山在蜀汉时就传入佛教，唐宋时已经寺院林立，但在早期佛教文献中找不到明以前云南鸡足山的相关证据；相反，能够看到的有关云南鸡足山的汉语佛教文献都是自明代及其以后的。这与云南鸡足山自明代开始兴起的事实是相一致的。这里需要补充说明，云南鸡足山名称的出现和其作为迦叶道场的兴起是在明代，但并不否认明代之前大理宾川的九曲山上就已经有佛教存在。是否唐宋时九曲山上就已经梵刹林立？因资料匮乏，尚待进一步考证。

印度和云南的鸡足山在地理空间上、出现的时间先后上迥然不同，此鸡足山非彼鸡足山。但这两座鸡足山却因为都被视为迦叶道场而联系在一起，因为信仰的力量而变得神圣。

第三章　云南鸡足山圣地之"圣"的由来

云南鸡足山的兴起是佛教圣地学的一个典型案例。佛教圣地学的核心观点认为一个佛教圣地的神圣性主要源自佛陀、诸菩萨和高僧的行迹。除印度鸡足山之外，云南鸡足山亦被认为是迦叶入定之所，而真实的历史上，迦叶并未来过云南。那么，我们必须回答的问题是：是谁、为什么要把它易名为鸡足山？其神圣性从何而来？

印度鸡足山和中国云南大理宾川九曲山本无关联，却有佛法的因缘把印度鸡足山复制、粘贴在云南大理宾川九曲山上，九曲山因此变成了大迦叶尊者的道场。乔纳森·Z. 斯密斯在论及宗教圣地的这种转移策略时说：

> 有一种关于仪式实践和思想转换的模式，即关于圣地的转换，是最难的。关键是当某一仪式与圣地联系在一起后，该圣地即有看似不可沟通的"这个"与"那个"或"这里"与"那里"的鸿沟。……但是这种看似不可能的事却在一个很大的范围内发生了，包括宗教活动场所的改变。还有，历史变迁已经挑战或动摇了原来的仪式系统，从而产生了新的仪式活动和思想，从"这个"宗教转向"那个"宗教，即位移和再造模式。①

云南鸡足山佛教圣地兴起的奥秘即是从"这个"宗教向"那个"宗教的一种转换。这种转换具体表现为：佛教仪式替代了道教、本主信仰等宗教仪式。佛教传入云南鸡足山之前，山上已有道教和本主信仰存在，佛

---

① Jonathan Z. Smith, *Constructing a small place*, in Benjamin Z. Kedar and R. J. Zwi Werblowsky, eds., *Sacred space: shrine, city, land* (New York, 1998), pp. 18—31.

教在云南鸡足山立足以后，道教和本主信仰逐渐退出，佛教的仪式系统动摇、替代了原来的本土宗教仪式系统。更进一层说，云南鸡足山是印度鸡足山的位移和再造。其中的原因是多方面的，既有苍洱地区这片佛国乐土上悠久的佛教传统，也有元克大理后白族精英遗民阶层的亡国之思，更有《白古通记》里寄寓的白族民族情怀。云南鸡足山的成名，是苍洱地区佛国乐土上的菩提花开；是白族民族意识崛起的象征；是大理国亡国后精英遗民阶层的一次心灵突围。

第一节　明代之前云南鸡足山的名称

云南地方史志记载，云南鸡足山在明代之前原名为"九曲山""九重岩""青巅山"等。有关云南鸡足山的史志资料，侯冲先生做过梳理，在此基础上补充、整理如下：

> 九曲山，峰峦攒簇，状如莲花，盘曲九折，在洱河东北。
>
> （《大元混一方舆胜览》大理路·景致）
>
> 九曲山，在洱河东百余里，冷岳指簇，状若莲花，九盘而上，又名九重岩。上有石洞，人莫能通。
>
> （《大明一统志》卷86，大理府·山川）
>
> 九曲山，在西洱河东北百余里，盘析九曲而上，项有石门，高不可入。
>
> （明景泰《寰宇通志》大理府·山川）
>
> 九曲山，在西洱海东北一百里，山多岩石，路盘九曲。上有石门，人不敢至，一名九重岩山。
>
> （明景泰《云南图经志书》卷5，大理府·山川）
>
> 九曲山，在宾川州，去洱河泉百余里。冷峦揩簇，状若莲花，九盘而上，又名九重岩。上有石洞，人莫能通。相传此山乃迦叶授金兰入定之所。
>
> （明正德《云南志》卷3，大理府·山川）
>
> （大理）东北一百里曰鸡足山，《名山记》为九重岩。冈峦奇诡，

叄支如鸡距。上有石门，俨如城阙，人莫能通。

（天启《滇志》卷2，山川·大理府）①

　　上述前四本元明时期云南史志均称云南大理宾川鸡足山为"九曲山"，而未提及"鸡足山"的名称，在别名中也没有提及。《大元混一方舆胜览》是元初时编著，该书初刊是在元大德十一年（1307），政区资料截止于大德七年（1303）底，是现存唯一一部完整的元代地理总志。② 作为地理类的著述，对地名的记载应该是最基本的要素。《大元混一方舆胜览》中称"九曲山"，而未用"鸡足山"之名，并且在"九曲山"之后记载大理地区的佛寺时，有"崇圣寺""载光寺"和"上山寺"三个，没有云南鸡足山上任何一座寺庙名称。类似地，在明景泰《云南图经志书》卷5，"大理府·寺观"中，记载有大理地区的"无量寺""崇圣寺"和"感通寺"三个，也没有云南鸡足山上任何一座寺庙名称。如果说上述两个地方志中记述比较简略的话，在《大明一统志》卷86，"大理府·山川"条中详细记载了大理府境内的寺庙："无量寺、感通寺、玉局寺、弘圣寺、崇圣寺、无为寺、鹤云寺、光胜寺、大慈寺、崇福寺、罗汉寺、赦开寺、遍知寺、护明寺、钟山寺和楼霞观"，其中也没有一个是云南鸡足山上的寺庙，即使"钟山寺"与鸡足山上的"石钟寺"相近，但方志中明确"钟山寺"是在"赵州治所西北"，即在今天大理洱源县境内。《云南图经志书》成书于明景泰年间（1450—1456），《大明一统志》成书于明天顺五年（1461），可见，在元代到明中期，有些云南的史志中仍称云南大理宾川鸡足山为"九曲山"。

　　那么，"九曲山"何时开始被改名为"鸡足山"的呢？侯冲先生认为，在明初成书的《白古通记》里，开始把云南宾川的九曲山称为鸡足山，此后该山是迦叶守衣待弥勒之所的说法开始逐渐流传，并开始见载于云南地方史志中。③ 于是到了明正德《云南志》中就把九曲山和迦叶入定的鸡足山联系在一起了，天启《滇志》中则直接以"鸡足山"代替原来

　　① 侯冲：《白族心史——〈白古通记〉研究》，云南人民出版社2011年版，第221页。

　　② 郭声波：《〈大元混一方舆胜览〉的价值与缺陷》，《中国历史地理论丛》2005年第1期。

　　③ 侯冲：《白族心史——〈白古通记〉研究》，云南人民出版社2011年版，第221页。

的"九曲山"了。在侯冲先生称之为"白古通"系的云南地方史志如《南诏源流纪要》《滇载记》《南诏野史》《白国因由》《僰古通纪浅述》等明代及其以后的文献中，① 九曲山也被易名为"鸡足山"了。

第二节　明初苍洱地区社会结构的变迁

元代在云南首设行省，结束了大理国的相对独立状态，使云南成为中央政权版图的一部分。在上层治理上，元政权仍以段氏为大理总管，虽然段氏的权力受到很大的削弱和限制，但两者在阶级利益一致的前提下达成一种默契。大理总管段氏在元政权的赐封下，收复了一些被高氏相国控制的军事权力；而高氏的权位被限制在原有的土官辖区，大理总管段氏的实际权力有所恢复。因此，大理总管段氏对元政权是恭顺和感恩的。段实从中统二年（1261）到至元十八年（1281）的 21 年时间里，三次进京朝见，得到元朝廷的特别恩宠。段实还因功授大理蒙化等处宣抚使，复拜为云南诸路行中书省参知政事，进大理、威楚、金齿等处宣慰使都元帅；其子阿庆也曾随同入朝觐见，且留朝廷宿卫东宫，后袭爵累授镇国上将军，大理、金齿等处宣慰使都元帅，并尚公主。② 尽管这些大都是虚职，但由此可见段氏与元政权之间的关系是合作且和睦的。在地方治理上，设置土司土官制度，维持地方上既有的社会秩序；在宗教管理上，元政权实行相对宽容的政策，赋予苍洱地区僧侣世家"僧户"的地位，这些僧侣世家追随段氏总管，仍然可以保持一定的宗教优势和社会声望，但必须接受中央政权的管理，当时苍洱地区的宗教管理权隶属于滇东"释教都总统"。③ 在这样的情势下，元代苍洱地区的社会结构没有发生本质性的变化。

明初苍洱地区的社会结构发生了巨变。明洪武十五年（1382）傅友德、兰玉、沐英攻占云南，彻底根除了段氏对大理地区的长期控制。明永乐十九年（1421），由当时法藏寺住持董贤撰写，现存大理凤仪北汤天法

---

① 侯冲：《白族心史——〈白古通记〉研究》，云南人民出版社 2011 年版，第 1—2 页。

② 引自方慧《行省、宗王、段氏并立时期的段元关系——元代云南民族关系研究之二》，《思想战线》1989 年第 6 期。

③ 连瑞枝：《隐藏的祖先——妙香国的传说和社会》，生活·读书·新知三联书店 2007 年版，第 167 页。

藏寺的《赵州南山大法藏寺碑》记载，明洪武年间，傅友德、兰玉、沐英进入大理地区之后，把当时各地寺庙中所藏的经书几乎烧光了。董贤搜集幸存下来的一些经书，并到外地搜寻，汇集了五千余卷，“将来本郡，合为一藏”。1956 年法藏寺发现的藏经，就是董贤收藏的。① 此外，朱元璋采取大批的汉族移民填滇、推行儒家教育等一系列措施，极大地改变了苍洱地区的社会结构。这种社会结构变化主要表现在以下几个方面：

一是大量汉族移民迁来云南，改变了云南历史上汉族和少数民族的人口比例。明定云南后，一方面承元行省之制，在云南设三司，辖 22 府、42 州、30 县，又任用一百五十多家土官和土司，遍及红河沿岸和澜沧江以外的广大地区。② 除了在行政体系上强化管理之外，明朝在云南建立了云南都指挥使司，开始设置卫所，长期戍守。为了改变“夷多汉少”的格局，朱元璋迁移大量的汉族到云南，这些移民中有军人、平民和商人等。明朝在洪武十九年（1386）至洪武二十一年（1388）间，相继十余次大规模向云南调兵增援，加强在云南的军事力量。经过一系列的军事调遣，明王朝至少有 27 万官军，加上其家小，约 80 余万军事移民人口进入云南。③除了军事移民外，明政府还从内地大量迁徙平民到云南，仅洪武二十五年（1392），沐英就从南京迁移 30 余万平民入云南。④ 另外，明政府还从内地迁来很多商人。《明史·食货志》载：“明初，募盐商于各边开中，谓之商屯。”⑤ 云南的商屯一般设在卫所附近，盐商从内地招募流民和贫苦农民，到云南垦荒种粮，以粮食换取食盐，贩卖获利。明代汉族大规模移入云南，各民族杂居在一起，其目的是加强对云南边疆的军事控制和行政管理，在客观上促进了云南农业生产的发展和民族交流与融合，改变了云南汉族和其他民族的人口比例，使云南汉族人口远远超过了其他各民族人口。苍洱地区也是明代移民的主要地区之一，明代在苍洱地区设

---

① 李东红：《白族密宗》，《法藏文库》卷 48，佛光山文教基金会 2001 年版，第 44 页。

② 赵旭峰、路伟：《文化认同与多民族国家统一——以明代云南地区为例》，《黑龙江民族丛刊》（双月刊）2010 年第 4 期。

③ 陆韧：《明代云南汉族移民定居区的分布与拓展》，《中国历史地理论丛》2006 年第 3 期。

④ 方铁、方慧：《中国西南边疆开发史》，云南人民出版社 1997 年版，第 336 页。

⑤ 黄彩文：《试论明代云南民族关系的特点》，《中南民族大学学报》（人文社会科学版）2003 年第 2 期。

有大理卫、洱海卫和大罗卫。大理卫设有 10 个千户所，洱海卫设有 6 个千户所，大罗卫设有 2 个千户所。① 卫所是明朝在云南设置的军事制度，大概五千六百人为卫，一千一百二十人为千户所。各卫所的设置地即是汉族军事移民定居地，也是汉族平民移民的聚居地。大量的汉族移民聚居苍洱地区，对改变苍洱地区社会结构起到了助推作用。

二是在云南大兴儒学，以夏变夷，教化土俗以同中原。大理地区的儒学渊源可以上溯到汉代。明代刘文征《滇志·人物志》记载："汉盛览，字长通，叶榆人。从学于司马相如。所著《赋心》四卷。……张叔，叶榆人，天资颖出，过目成诵。每念邑人不知书，欲变其俗。元狩间，闻司马相如至若水，遂负笈往，从之授经，归教乡人。"② 叶榆，即大理的古称。司马相如（约前 179—前 127），西汉蜀郡（今四川省南充）人，大理和四川为邻，大理人盛览、张叔从学于司马相如，学有所成后归教乡人。这样的文化交流是有可能的。《滇志》亦载："汉元帝元和二年，云南建学，唐天宝间废。元至元间，总管张立道始建文庙，置学舍于府治东南。后平章政事赛典赤拓大之。国朝洪武初，西平侯沐英因其旧建云南儒学。"③ 汉章帝元和二年（85），云南就已创建了儒学，但其事不详。南诏贵族子弟曾往唐朝内地的长安、成都求学；郑回被俘后，南诏任命他为清平官，教授王室子弟学习儒学；大理国也有积极学习儒家文化的文本和金石碑刻的记载；元代在大理路兴办儒学，但规模有限。可见苍洱地区的儒学尽管历史悠久，且有"释儒"代代相传，但明之前苍洱地区的儒学还仅限于上层精英阶层，并未普及。

明代在云南大力推行儒学教育，其方式有官学和私学。官学包括庙学和书院，是由明政府出资兴办的学校，是云南儒学教育的最主要的方式。洪武十七年（1384）设立大理府儒学，大理府府各州、县均设立儒学。大理府儒学承袭中原地区的儒学体系，以文庙为中心，配有专职的教学人员，还配有学田，为儒学发展奠定了经济基础。随着儒学教育的发展，苍

---

① 陆韧：《明代云南汉族移民定居区的分布与拓展》，《中国历史地理论丛》2006 年第 3 期。

② 刘文征：天启《滇志》卷 14《人物志》之一，古永继点校本，云南教育出版社 1991 年版，第 471 页。

③ 同上书，第 275 页。

洱地区涌现了一大批儒学精英。张丽剑对此做过统计，明代大理白族地区官员中，"教授、学正、教谕共 472 人，其中大理籍任这些职务者为 211 人，占了将近一半。而这 211 人则占了云南籍者在大理白族地区任官总数的 90% 以上"。① 官学的另一个主要目的就是为进一步加强对少数民族上层的教化。《太祖洪武实录》卷 239 载，弘治十六年（ 1503 ）规定："以后土官应袭子弟，悉令入学，渐染风化，以格顽冥，如不入学者，不准袭。"② 这则规定在推行儒学的措施中具有关键性作用，土司土官子弟必须学习儒家文化，否则不能承袭土司之位。随着大理地区儒学的兴盛，书院也应运而生。书院主要是私家藏书之所，同时也从事一定的教学和研究，讲授"四书""五经"为主，鼓励学子参加科举考试。大理地区的书院数量也是明代云南省最多的，据张丽剑的统计，明代大理地区有桂林书院、苍山书院等 18 所之多。③ 明代大理地区儒学的普及更多地体现在私学的兴起上。私学包括私塾、家学、社学等，有师授与家传两种形式。师授的形式主要是以某一著名文人为核心，聚集一批学子从其学。家塾更为简约易行，不可计数。社学，是明代设在乡镇进行启蒙教育的基层学校。天启《滇志学校志》的统计，明代云南全省设社学 165 所，且大理府"社学，城内外皆有"。④ 私学的兴起打破了"学在官府"的教育垄断，真正使得平民子弟享有受教育的权利和机会，使儒学深入云南边远的乡村，从社会上层下延至社会最底层的日常生活中，改变了云南各族群众的思想观念和行为习惯。在此背景下，苍洱地区原来的释儒阶层也逐渐分化。

三是儒士阶层产生。明政权在云南采取大规模移民填滇、军屯戍边、大兴儒学、广设文庙等一系列措施，除了取得军事上实际控制、政治上以夏变夷的成效外；另一个客观的结果就是打破了云南千百年来一直保持不

---

① 张丽剑：《明代大理白族地区汉文化传播的主要途径之一——儒学教育》，《云南教育学院学报》1999 年第 1 期。

② 引自赵旭峰、路伟《文化认同与多民族国家统——以明代云南地区为例》，《黑龙江民族丛刊》（双月刊）2010 年第 4 期。

③ 张丽剑：《明代大理白族地区汉文化传播的主要途径之一——儒学教育》，《云南教育学院学报》1999 年第 1 期。

④ 同上。

变的部族社会结构，使之解构、重组，逐渐归同于中原地区的社会模式，加强了边疆社会族群的国家认同。其中一个最显著的变化就是儒士阶层的形成。儒士阶层，陆韧称之为"士绅阶层"，主要指依靠儒学教育获得知识，在地方上有一定身份地位的乡绅士人群体；以及通过科举考试走上仕途的官宦士人群体。①儒士阶层最本质的特征是通过学习儒学而获得相应的社会地位，在政治、经济、司法等方面享有一定的特权，其社会功能是沟通社会底层与上层政权的桥梁，儒士阶层以他们的知识优势和社会地位兴学育人，教化民心，引领社会风尚，有效地辅助政府对社会底层普通民众的控制。明初，云南儒士阶层形成的条件已经成熟：近百万具有儒学传统的汉族移民和各民族中的知识分子是儒士阶层的人口基础；遍布各府、州、县的儒学教育机构和科举考试制度的实施为儒士阶层的形成提供了制度保障；明初被贬谪或流寓云南的内地官宦士人（包括因罪而谪戍云南的王室贵族、军官、文人、仕宦和商人等），对云南儒士阶层的兴起也起着重要的引领作用。陆韧统计明初允许复职的谪戍云南的军人："洪武二十年（1387）复职军官690人，洪武二十六年（1393）复职军官479人。那么，洪武十五年至洪武二十六年（1382—1393）的11年间，复职的充军云南军官就达1169人之多。可以推知尚未复职的充军军官，其数量必定更多"②。大理府的儒士阶层尤为突出。"明初设卫所官军之后，及士宦流寓者，习其诗书，取科第一，洗夷俗。"③明代流寓大理的中原地区的文人有金润甫、穆孔昭等。④ 经过明初几十年的经营，云南世俗风化有了明显的变化，孕育儒士阶层的社会土壤已经形成。景泰《云南图经志书·重修云南志序》："云南以险远后服，太祖皇帝特命重臣镇之，迄今七十余年矣。……贤臣哲士生于其乡，诗书礼乐教养其人，于是道德既同而风俗丕变。""其民以施治，遍立学校以施教，迄今七十有三年，是以圣化

---

① 陆韧：《论明代云南士绅阶层的兴起与形成》，《云南师范大学学报》（哲学社会科学版）2007年第1期。

② 陆韧：《变迁与交融——明代云南汉族移民研究》，云南大学博士学位论文，1999年，第55页。

③ 光绪《云南县志》卷10（种人）。

④ 陈文著：《景泰云南图经志书》，李春龙、刘景毛校注本，云南民族出版社2002年版，第430页。

渐被，无间穷僻，椎卉化为衣冠。"①由此可见，明初云南社会有了很大的变化，即使在偏远的穷乡僻壤，人们的生活习俗也发生了改变，由以前的"椎卉"改为汉族的衣冠，更重要的是产生了很多"贤臣哲士"，以诗书礼乐教养乡民，儒家的伦理道德改造了原来的社会风俗。在这样的大背景下，苍洱地区也不例外，景泰《云南图经志书》有："大理府：郡中之民，少工商而多士类，悦习经史，隆重师友，开科之年举子恒胜它郡。"②因此，明初苍洱地区原来的精英阶层逐渐被新兴的儒士阶层所取代。面对生存的危机，苍洱地区原来大理国的精英遗民会作出怎样的反应呢？

第三节　明初苍洱地区白族精英遗民的心灵突围

苍洱地区自南诏至元末，大体上一直延续着部落族群的社会传统，以佛教为主要的统治意识形态，借鉴中原地区的官僚体制，形成一种介于部落族群和封建社会之间的社会结构。这种社会结构的基石是部落族群的传统，这块巨大的基石上的两个支柱分别是"在家僧制"和"官吏科举制"，支撑起苍洱地区500多年的社会上层建筑。"在家僧制"是为了两全佛教信仰和王室贵族种族延续的最好方法，是佛教传入南诏以后，为了适应南诏社会的需求而本土化的结果，可以垄断精神统治，发挥着举行上层国家仪式和在村落里维持社会秩序的职能；而"官吏科举制"则是从中原舶来的，在实际操作上也发生了很大变化，采用科举的形式选拔官吏，但这些官吏不是像中原地区一样的"儒生"，而是称之为"儒释""释儒""师僧""阿吒力僧""师儒""大师""长老""国师""大密""大密法师""密教师""坛主""灌顶师"，等精英阶层。释儒，亦称儒释，这个称谓最早见于《南诏图传·文字卷》："敕。大封民国圣教兴行，其来有上。或从胡梵而至，或从蕃汉而来，奕代相传，敬仰无异。……朕以童幼，未博古今。虽典教而入帮，未知何圣为始。誓欲加心供养图像，流形于今世，后身除灾致福。因问儒释耆老之辈，通古辨今之流，莫隐知

---

① 陈文著：《景泰云南图经志书》，李春龙、刘景毛校注本，云南民族出版社2002年版，第1页。

② 同上书，第430页。

闻，速宜进奉。救付慈爽，布告天下，咸使知闻。"这段话是南诏中兴皇帝舜化贞为了追溯佛教传入南诏的渊源而询问"儒释耆老之辈"，虽没有得到明确的答案，但"儒释"是南诏时博闻强识的知识阶层，这一点是毋庸置疑的。释儒的最基本的特征是亦佛亦儒，因此，释儒阶层产生的时间应该是儒家和佛教都传入南诏之后。儒学传入苍洱地区早在南诏之前就有记载，上文已述；佛教传入苍洱地区在南诏中期即已完成，由此可推知释儒阶层早在南诏中后期已经形成。李东红先生认为释儒是"读儒书，行孝悌忠信，礼义廉耻之事"的佛教密宗阿叱力僧。白族语更形象地称之为"师主簿"，与称教书先生同词。① 另外一些关于苍洱地区精英阶层的称谓如"师僧""阿叱力僧"，等等，彼此的意涵是有差异的，但其主体特征是相同的，都是垄断苍洱地区精神世界的知识分子，本文不再做一一区分。需要补充的是，除了"在家僧"外，还有一些不娶妻室，戒行精严的"得道者"，②因此本文所指的苍洱地区的精英阶层泛指苍洱地区的"在家僧""得道者""儒释"等在内的所有知识分子阶层。更进一步说，在明代大量汉族移民之前，白族是苍洱地区的主体民族之一，③ 白族的知识分子应该是苍洱地区精英阶层的主体部分，并且苍洱地区杨、赵、李、董、张等几大僧侣世家都是白族的名家大姓。

上文引用郭松年《大理行记》、李京《云南志略·诸夷风俗》和张紞《荡山寺记》中的材料，除了描述苍洱地区悠久的佛教传统之外，还留下了关于苍洱地区精英阶层的珍贵记录，其中在家僧的主要特点：事佛却又娶妻生子，学习佛教经典的同时又读儒书，还可以通过科举考试进入仕

---

① 李东红：《白族文化史上的"释儒"》，《云南民族学院学报》1993 年第 3 期。

② 景泰《云南图经志书》卷 1，"云南布政司—云南府—山川—玉案山"："在滇池西北，盘郁逶迤十余里，佛刹绕之，花木竹石，可怪可愕，亦胜境也。僧修行其间，有终身不下山者，谓之得道者。"见《续修四库全书》之六八一·史部·地理类，上海古籍出版社 2002 年版，第 10 页。

③ 关于白族的历史，方家论见歧出。白族形成时间目前较认可的是从南诏开始，在大理国时代得到发展和巩固；白族的族源，占主流的说法是方国瑜、林超民的"多元说"：有西洱河蛮、昆明人、僰人（氐羌族）、汉人、哀牢人等融合而成；白族形成的标志，方国瑜、林超民认为：南诏时"大封人"这个专用名称的出现，标志着洱海诸蛮经过近一个世纪的冲突与融合，形成了白族，"封"（邦，即白）。关于乌蛮与白蛮，方国瑜认为："乌蛮""白蛮"的记载在不同地区有不同的含义，不能混为一谈；乌蛮与白蛮不是民族名称，而是文化高低的差别，乌蛮与白蛮就像生蛮与熟蛮一样，是"汉化深浅程度"的不同。由此可知，明初汉族大量移民之前，苍洱地区的主体民族是白族。

途，成为国家的管理者，在精神世界和政治层面参与国家的管理。苍洱地区的精英阶层不仅仅兼通佛儒，具有知识优势，是人们的精神信仰导师，更重要的是释儒阶层是南诏大理国官吏选拔的来源，他们活跃在政治生活中，身居要职，为一方之霸主；在经济上也是富甲一方的领主。可见，这个亦儒亦佛的精英阶层是支撑苍洱地区社会运行的主要社会力量，保障了苍洱地区社会的运转。然而，明初巨大的社会变革彻底粉碎了这种政教合一的社会模式，苍洱地区精英阶层赖以存在的基础消失了，在面临生死存亡的危急时刻，他们中间出现了分化，作出了不同的抉择。

一是以死殉国。苍洱地区精英阶层习儒业，知"舍生取义、杀身成仁"之义，在明军攻克大理之后，一部分精英遗民选择以死殉国，时人义之，为之树碑立传。如大理僧人无极在《元故先生杨俊墓志铭》中说：

> 先生名俊，字文英，姓杨氏，西洱史城人。……既得颜卿之笔法，又攻朱子之四书。行佛之行，凡《华严》《般若》等经，旦夕课诵不已。国主段惟贤赐之以长老之职。洪武十四年，汉室龙兴，遣名将讨云南。十二月廿一日平善城。明年后闰二月廿三日破龙关。先生与其妻抱节而卒焉。葬之鹤归山之先茔。①

这段墓志铭给我们两个方面的信息：一方面，杨俊是苍洱地区的一个儒释典型，既攻儒家"四书"，又诵佛经；另一方面，在国破之时，杨俊选择了以死殉国。像杨俊这样的义士还可见于李元阳《云南通志》卷11中记载的杨保、杨名兄弟二人等。由于避讳明朝新政权的统治，这样的记载大多较谨慎，但从所举的三个死节者来看，他们都是苍洱地区的杨家大姓，也是白族僧侣世家。

二是投怀送抱。一部分精英阶层采取合作的态度，投入新政权的怀抱，取得新政权的嘉许、封赐或官职。李元阳在《标楞寺田记》载：大理僧无极，于洪武年初，赴南京献白马和茶花，初至殿前，马嘶花开；与朱元璋研讨辞赋，得朱元璋的器重，授无极大理府僧纲司都纲。② 由于无

---

① 张树芳等编：《大理丛书·金石篇》卷1，云南民族出版社2010年版，第225页。
② 同上书，第811页。

极的示范作用，"洪武十七年，云南大理府等州县名刹高僧，相率来朝，朕甚嘉焉。今诸僧居京师日久，敕礼部宜以僧礼送归"。① "洪武十九年八月十六日，本部（指礼部）官于奉天门钦奉圣旨：'云南僧人性海等回还，与他递运船只，钦此。'咨兵部钦遵施行。"② 云南的阿吒力僧也效仿此举，《滇释记》载：大理名僧董伽大师"洪武间游南都，太祖召对，颁赐法藏，并敕建法藏寺"。③ 明初，大理的名刹高僧纷纷到南京觐见，从记载看，数量很可观，说明明初苍洱地区原来的精英阶层开始分化，一部分僧人急于找到新的身份确认，采取与明政府合作的态度，从而获得新朝的赐封和嘉许。这些"走京师者"中不乏苍洱地区的僧侣世家中的阿吒力僧，像董伽大师等，他们十分敏锐地觉察到时代的变迁，很快作出应对，进京觐见新政权的皇帝，以保持僧侣世家的宗教传统。除了礼遇这些入京的大理僧人，明政府还在大理设"僧纲司"和"阿吒力纲司"，分别管理出家僧和在家僧；洪武年间，明政府多次强调实行试经给牒，僧侣必须通过政府部门组织的考试，方能取得度牒。④ 在这样的政治压力下，苍洱地区的僧侣世家也开始分化，一部分僧侣为了取得合法的僧职，不得不参加官府的考试，成为"密僧""习密僧"或"阿吒力僧"；另一部分无法或是不愿意取得国家僧职度牒的僧人则自称为"婆罗门僧"。⑤ 无论是否取得国家认可的僧职，苍洱地区的僧侣，特别是延续几百年的僧侣世家，他们的身份已经发生了巨变：从国家仪式的宗教专家沦落为乡村仪式的执行者。另外，那些有心取得国家认可的僧职的阿吒力僧人，必须参加官府举行的考试。明代笔记小说有记载，试僧出题源自《楞严经》等，出题方式多类八股文。试题的具体内容很难见之，但毫无疑问，考查的是

---

① （清）释圆鼎：《滇释纪》，《云南丛书》子部之二十九，中华书局 2011 年版，第 10375 页下栏。

② （明）释幻轮：《释氏稽古略续集》（二），《大正藏》第 49 册，第 934 页下栏；又见葛寅亮撰《金陵梵刹志》卷二之"钦录集"，何孝荣点校，天津人民出版社 2007 年版，第 57 页。

③ （清）释圆鼎：《滇释纪》，《云南丛书》子部之二十九，中华书局 2011 年版，第 10375 页下栏。

④ 葛寅亮撰：《金陵梵刹志》卷 2 之"钦录集"，何孝荣点校，天津人民出版社 2007 年版，第 50—70 页。

⑤ 连瑞枝：《隐藏的祖先——妙香国的传说和社会》，生活·读书·新知三联书店 2007 年版，第 168 页。

中原汉地佛教的经典。这也是云南阿吒力教逐渐衰落的直接原因之一，同时也带来苍洱地区原有精英阶层的进一步分化。

三是遁居山野。另一部分属于"怀旧型"的精英阶层则采取与新政权不合作的态度，退处山林，渔猎耕读。我们不妨称之为"精英遗民"。政权更迭，强烈的政治压力冲垮了精英遗民原有的心理优势。明政权在苍洱地区对原来僧侣世家的分化与压制，儒学教育机构遍及乡村，大量的汉族移民蜂拥而至……这一切改变了苍洱地区延续几百年的社会秩序。作为本土的知识分子，特别是作为苍洱地区精英阶层主体的白族知识分子，面对政治上的易主、宗教身份的沦落、白族文化被儒学同化的危机等，这一系列的社会变迁给他们带来巨大刺激，有失落悲观，有怀旧感伤，更有白族民族意识的觉醒。重新审视本民族的历史文化，怎么样在儒家强势文化的挤压之下求得生存？在现实世界里，南诏大理国昔日的辉煌不再，当下更没有政治、军事实力对抗明政权的包围；在精神世界里，白族的精英遗民尚可耕耘与拓展，借此实现最后的心灵突围。

退耕精神世界，维系白族文化传统，这是当时遁入山林、田园的白族精英遗民最现实的事业了。苍洱地区自南诏以来就浸润在佛教文化氛围中，白族精英遗民可以利用和改造的最近便的资源就是佛教了，于是，他们把白族的祖源与印度阿育王血统联姻，借印度阿育王的佛教圣王的血统和悠久的佛教文化，作为白族文化的标签，以此区别于汉族文化系统，从而在精神世界里抵御铺天盖地而来的儒家文化"以夏变夷"的同化。这种精神世界的心灵突围主要表现在对本土神话、白族祖源传说进行改造与宣说，对新的佛教圣地的选择与打造，最终《白古通记》一书出世，从而完成对白族历史的重塑与描述。

首先看白族精英遗民对金马碧鸡神话的改造与宣说。

《汉书》记载：

> 宣帝即位……或言益州有金马、碧鸡之神，可醮祭而致之。于是遣谏议大夫王褒使持节而求之。[1]

---

[1] （东汉）班固：《汉书·郊祀志》卷25。

《后汉书》记载：

> 元鼎六年，汉兵自越巂水伐之，以为越巂郡。其土地平原，有稻田。青蛉县禺同山有碧鸡金马，光景时时出见。俗多游荡，而喜讴歌，略与牂柯相类。豪帅放纵，难得制御。①

《汉书》记载了王褒求金马碧鸡神的故事，但由于诸蛮叛乱，道路闭塞不通，王褒只到了川西一带，写了一篇《碧鸡颂》进行遥祭，后来在返程途中病死了。《后汉书》在记述越巂郡青蛉县的地理风土时，插入了在禺同山（今云南大姚县境内）有金马碧鸡的见闻。可见两汉时，金马碧鸡仅仅是传说中的神灵而已，且元代之前金马碧鸡的传说与阿育王没有任何关系。

云南历史文献中，关于阿育王入滇的记载始于元代张道宗《纪古滇说集》。大理国写经《护国司南抄》中尽管数次出现阿育王一名，但并未与云南联系起来，只是到了张道宗《纪古滇说集》中，我们才看到了阿育王与云南联系起来的记载：②

> 至宣王时，西天竺亦有国曰摩耶提，乃王也，是净梵王摩耶之后裔也。摩耶提名阿育，生三子，长曰福邦，其名也，次曰弘德，季曰至德。三子俱健勇，因父阿育王有神骥一匹，身高八尺，红鬣赤尾，毛有金色，三子共争之，王莫能决。乃曰："三子皆一也，与一则偏一，而不爱于二也。"乃命左右曰："将我神骥纵驰而去，有能追获者主之。"乃一纵直奔东向而去。三子各领部众相与追逐，其季子至德先至滇之东山而获其神骥，就名其东山以为金马山。长子福邦续至滇池之西山，闻季子已获其马，停憩于西山之麓，忽有碧凤呈祥，后误目山曰碧鸡。次子弘德后至滇之北野。各主之，不回。王忧思滇类众，恐未获归，乃遣舅氏神明统兵以应援。将归，不期哀牢夷君主阻

---

① 范晔：《后汉书·南蛮西南夷列传》卷86。

② 侯冲：《白族心史——〈白古通记〉研究》，云南人民出版社、云南大学出版社2011年版，第71页。

兵塞道而不复返矣。

金马碧鸡的神话从本质来看是人们对自然现象的误解而产生的，但这个神话在云南的传承和影响非常大，至今，昆明市中心还有金马碧鸡坊（"文化大革命"后原址重建），也是昆明市市徽设计的文化源头。在元代张道宗撰《纪古滇说集》中，开始把阿育王三个儿子的形象嫁接到金马碧鸡的神话中去，与之前的传说的不同点有二：一是金马碧鸡的神话中加入了印度阿育王的情节，一匹神骥引阿育王的三个王子入滇，并且三个王子都留了下来。长子和季子都有了归止，而次子弘德后至滇之北野，这就为后来把次子弘德安置到苍洱地区成为白族祖源的情节的展开埋下了伏笔；二是金马碧鸡神的身份的变化，由原来的"山神"而被变成了"神山"。神话的编制是由人来完成的，把印度阿育王三子编织到金马碧鸡神话中的演变，正是佛教自南诏传入云南以后在本土立足、发展的进程的一种折射。至此，印度阿育王及其后裔开始与云南发生了联系。

到了《白古通记》成书以后，金马碧鸡神话中的阿育王次子弘德即被迎请到苍洱地区为王，成为白族的祖先。

> 《白古通》云：阿育国王娶天女，生三子。长子曰福邦，季曰至德，封二子于金马碧鸡，俾分主其地。
>
> 按《白古通》：阿育王次子弘德居苍洱，为白饭王，是为白人之祖。其末裔名仁果。①

《白古通》是《白古通记》的名称之一。到《白古通记》这里，阿育王的次子弘德又乘"金马碧鸡"来到了苍洱地区，成为一位佛王，不茹荤腥、日食白饭的白饭王，做了白族的祖先。纵观金马碧鸡神话的演绎，至明初其归宿点是将白族的祖源与印度佛教圣王阿育王的后裔联系在一起，以此表明本民族的高贵的血统，足以和汉族血统相媲美，这是苍洱地区怀旧型的精英遗民在精神世界里的自卫行为。

---

① 曹学佺：《云南名胜志》，卷1第10页、卷15第37页。引自侯冲《白族心史——〈白古通记〉研究》，云南人民出版社、云南大学出版社2011年版，第137页。

其次，白族精英遗民对九隆神话的改造与宣说。

现存文献最早记载九隆神话的是晋人常璩撰《华阳国志》：

> 永昌郡，古哀牢国。哀牢，山名也。其先有一妇人，名曰沙壶，依哀牢山下居，以捕鱼自给。忽于水中触一沈木，随感而有娠。度十月，产子男十人。后沈木化为龙出，谓沙壶曰："若为我生子，今在乎？"而九子惊走。惟一小子不能去，陪龙坐，龙就而舐之。沙壶与言语，以龙与陪坐，因名曰元隆，犹汉言陪坐也。沙壶将元隆居龙山下。元隆长大，才武。后九兄曰："元隆能与龙言，而黠有智，天所贵也。"共推以为王。①

《后汉书·南蛮西南夷列传》亦有记载：

> 哀牢夷者，其先有妇人名沙壹，居于牢山。尝捕鱼水中，触沉木若有感，因怀妊，十月，产子男十人。后沉木化为龙，出水上。沙壹忽闻龙语曰："若为我生子，今悉何在？"九子见龙惊走，独小子不能去，背龙而坐，龙因舐之。其母鸟语，谓背为九，谓坐为隆，因名子曰九隆。及后长大，诸兄以九隆能为父所舐而黠，遂共推以为王。

沙壶，其他文献中又写作"沙壹""沙一"，较多写作"沙壹"。九隆神话最早的母题是"沙壶触木"而有孕，类似"华胥履大人迹""附宝见电光""简狄吞卵"等中国古代典型的感生神话，是母系社会特征的写照。简单地说，感生神话里没有具体的男性角色，早期的九隆神话也是这样。到了元代张道宗《纪古滇说集》里，九隆神话就开始出现了具体的男性角色：

> 哀牢国，永昌郡也。其先有郡人蒙迦独，妻摩梨羌，名沙一，居于牢山。蒙迦独尝捕鱼为生，后死牢山水中，不获其尸。妻沙一往哭于此，忽见一木浮触而来，旁边漂沉，离水面少许，妇坐其上，平稳

---

① 刘琳：《华阳国志校注》，巴蜀书社1984年版，第424页。

不动。明日视之，见木沉触如旧，遂常浣絮其上，若有感。因怀妊十月，孕生九子，复产一子，共男十人。同母一日行往池边，询问其父，母指曰："死此池中矣。"语未毕，见沉木化为龙出水上。沙一与子忽闻龙语曰："若为我生子，今俱何在？"九子见龙惊走，独一小子不能去，母固留之。此子背龙而坐，龙因舐之，就唤其名曰习农乐。母因见子背龙而坐，乃鸟语谓背为九，谓坐为隆，因其名池曰九隆……①

在张道宗《纪古滇说集》里，开始出现了一个叫"蒙迦独"的男性，作为沙壹的丈夫，改变了原来感生神话的特质，但九隆神话的其他情节没有什么变化。到这里，九隆神话的传说与白族的祖源仍然没有任何关系，而"蒙迦独"这个男性角色的出现，为后来九隆神话与白族祖源的黏合提供了一个思路。到了《白古通记》成书后，这个"蒙迦独"的男性角色就被阿育王第三子骠苴低或者阿育王本人替代了。

倪辂《南诏蒙段野史》中引《白古记》：

　　《白古记》曰：三皇之后，西天摩羯国阿育王第三子骠苴低，娶欠蒙亏为妻，生低蒙苴。苴生九子，名九龙氏。长子阿辅罗，即十六国之祖；次子蒙苴廉，土蕃之祖；三子蒙苴诺，汉人之祖；四子蒙苴酬，东蛮之祖；五子蒙苴笃，十二子，五贤七圣，蒙（氏）之祖；六子蒙苴托，居师子国；七子蒙苴林，交趾之国；八子蒙苴颂，白崖张乐进求之祖；九子蒙苴闵，白夷之祖。②

胡蔚《南诏野史》引《白古记》：

　　《白古记》：西天天竺摩羯国阿育王骠苴（音斜）低，娶欠蒙亏为妻，生低蒙苴。苴生九子，长子蒙苴附罗，十六国之祖；次子蒙苴廉，吐蕃之祖；三子蒙苴诺，汉人之祖；四子蒙苴酬，东蛮之祖；五

---

① （元）张道宗：《纪古滇说集》，开篇第二段中。
② （明）倪辂：《南诏蒙段野史》，云南省社会科学院图书馆藏抄本，第1—2页。

子蒙苴笃，生十二子，七圣五贤，蒙氏之祖；六子蒙苴托，狮子国之祖；七子蒙苴林，交趾国之祖；八子蒙苴颂，白子国仁果之祖；九子蒙苴阅（初六切），白夷之祖。①

倪辂《南诏蒙段野史》和胡蔚本《南诏野史》中所引《白古记》的内容大同小异，所记九隆神话的故事情节没有变化，不同之处是欠蒙亏的丈夫的名称有出入：一说是阿育王第三子骠苴低，一说是阿育王骠苴低；前一说法在其他文献里也可见：清初高奣映在《云南汉人说》、清初倪蜕在《滇云历年转》卷2中引用《白古通记》的这段文字时，都说是"阿育王第三子骠苴低，娶欠蒙亏为妻"，②疑胡蔚《南诏野史》引用时有遗漏。另一个人的名称有出入的是长子，前者说叫阿辅罗；后者说叫蒙苴附罗，两者的差异应该是音译不同。尽管这两个人物的名字有出入，但共同点是用阿育王的血统代替了元代张道宗《纪古滇说集》中的"蒙迦独"，从而完成了阿育王佛教圣王血统与白族祖源的融合。

综合上述内容，可以看出九隆神话中祖源演变的过程如下：

沙壹+木（龙）→摩梨羌（名沙壹）+蒙迦独→欠蒙亏+阿育王第三子骠苴低（或阿育王）

苍洱地区白族精英遗民在完成了对本土神话传说的改造之后，接下来便顺理成章地宣说白族是"九隆族裔"了，并且这种宣说比较集中反映在明代大理地区白族的碑刻金石里。早期的苍洱地区名家大姓认为他们的祖源来自神灵，比如董氏自称是山上茅草中的仙胎，以草字和童字合为董姓；③大理国段氏的母亲过江触木有孕，生二子，长子思平，次思良，故以段为姓。④南诏以后，随着佛教的传入，苍洱地区的名家大姓则宣说他

---

① （明）杨慎：《南诏野史》南诏历代条，清乾隆四十年石印本，第17页。

② 参见侯冲《白族心史——〈白古通记〉研究》，云南人民出版社、云南大学出版社2011年版，第153—154页。

③ 《董氏族谱碑》，《董氏宗谱碑》，张树芳等编：《大理丛书·金石篇》卷3，云南民族出版社2010年版，第1552、1574页。

④ 段玉明：《大理国史》，云南民族出版社2003年版，第15页。

们是南诏七圣僧或观音带来的梵僧的后代。例如喜州的杨氏一份墓志铭中，提到他们的祖先是"唐贞观时，观音自西域建此土，国号大理，化人为善，摄授杨法律等七人为吒力灌顶僧"；① 李氏也宣说是南诏七圣僧李畔富的后代。② 明朝统治之时，苍洱地区的名家大姓开始"有意识地"用"九隆族裔""婆罗门种"来宣称自己的祖源，这些祖源的出现以及宣称方式，是表达苍洱地区贵族遗裔对明朝统治的一种妥协方式；而在元朝的碑刻中，并没有如此强烈又紧张的自我认同感。明朝统治后，祖源之说才开始有明显的变化。③ 这种变化比较集中地表现在明正统至正德、嘉靖年间的苍洱地区的墓碑中，名家大姓如段、尹、杨、董、赵、何、杜、张、李等都宣称他们是"九隆族裔"。④上文已述，这时的"九隆族裔"神话已经注入了印度阿育王血统，苍洱地区的白族名家大姓在明初以后较多地宣说他们是"九隆族裔"，可以将祖源置于远古的神话传说，以降低现实世界的政治风险，同时也曲折地表明白族的祖源是来自印度佛教圣王阿育王的血统。明初的"九隆神话"已经演变成一个重要的历史表征，是苍洱地区精英遗民在面对外来政治压力时安身立命的一个精神家园。而且，明中叶以后的碑刻开始略去始祖世代的交代，也不特意地交代在"故国"的官职与僧职。它们往往不像过去的墓志铭那样详细描述每一世系的名字以及政治上的功业，只用"九隆族裔"一语带过，过去似乎只剩下一个集体的象征可供交代。⑤ 明朝僧官制对苍洱地区的僧侣世家的管制，致使一部分僧侣排除在明朝僧官系统以外，他们自称是"婆罗门种"，这种祖源宣称出现在 15 世纪中叶以后的碑刻中。⑥ 无论白族祖源宣

---

①　《故宝瓶长老墓志铭》，张树芳等编：《大理丛书·金石篇》卷 1，云南民族出版社 2010 年版，第 329 页。

②　《故大掾李公同室李氏墓志铭》，张树芳等编：《大理丛书·金石篇》卷 1，云南民族出版社 2010 年版，第 389 页。

③　连瑞枝：《隐藏的祖先——妙香国的传说和社会》，生活·读书·新知三联书店 2007 年版，第 200 页。

④　侯冲：《白族心史——〈白古通记〉研究》，云南人民出版社、云南大学出版社 2011 年版，第 155—158 页。

⑤　连瑞枝：《隐藏的祖先——妙香国的传说和社会》，生活·读书·新知三联书店 2007 年版，第 203 页。

⑥　同上。

说的方式如何变化，唯一要确定的是他们的祖源是与佛教圣王阿育王有关。

最后，大理国白族精英遗民的心灵突围还表现在对新精神家园的选择上。众所周知，大理崇圣寺是南诏大理国的皇室内道场，佛教密宗举行灌顶仪式的中心，被誉为"佛都"；大理国二十二代国王中，曾有九位大理国国王在崇圣寺出家为僧。在政教合一的南诏大理国时期，崇圣寺作为皇家寺院和政教中心的地位是无法撼动的。在佛法流布的南诏大理国，皇室贵族非常重视本家族寺院，其地位类似于中原汉族的家庙和祠堂。下文将要提及的云南鸡足山上的悉檀寺就是丽江木氏的家族寺院之一。正因为如此，实际把持大理国政权的高氏，也不得不另选水目山，作为高氏供奉的家族寺院。《大理国渊公塔之碑铭并序》中记载：

> 我渊公随缘白地，诞粹于高氏之族。故相国公高太明之曾孙，政
> 国公明量之孙，护法公量成之子也。①

此碑铭中的"渊公"即皎渊禅师（1149—1214），是大理国相国高氏之裔，舍弃富贵出家为僧，后住云南祥云水目山，修持禅宗法门。1096年，高泰（太）明遵高升泰之遗命，还位于段氏，演绎出一段"让国"的历史佳话，但高氏世袭清平官（宰相），实际把持大理国的军政大权。高氏家族作为名门望族，不可以没有自己的家族寺院，崇圣寺早已是段氏的皇家寺院，固然不可选；皎渊禅师驻锡水目山，修习禅法，给我们一种暗示：高氏家族选择水目山为家族寺院，且习禅宗，是有意区别于段氏之崇圣寺的密教传统，是出于政治因素的考量，要跳出段氏的势力范围，另立高氏家族信仰的根据地。类似地，大理国亡后，大理崇圣寺和祥云水目山无疑也受到冲击，信仰圣地被改旗易帜，大理白族精英遗民急于找到一个新的信仰圣地，作为他们的精神家园。元末明初，禅宗流布云南，逐渐成为云南主要佛教流派之一，大迦叶信仰逐渐为人们所接受。而大理宾川的九曲山形似鸡足，且佛教经典里有大迦叶入定鸡足山的记载，于是，九曲山便是最理想的选择。

---

① 张树芳等主编：《大理丛书·金石篇》卷1，云南民族出版社2010年版，第86—88页。

总之，在明初社会巨变的时代，苍洱地区的白族精英遗民杂糅着亡国之痛和民族文化存亡之思，秉承"妙香佛国"悠久的佛教文化传统，嫁接佛教文化与本土神话传说，把白族的祖源和印度阿育王联姻，选择九曲山作为新的佛教圣地，标明白族拥有高贵的祖源血统和别样的佛教文化传统，以抵御儒家文化强大的攻势，借此实现了一次精神世界的心灵突围，从而完成了对白族历史新的叙说。由此，《白古通记》一书横空出世了。

第四节 《白古通记》有关云南鸡足山的造山神话

明初社会的变革，带给苍洱地区的白族精英阶层巨大的心灵创痛和深沉的思索，《白古通记》即是记录白族这段历程的一部心史。《白古通记》是大理白族用白文写成的一部史书，原书已佚，其内容被明清时期的云南方志、著述广泛引用。《白古通记》的别名有《白古通玄峰年运志》《白古通》《白古记》《僰古通记》《僰古通》等。侯冲先生的《白族心史——〈白古通记〉研究》一书对《白古通记》作了迄今为止最为系统和翔实的研究。他认为《白古通记》是明初大理喜州杨姓白族学者根据南诏大理国史和《南诏图传》《纪古滇说集》一类云南地方志资料及佛教史传资料所著。[①] 而"杨姓"白族学者正是上文所述的明初苍洱地区的白族"精英遗民"中的一分子。《白古通记》是明初苍洱地区白族精英遗民对本民族历史的叙说；是一部饱含白族民族意识和民族情怀的历史著作，其主要特点是将白族的历史与印度佛教和阿育王联系在一起，以佛教圣王的祖源和悠久的佛教文化传统抵御中原儒家文化的"以夏变夷"，从而达到"等夷夏"的效果。正是在明初苍洱地区白族精英遗民叙说白族心史时，一个副作用起到了"易名之功"：把大理宾川的九曲山易名为鸡足山，作为迦叶尊者入定之所。于是，云南鸡足山之名开始出现，并随着《白古通记》的广泛流传而声名远播。

《白古通记》的一段佚文：

---

① 侯冲：《白族心史——〈白古通记〉研究》，云南人民出版社、云南大学出版社 2011 年版，第 36 页。

鸡足山，上古之世原名青巅山，洞名华阴洞。……迦毗罗国净梵
大王因其山形象鸡足，遂更名曰鸡足山，名其洞曰迦叶洞，后讹为华
守门。①

这段文字很清楚地告诉我们，云南鸡足山是由原来的青巅山易名而
来，只是把易名的时间从明初往前移，且托名迦毗罗国净梵大王完成更名
程序。这种更名的内在逻辑前提是：大理是古代印度的"妙香国"，并且
还找到了相关的"证据"，见表3—1。

表 3—1　　　　　《白古通记》中苍洱地区是妙香国的论证

引　文	出　处
《白古通》云："苍、洱之间，妙香城也。"	李元阳：《嘉靖大理府志》卷2，大理白族自治州文化局翻印1983年版，第88页。
《白古通》载："释迦佛在西洱河证如来位，即梵经谓灵鹫山为释迦说《法华经》处。"	李元阳：《嘉靖大理府志》卷2，大理白族自治州文化局翻印1983年版，第58页。
唯《白古通》所载迦叶自点苍山入鸡足。	高奣映：《鸡足山志》卷4，《考证》，侯冲、段晓琳点校，中国书籍出版社2005年版，第160页。
《白古通》载：阿难亲刻尊者香像于华守门。今迦叶殿所供小像即是。	高奣映：《鸡足山志》卷1，《考证》，侯冲、段晓琳点校，中国书籍出版社2005年版，第39页。

在表3—1所引《白古通记》的几段逸文要表达的主要信息就是苍洱
地区即妙香国。上文已述，佛教经典中的"妙香国"在北印度。玄奘译
《大般若波罗蜜多经》第399卷之《常啼菩萨品》记载有常啼菩萨曾往妙
香城向法湧菩萨求法的故事，其行程中均没有提及与云南大理相关的地理
和历史。《白古通记》则认为"妙香国"就在苍洱之间，并且说佛陀是在
西洱河证如来位，在点苍山（灵鹫山）上说《法华经》；大迦叶入定鸡足

---

① 　王叔武：《云南古佚书钞》（增订本），云南人民出版社1996年版，第58页。

山（青巅山）；阿难亲刻迦叶尊者香像于华守门等，前文已述。

由上观之，大迦叶入定鸡足山的故事不是《白古通记》的核心，而是苍洱地区即妙香国故事的副产品。至此，原来在印度的鸡足山，就这样被复制、粘贴在大理宾川的九曲山上了。于是，云南鸡足山也就成了大迦叶道场。①

① 重庆缙云寺被奉为迦叶古佛道场。迦叶古佛为过去佛，并非迦叶尊者。根据缙云寺当代碑刻简介，缙云寺始建于南朝刘宋景平元年（423），曾受到历代帝王封赐，曾称为"相思寺""崇胜寺""崇教寺"。万历三十年（1602）神宗皇帝下令改为缙云寺，并赐题"迦叶道场"，被做成石牌坊，至今仍巍然屹立在重庆缙云山上的缙云寺山门。

第四章　云南鸡足山神圣性的论证与确立

　　神圣性是佛教圣地的灵魂。剥离了神圣性，佛教圣地亦不存在。因此，佛教圣地学的主要任务之一就是要论证与确立佛教圣地的神圣性真实可信。中国古代论证历史事件神圣性的思路大致有两条：一是神谕。即把事件的真实性交给神灵来论证，或神话其来源；或异化其人其事；或卜之鬼神；或把其祖先与神灵、贵族联姻以显神异和正统；或把人身体的正常状态异化，要么重瞳多目，要么青面黑脸，甚至三头六臂……总之与凡夫不同而具有天然的合法性。上文中"九隆神话"中最小的九隆因为不惧怕龙，与之相背而坐，龙舐之的神异行为而被共推为王，至于南诏蒙氏起家之初，天降祥瑞，天乐袅袅等等细节皆是这个论证思路。二是实物。不过这种"实物"大都是人为设计安排的，无论是陈胜吴广藏书鱼腹，还是张角得黄河故道碑，都是以人为的"实物"来论证历史事件的神圣性。云南鸡足山是迦叶道场的论证方式就是第二种思路——掘地得碑。

第一节　云南鸡足山神圣性的论证

高奣映《鸡足山志》中保存了云南鸡足山神圣性的论证：

　　明歌坪条：圣峰寺存古碑焉，载迦叶初入定时，八大明王送至斯坪，咸歌天乐。①

　　圣峰寺按语：此寺址为明歌坪。净月初建寺时，掘地得碑，其碑

---

① 　高奣映：《鸡足山志》，侯冲、段晓琳点校，中国书籍出版社 2005 年版，第 164 页。

上有"迦叶入定，八明王咏颂"。①

　　净月，俗姓胡，曲靖人。世阊之弟。年十九弃俗，日食一餐，积久道重，人以白斋呼之。遂历湖海印证。末旋滇，入鸡足山。先憩峰顶，后于弘治年间在明歌坪建寺。掘地得碑，有"迦叶入定，八大明王咏颂"。营缉寺成，沐黔国题曰圣峰。②

　　《白古通记》完成了鸡足山作为迦叶道场的理论论证，但还缺少实物证据。明弘治年间曲靖僧人净月年少出家，德行高远，人们尊之为"白斋"。后来净月离滇求学，但未明确具体行程地点，返滇后住鸡足山。弘治年间，净月在鸡足山明歌坪这个地方建寺时，"掘地得碑"，碑上有"迦叶入定，八明王咏颂"。诸本《鸡足山志》都记载这个重要事件，无疑是用中国式的思维论证了鸡足山是迦叶道场的真实性和合法性。另外，万历年间，沐黔国开建鸡足山兰陀寺时，亦掘地得梵碑，译之，有那烂陀字。③这种"实物"证据支撑、印证了关于迦叶尊者入滇的种种传说，也为云南鸡足山即迦叶道场的论证奠定了基石。

　　除了教内僧人为云南鸡足山迦叶道场奠基外，仕宦文人为云南鸡足山乃迦叶道场的宣说也是功不可没。明代仕宦文人所作的《鸡足山游记》中，非常集中地宣说鸡足山是迦叶道场。据高奣映《鸡足山志》，作一简表（见表4—1）。

表4—1　　　　　明代有关鸡足山的游记中对迦叶道场的宣说

引　文	游记名称	作者	出　　处
盖滇旧为西域，未通中国。周时迦叶占鸡足为道场，二十八传至达摩，持迦叶所传衣钵入中国。	《游鸡足山记》	汪蛟	高奣映：《鸡足山志》，侯冲、段晓琳点校，中国书籍出版社2005年版，第389—390页。

---

① 高奣映：《鸡足山志》，侯冲、段晓琳点校，中国书籍出版社2005年版，第200页。
② 同上书，第285页。
③ 同上书，第202页。

引　文	游记名称	作者	出　　处
经典皆言尊者肉身入定于此，以待弥勒下生。阿难来朝礼，石门曾开。去已复闭。	《华守门记》	大错	同上书，第392页
叩华守门，俗传迦叶尊者入定传衣钵处也。	《游鸡足山记》	方沆	同上书，第394页
谓此山乃佛大弟子饮光石门洞天，因以传衣钵名寺云。	《游鸡足山记》	李元阳	同上书，第396页
迦叶门崖畔有金鸡泉，仅容一碗。日有异鸟饮之。……尝有僧贴壁结楼，取水自供，夜梦神人曰：此是金鸡泉，尔不宜见扰。明日而楼灾，遂不复构。即饮光入定捧衣胜迹也。	《游鸡足山记》	李元阳	同上书，第396页
世传佛大弟子迦叶尊者守佛衣入鸡足山以待弥勒，其上有迦叶门，迦叶入而门遂合云。	《游鸡足山记》	顾养谦	同上书，第399页
鸡足乃西南灵山，释迦大弟子藏衣处，即所谓华守门者是。	《仰高亭记》	周懋相	同上书，第406页
鸡足则释迦佛大弟子迦叶之所藏修也。	《游鸡足山记》	谢东山	同上书，第409页
鸡足山为佛弟子大迦叶入定之地。	《袈裟寺记》	李元阳	同上书，第417页
鸡足山者，益部之神丘，金方之佛地也。……故迦叶波守衣以待弥勒，涅槃之双树犹存。	《悉檀寺碑铭》	谢肇淛	同上书，第428页
饮光入定鸡足山，盖正、像、末三法未竟，故俟时也。	《放光寺记》	李元阳	同上书，第431页
记谓释迦入涅槃，令迦叶波守衣此山以待弥勒，华守门即入定处也。	《传衣寺碑记》	阮尚宾	同上书，第433页

　　由表4—1可见，明代有关鸡足山的游记等大都宣说云南鸡足山是迦叶尊者入定的道场，他们认为迦叶入定的鸡足山在云南是毋庸置疑的，只是把云南鸡足山成名的时间上溯远至周代，以时代的久远来增加云南鸡足山就是迦叶道场的真实性。表4—1是按照引文在高奣映《鸡足山志》中的先后顺序排列，并非作者成文时间的先后。比较表4—1中作者的生卒年月，相对年长者是谢东山，其后的诸文中的说法大体上沿袭谢东山的说法，不同的只是细节和文字的增减而已。另外，从表4—1中也可以看出对迦叶道场的宣说较多的是李元阳。

　　　　李元阳字仁甫，号中溪。太和人。嘉靖丙戌进士，授庶吉士，诏出翰林习吏事，乃知江阴县。召为御史，遇事敢言，当世推重。巡按闽中，勘其墨吏，迨后扈驾承天。嗣知荆州府事，筑堤捍江，民勒石颂德。寻解组归家，居四十余年，精研理学。思少时曾于鸡山读书，遂多入山，薰修禅定，创修普光殿、放光寺、传衣寺、龙华寺、宾苍阁、接待寺、大士庵、净云庵、观音庵、传灯寺、千佛阁、雷音寺，皆公捐资置田创建，撰文立碑者。鸡足之盛，惟公为首。①

　　李元阳对于云南鸡足山迦叶道场的贡献不仅仅是文字上的广泛宣传，更有捐资建寺的实际行动，从高奣映《鸡足山志》中的记载看，他一人助建的寺、庵、阁、殿就有12处之多。同时，僧俗慕名而来，在鸡足山上建寺造庵，在嘉靖至万历近百年时间里，鸡足山上共建起寺院30多座，庵40多座，还有殿、阁、室、塔、坊等。② 因此，明中后期云南鸡足山"已成滇中佛法渊薮，而兴盛为嘉靖、万历间事"。③ 明季大错和尚《鸡足山赋》中亦记载当时鸡足山佛教的盛况：

　　　　乃至法宇辉煌，梵刹巨丽。飞栋云兴，雕甍霞蔚。金铺互映，

---

　　① 高奣映：《鸡足山志》，侯冲、段晓琳校，中国书籍出版社2005年版，第246—247页。

　　② 侯冲：《白族心史——〈白古通记〉研究》，云南人民出版社、云南大学出版社2011年版，第222—224页。

　　③ 方国瑜等编：《新纂云南通志》卷5，刘景毛等点校，云南人民出版社2007年版，第532页。

玉题交媚。绮窗列而瞰江，高轩厂以临隧。阁道缘崖而层架，廊
[广＊英] 附岭而迢递。禅堂兰若，静室精蓝，红尘不到，白日长
闲。天香披拂乎精舍，松月笼映夫石龛。静士缈缈而达观，释子修
修而掩关。何道念之不永，何尘情之不删。惟精进以终夕，庶无玷
于名山。有时禅诵朝暮，梵呗声高，威仪肃穆，器钵精饶，灯明方
丈，塔挂青霄。人天合十而顶礼，神鬼回向而注翘。经咒忏律，鼓
磬锺铙，疑雷殷而雨骤，恍天风而海涛。异类闻音而解脱，宿业得
法而除消。①

云南鸡足山佛教圣地的神圣性源自迦叶道场，迦叶道场又源自人们的
信仰。因此，苍洱地区的佛教传统和社会变迁是缘，是云南鸡足山成名及
其作为迦叶道场诞生的背景条件。抛开了本土文化背景和社会历史的变化
来解读云南鸡足山佛教圣地的神圣性，就等于剥离了因果逻辑的链条，不
能自圆其说。没有苍洱地区自南诏以来的佛教文化传统，没有这块滋生佛
法的净土，没有社会历史变迁的条件聚合，没有白族精英遗民的亡国之
思，即使播下菩提种子，也不可能生根、成长，更不会有菩提花开、妙香
风泽的佛国法相。换言之，苍洱地区民族文化环境的浸润，赋予宾川九曲
山以佛性。当然，这里还有地貌上的形似与巧合，但更主要的是苍洱地区
的人们有意识地利用这种形似与巧合，这与本土文化中自南诏以来的佛教
传统息息相关。在南诏、大理国政教合一的社会模式中，崇佛之风极盛，
布泽乡村，无论贫富贵贱，男女老少，皆以信佛为尚，佛教的信仰已转化
为国家仪式和百姓的日常生活常态。直至元代，尽管社会上层结构有所变
化，段氏总管从佛王下降为部落土官，但元代的宗教宽容政策保障了南诏
以来的佛教信仰体系，苍洱地区的僧侣世家仍可以维系佛教的传承。因
此，自南诏至元末佛教文化传承与积淀大约 700 年，苍洱地区的佛教历史
底蕴深厚，人心向佛，无情有性，黄花翠竹皆是如来，接受、认可宾川九
曲山为迦叶道场是水到渠成，池满月来的事。

---

① 高奣映：《鸡足山志》，侯冲、段晓琳点校，中国书籍出版社 2005 年版，第 447 页。

第二节 佛教对云南鸡足山本土宗教的斗争与融摄

佛教初传苍洱地区时，面对的是当地白蛮为代表的土著部族信奉的"鬼主"等原始宗教。当时的"鬼主"大多是部族的首领、耆老之类的人物，后来衍称为"本主"，又叫"本主神"等，意为"我们的主人"，是白族乡村的"村社保护神"。本主崇拜的主要功能有祈雨、生殖等，祭祀山川日月之神，诵咒行法、祈求禳告等巫术，其内容都与人们的生存和生活密切相关。在佛教传入之前，"鬼主"等原始宗教是苍洱地区的主要信仰对象。佛教作为一种异质文化，初传苍洱地区时遭到了巫师的强烈抵制，于是就有"观音伏罗刹"等故事。① 类似地，佛教传入云南鸡足山时，也有"迦叶降服鸡足大王"等一些本土传说。

"迦叶降服鸡足大王"的故事梗概是：灵山大会上迦叶得到佛陀的正法眼藏后，由500罗汉护送至云南大理鸡足山，开山传法，度化众生。迦叶来到鸡足山后的第一件事就是如何处理和鸡足山原来的主人鸡足大王的关系。且看这位鸡足大王：外罩九宫八卦衣，内穿紧身如意甲，脚系穿云八耳麻鞋，手持拂尘，鹤发童颜。一个是外来的弘法者，一个是本山的宫观道场的主人，两者之间的较量不可避免。第一回合，讲证据：迦叶指山示意，此山是佛祖的报晓金鸡寻得的佛门圣地，山峰前伸三趾，后托一矩，形如鸡爪，这就是金鸡脚趾踩压的记号；鸡足大王已在山上建有宫观，当然不服。第二回合比下棋，鸡足大王胜。第三回合比禅定，自然是迦叶胜。第四回合，在天魔石里幻化一场战争，罗汉团战败。第五回合比法术，鸡足大王挥动拂尘唤起云海茫茫，迦叶命长手罗汉捧来一轮红日，金光万丈，把云海收得无影无踪。最后一个回合比剑法，并请老古松做证，胜者占山。迦叶以藤杖对鸡足大王的宝剑，用袈裟降住了鸡足大王的

---

① "罗刹"即是巫师的代表。"观音伏罗刹"故事的大意是：古时候大理坝子是一个水乡泽国，这里居住着专吃人眼的恶魔罗刹，人民不堪其苦。观音大士化作梵僧来到此地，决心为民除害。观音医好了罗刹妻子的病，取得了罗刹的信任，然后借下棋赌输赢，要一块"袈裟一铺，白犬四跳之地"，罗刹欣然应允，并立券为凭。后来观音施展法术，袈裟一铺，白犬四跳，占尽了大理坝子。观音降服了罗刹，把他囚禁在上阳溪石洞之内，永世不能见天日。至今大量喜洲大阳溪箐口，仍有罗刹阁遗迹，当地白族认为这就是当年观音降服罗刹的所在。

金翅大鹏鸟，取得最终的胜利，遂开大华守门。鸡足大王服输，退在山门外盖庙，永为护法。遇佛菩萨圣诞节，沐浴净身回小华守门，听佛传法。① 这个故事虽然荒诞不经，但折射出佛教初传云南鸡足山时与本土宗教特别是道教斗争的痕迹。这也符合佛教传播过程中的一般规律，佛教作为一种外来文化，要在中国扎根传播，势必要与当地原来的宗教发生冲突，两者之间的斗争与磨合有一个相对较长的过程，其结果是两者达成一定程度上的妥协，从而形成彼此共存的状态。在这个过程中，佛教也完成了在中国的本土化过程。中原地区最早形成的天台宗、最具中国特色的禅宗等都是佛教与中国本土文化融合的结果，或者说是佛教在中国本土化的产物。苍洱地区白族的本主崇拜也有这样的过程：佛教传入之前，苍洱地区流行的主要是信仰"鬼主"的巫教，佛教传入后，两者发生过激烈的冲突，甚至是生死的较量。《南诏图传》文字卷第四化的故事就反映了佛教初传时与本土宗教势力之间的激烈斗争。② 斗争的结果大都是佛教取得了胜利，站稳了脚跟，但当地的本土宗教并没有消失，而是吸收借鉴佛教的内容，改造、提升自身的信仰体系，白族的本主崇拜就是在原来"鬼主"信仰的基础上，吸取了佛教的特点，开始建庙供奉本主了。迦叶降服鸡足大王的故事就是佛教传播过程中一般规律的再一次演绎。

上述故事中的鸡足大王，道士的身份非常明确，也说明在佛教传入鸡足山之前，山上已经有了道教的存在。事实上，鸡足山上遗存有道教的古迹（见表4—2）。明末清初，在云南鸡足山佛教圣地兴盛时期，山上仍有道教西竺心宗在活动。西竺心宗是清初云南道教龙门派的一支，创始人为月支（氏）国人野怛婆阇，又称为"鸡足道者"。清闵一得著《金盖心灯》卷6《鸡足道者黄律师传》记载："鸡足道者，来自月支，休于鸡

① 许天侠编著：《中国佛教名山——鸡足山罗汉传说》，宗教文化出版社2004年版，第11—22页。

② 《南诏图卷·文字卷》第四：兴宗王蒙逻盛时，有一梵僧，来自南开郡西澜沧江外兽賧穷石村中，牵一白犬，手持锡杖钵盂，经于三夜。其犬忽被村主加明、王乐等偷食。明朝，梵僧寻问，翻更凌辱。僧乃高声呼犬，犬遂嗥于数十男子腹内。偷食人等莫不惊惧相视，形神散去。谓圣僧为妖怪，以陋质为枭雄。三度害伤，度度如故。初解肢体，次为三段，后烧火中。骨肉灰尽盛竹筒中，抛于水里，破筒而出，形体如故，无能损坏。钵盂锡杖，王乐差部下外券赴奏于[山*龙][山*于]山上，留着内道场供养顶礼。其靴化为石，今现在穷石村中。

足，自称野怛婆阇，而无姓名字号。"清顺治十六年（1659）此人赴京师谒全真龙门派第七代王常月受戒，并得王常月赠"黄守中"名，遂为龙门第八代弟子。黄守中后来云南，居住于鸡足山，开创云南道教龙门派"西竺心宗"，后传法于王太原、管太情、王袖虎等人。"西竺心宗"是道教中的佛密派，其法多采用道教符箓派的"云篆"和佛教的"真言"，佛

表4—2　　　　　　　　　　　　　鸡足山道教古迹

名称	说　明
藏头洞	位于华守门北面的山峰，元朝道士周哲于此修炼，并广收经、史、诸子及道教经典上万卷，贮藏洞中。
石敢当古碑	立碑时间待考。今存于天柱峰半腰的迦叶殿院内。
杨黼洞	又叫杨黼修真处，在仰高峡中罗汉壁西面危岩下。原为一天然石洞，后因明永乐年间（1403—1424）大理人杨黼栖息于此二十年，得道后才离开，后人便名之为杨黼洞。
玉皇阁	据范承勋《鸡足山志》载，在鸡足山上有两处，一处在圣峰寺后，一处在拈花寺后。前者建于明万历年间（1573—1620），后倾废；崇祯年间（1628—1644），北胜州（今永胜县）柴州守重建，后倾倒荒废。
斗姆阁	在凤毛山下宝莲庵后，明万历年间（1573—1620）建，清康熙年间（1662—1722）倾废。
全真室	在燃灯寺后岭，昔有羽人于此炼丹。清康熙年间（1662—1722）倾废。
怀玉团标	在雷音寺内，道士怀玉建，后废。
玄天阁	在碧云寺内，清康熙年间（1662—1722）建，后废。
真武阁	在仰高峡中仰高亭遗址上，清康熙年间（1662—1722）建，后废。
真武洞	在真武阁遗址侧，洞因阁而得名。
隐显洞	位于袈裟石左面，上下有二洞，相传古时在鸡足山上的道教修行者常"神娱其间"。
三天门坊	建坊时间待考。清高崤映《鸡足山志》载，遗址一天门在猢狲梯上；二天门在普贤阁上；三天门在灵官殿侧。

　　资料来源：宾川县地方志编纂委员会办公室编：《鸡足山志》，云南出版集团公司、云南人民出版社2012年版，第162页。

密色彩很浓，门徒多为行迹诡异、身怀绝技的江湖奇人，以诵咒为行、炫耀神通为特点，其在云南民间有着一定影响，而且对内地全真道的朝北斗科仪也产生过影响。①

后来，佛教不仅在鸡足山立足，而且鸡足山"天魔罗汉"还成为苍洱地区矛盾纠纷的调解者。在"天魔罗汉"的传说中，洱海龙王和点苍山神（鸡足大王的独生子）素不合，请鸡足山"天魔罗汉"从中调解。"天魔罗汉"把鸡足大王请来，当面把洱海龙王的女儿许配给点苍山神，做了鸡足大王的儿媳，以联姻的方式化解了双方的矛盾。② 这个传说故事隐藏的佛教传播史是，此时佛教在鸡足山上已经扎下根来，而且在苍洱地区取得了很重要的社会地位。

佛教初传鸡足山时，面对的对手除了道教之外，还有本土的原始宗教。"吹树叶罗汉"的传说集中反映了佛教与鸡足山地区本土宗教的斗争。故事中的禅定禅师在鸡足山得小澄和尚的真传，知四禅八定，获六神通，奉教行化一方，人们奉为神僧，又得到酋长张乐进求的供奉。鸡足山下越析诏牛井镇发生瘟疫，禅定禅师用树叶吹曲子驱散瘟疫，解救了百姓，却得罪了以阿修罗王为首的魔界。阿修罗王纠结狐妖、熊精、鼠精、龟宰相、蟒怪、大雕怪、金牛老魔等施法毒害村民，张乐进求转而宰杀三牲用血食祭祀阿修罗王神祠，以求免灾安定。禅定禅师受挫，回到鸡足山上问计于山神，用山上的香草为药救活了中毒的村民，张乐进求又带领头人来向禅定禅师谢罪。阿修罗王不肯善罢甘休，令魔军收走雨水，农田干涸；禅定禅师施法唤出金牛，井水汩汩而出。阿修罗王又依老龟之计，在雨季发起洪水淹没了越析诏，居民溺死者十之八九。酋长张乐进求遂又带领杨耆老等人祭祀阿修罗王神祠，以求解除灾难。在最艰难的时候，大迦叶施法收服了阿修罗王一行精怪，并带回鸡足山。在华守门前，阿修罗王等精怪皈依了佛门。张乐进求、杨耆老等头人夜得菩萨梦启："阿修罗王神祠自行倒塌，阿修罗王像崩碎。这是佛法威力。不必重修，也不再去供

---

① 参见郭武：《道教与云南文化——道教在云南的传播、演变及影响》，云南大学出版社1999年版，第383页；萧霁虹、董允著：《云南道教史》，云南大学出版社2007年版，第106—107页；胡孚琛主编：《中华道教大辞典》，中国社会科学出版社1995年版，第69—70页。

② 许天侠编著：《中国佛教名山——鸡足山罗汉传说》，宗教文化出版社2004年版，第302—306页。

奉祈求。"① 这个传说故事中的禅定禅师史志无载；小澄和尚，诸本《鸡足山志》《滇释记》《曹溪一滴》中均说是唐代"鸡足山"上的僧人。张乐进求，或写作"张乐尽求"，在《南诏图传》文字卷等有记载张乐进求祭柱禅位于蒙细奴逻的故事："《铁柱记》云：初，三赕白大首领将军张乐尽（进）求并兴宗王等九人，共祭天于铁柱侧，主鸟从铁柱上飞憩兴宗王之臂上焉。张乐尽求自此以后，益加惊讶。兴宗王乃忆，此吾家中之主鸟也，始自忻悦。"②从故事中的人物来看，这个传说发生在南诏初期，与佛教初传苍洱地区的时间是吻合的。禅定禅师、阿修罗王、张乐进求分别代表了佛教、原始宗教和部落酋长，部落酋长的态度是非常务实的，给人们带来灾难的和为人们解除灾难的都要去崇拜，这也是人类趋利避害的本能的表现。由禅定禅师和阿修罗王之间的多次较量来看，佛教初传鸡足山时是非常艰难的，曾经一度处于不利的地位，但最终佛教战胜了阿修罗王，并且收复了他们。故事结尾处菩萨给张乐进求、杨耆老的梦启，告诫他们不要再祭祀阿修罗王神祠，等于宣告了佛教的胜利。

　　类似"吹树叶罗汉"，反映佛教初传鸡足山地区时佛教与原始宗教之间的斗争的还有"摩诃罗嵯罗汉"的故事：伽难提尊者，转世投胎于大理古妙香国，为大理国第八代国王段素隆，后来段素隆在鸡足山得因缘，禅位为僧，法号摩诃罗嵯。摩诃罗嵯罗汉修行过程中，降服过树精、石怪等当地的神祇。③ 应当指出，这些传说故事的情节是荒诞的，荒诞不等于虚无，就像如果远古没有洪水频发的背景，也就不会产生大禹治水的故事一样，如果没有佛教的传入，也就不会产生佛教与鸡足大王斗法等传说故事。我们不追究故事情节的真实性，而是透过这些荒诞的传说故事发现隐藏的社会背景，即佛教开始在鸡足山上传播时与本土宗教发生过斗争与融合的历史痕迹。高本《鸡足山志》对此有记载："迦叶殿……旧有土主庙，相传为沙漠土主。其神盖八大明王之一，自西域随迦叶尊者至此山护

---

① 许天侠编著：《中国佛教名山——鸡足山罗汉传说》，宗教文化出版社 2004 年版，第126—137 页。

② 尤中：《僰古通纪浅述校注》，云南人民出版社 1989 年版，第 23 页。

③ 许天侠编著：《中国佛教名山——鸡足山罗汉传说》，宗教文化出版社 2004 年版，第100—107 页。

法。"① 只不过在高本《鸡足山志》中，已经把鸡足山上原来的土主收编了，成为佛教的护法神。徐霞客当年游览鸡足山的时候，土主庙原址已建成迦叶殿，土主庙被移到殿左。② 笔者在鸡足山做调查时，当地的年长者亦说古时候鸡足山上有土主庙，就在现在的迦叶殿所在地。佛教来了以后，土主庙就搬到鸡足山山脚下，称为"下土主庙"，俗称"大庙"，现存的"大庙"是1980年人民政府拨款重建。在春节香会期间，信奉土主的群众在朝山绕顶下山以后，才在大庙里杀鸡煮肉，以三牲酒醴供献土主。在宾川县志编撰委员会编《鸡足山志》（1991）记载："土主庙原在迦叶殿，朝山的人，多在庙内杀牲祭祀土主。明万历年间（1573—1620），有陕西僧人开山，认为鸡山是迦叶道场，不应以牲酒污秽名山，于是报请巡道批准，将土主移至山脚。"③ 鸡足山上原有而现在已经荒废的道教庙宇有：上土主庙、中土主庙、沙址土主庙、二母古窟土主庙、毕钵罗窟山神庙、大龙王庙、圣母龙王庙、土地庙等。鸡足山上道教庙宇的荒废与土主庙被移下山，从一个侧面反映出佛教传入云南鸡足山以后，融摄了本土宗教信仰，逐渐取得当地精神世界的主导地位，云南鸡足山作为迦叶道场也随之确立起来了。

第三节　佛教三派共尊云南鸡足山为迦叶道场

佛教圣地的一个必不可少的要素是来朝圣的信众。信众的多寡是一个佛教圣地神圣性高低的重要参数。在明初云南鸡足山成名和迦叶道场确立之后，僧俗大众开始慕名而来，在鸡足山上广建寺庵，迦叶道场的声誉渐传渐远，香火日盛，并形成了鸡足山朝山会等民间习俗。鸡足山朝山会为每年农历正月初一至十五日。此时，国内和东南亚国家的各族群众和游客从四面八方前往鸡足山。汉族、傣族、藏族、纳西族、白族等民族群众都有连续三年朝山的习俗：第一年许愿；第二年还愿；第三年了愿。有生之年，用本民族最隆重的礼仪来鸡足山朝山礼佛是每个信众今生的心愿和义

① 高奣映：《鸡足山志》，侯冲、段晓琳点校，中国书籍出版社2005年版，第199页。
② （明）徐霞客：《徐霞客游记》，朱惠荣整理，中华书局2009年版，第485页。
③ 宾川县志编撰委员会编：《鸡足山志》，云南人民出版社1991年版，第79页。

务，因此，云南鸡足山成为汉传佛教、南传佛教和藏传佛教三大派系共同的圣地。明季大错和尚在《鸡足山赋》中，为我们留下了当时朝山会的盛况：

> 或遇佛辰佳节，胜舍良游，积愿瞻礼，香信虔酬。远千里而不惮，先五夜而精求。土汉错杂，番落比述。哀牢鹤拓，猓猡邛莒，雕题金齿，九译百邮，白濮红口而击箭，冉 [马 * 龙] 彝唱而旃裘。蛮姑桶裙而赛祷，蒲猡鸣角而优游。侏 [亻 * 离] 袜裲，椎结钩缘。哈喇梯山以攀跻，交缅航海而诚投。邛笮占风以顶礼，逻獠候月而歌讴。士女迭进，童叟混俦，僧俗互市，宾主淹留。吹芦击筑，戏马蹴球。鱼龙角抵，贯索垂钩。聚远货以逐利，呈百剧以遨游。复有登高览古，慨念荒遐。旅人去国，游子怀家。赋诗见志，啖藻摘华。极人文之盛美，映景物之清嘉。①

西双版纳南传上座部佛教②信仰区的傣族群众来鸡足山朝山的习俗来源于一个传说：很久以前，西双版纳生活着一位美丽善良的哨多里（傣语，姑娘的意思），名叫嘎西波。有一次，嘎西波和姐姐嘎西娜、姐夫松帕敏在曼厅奘房里拜佛，得到大佛爷的启示，说在很远的地方有座圣山，是饮光迦叶捧金襕袈裟入定处。三人按照大佛爷的启示，带上行装，经过长途跋涉，终于来到宾川鸡足山。他们在附近村落沐浴净身以后，便开始了朝山的里程。他们来到空心树旁，虔诚礼拜树洞供奉的佛像。在嘎西波第三次叩头时，发现前面的龙潭里走出个英俊的小伙，心生爱恋。而她在动念时，小伙子已来到空心树叩拜佛像，用会说话的黑眼睛沟通了嘎西波的心灵，用目光承诺了姑娘的要求。后来，松帕敏夫妻就按照傣族的风俗把嘎西波嫁给了小伙子。这个小伙子就是黑龙潭的龙王，他得到一位美人，兴高采烈，载着三人来到西双版纳，拜见了岳父母，在曼厅王宫里受到了热情的招待。七天后，小伙又载着嘎西波回到了鸡足山。嘎西波由于

---

① 高奣映：《鸡足山志》，侯冲、段晓琳点校，中国书籍出版社 2005 年版，第 447—448 页。

② 学界一般认为南传上座部佛教传入西双版纳的时间是在 14 世纪末期（即明初），信仰南传上座部佛教的西双版纳傣族信徒朝拜鸡足山的习俗形成应该是在明中期前后。

不习惯山中生活，常常想念远方的父老乡亲，所以叫龙王带口信到西双版纳，希望家乡的父老乡亲能经常来看望自己。嘎西波去世后，西双版纳的傣家人没有忘记嘎西波的心愿，每年都要来鸡足山朝山，祈求迦叶尊者的福佑，更要来看望这位善良的傣族老乡。①

　　云南鸡足山也是藏民心中的圣山之一。每年都有大量的藏民（包括很多喇嘛）来云南鸡足山朝山，特别是藏历木鸡年的时候来的藏民更多。藏族信徒每年到云南鸡足山朝山之前，要先到丽江文峰寺叩拜，拾起一颗小石子携带去鸡足山，称为"借钥匙"。文峰寺距离丽江古城 8 公里，始建于清雍正十一年（1733），② 藏名"桑纳迦卓林"，意为秘密宗教机关和幸福乐园的喇嘛寺，是滇西北噶举派喇嘛教的最高学府。相传西藏大宝法王，曾三渡金沙江，寻遍滇西各地，终于在丽江找到文峰寺所在的这个神奇美丽的地方，称为佛教传说中的南瞻部洲二十四个灵洞之首，即为"南瞻第一灵洞"。其侧还有一大黑石，传为迦叶尊者曾在此讲经弘法，去鸡足山之前，把华首门的钥匙留于此石内。因此，青海、西藏、四川、云南的藏民和香客到鸡足山去朝山时都要到这里"借钥匙"，归来时再把借来的小石子放回岩缝中，以示送还。现在文峰寺的僧人开始出售自制的铜钥匙，把这个古老的传说商品化了。藏民经文峰寺之后，来鸡足山华守门礼拜大迦叶，在华守门附近的悬崖上、过道的栏杆上、树枝上挂满了彩色的经幡，随风飘扬，昭示着一种虔诚的信仰。然后他们返回到石钟寺，在睡佛前载歌载舞。这位睡佛相传是到西藏传教的莲花生大士，他是文殊菩萨的转世之身，跋山涉水来鸡足山礼迦叶，叩华守门后返回石钟寺，想在殿后屋檐下休息一会儿，然后继续赶路，然而他一觉睡去即入定了。后人按照他入定时的姿态，塑成睡佛，长 8 米，宽 1.5 米，身穿黄底起花袍服，头戴珠冠，黑红脸膛，嘴唇微张，浓眉微陷，头朝东方，侧身面北而卧，右手枕于头下，左手顺放腿侧，闭目静卧。从睡佛的外形上看，带有典型的西藏高原特色。③ 朝山的藏民们在睡佛前歌舞，希望他在此不会寂寞，祈求他赐给藏民幸福、吉祥和财富。来鸡足山朝山的藏民返回时，要

---

　　①　张丽芬主编：《世界佛教名山——鸡足山》，陕西旅游出版社 2007 年版，第 36 页。

　　②　从丽江文峰寺的始建年代，可以推出藏民朝拜鸡足山的习俗形成年代大致在清初以后，稍晚于汉传佛教和南传佛教。

　　③　张丽芬主编：《世界佛教名山——鸡足山》，陕西旅游出版社 2007 年版，第 138 页。

从鸡足山上取一根竹子，从睡佛身边取一点泥土带回去，供在佛堂驱魔辟邪，还可以作药引子用，临终时还可以用带回来的泥土煨水洒在尸体上，以便能尽快往生天国。

不仅仅是传说故事，《鸡足山志》中也有关于鸡足山上藏传佛教信仰的痕迹：如范承勋《鸡足山志》卷 4、高本《鸡足山志》卷 5 都有关于"尊胜塔院"的记载。尊胜塔院又称喇嘛教式塔，高 22 米，塔身圆形，外涂石灰，皎洁如玉。"塔院秋月"亦成为鸡足山八景之一。直至民国时期，藏族喇嘛常派人来山修葺塔院，"文革"时被毁，现已重建。鸡足山上另外一处藏传佛教的痕迹是悉檀寺里供奉有西藏风格的密宗塑像，这与木增与藏传佛教僧人的交往有关。徐霞客在《法王缘起》记载："庚戌年（1610），二法王曾至丽江，遂至鸡足"。"法王"，藏语为"曲吉杰布"。徐霞客解释说："吐蕃国有法王、人王。人王即领主主兵革，初有四，今并一。法王喇嘛教首领主佛教，亦有二。人王以土地养法王，而不知有中国；法王代人王化人民，而遵奉朝廷。其教，大法王与二法王更相为师弟。"[1] 木增与藏传佛教法王的交往和二法王到鸡足山，发生在徐霞客见到木增之前 20 多年，且与木增交谊匪浅，所记此事件应属可信。1939 年李霖灿游鸡足山时还亲眼看见过悉檀寺里的藏密塑像，记载在他的《霖灿西南游记》里。笔者在鸡足山调查时得知，今天鸡足山上悉檀寺的遗址附近还有藏传佛教信众建起的小庙。

相比而言，云南鸡足山佛教圣地的信众中，汉族信众要远比其他民族信众多。佛教汉传、南传、藏传三派信众来鸡足山朝山的心理各有差异，但他们都会到华守门叩拜，其信仰的交集是迦叶道场，即认为云南鸡足山是迦叶尊者的入定之处。因此，佛教三派能够汇集于一山，迦叶信仰是他们共同的交点。另外，从地理位置来看，鸡足山刚好位于云南境内佛教三个派别信仰区域的交汇点上：鸡足山的东边是以昆明为中心的汉传佛教信仰圈，南边是以西双版纳为中心的南传上座部佛教信仰圈，西北边是以迪庆为中心的藏传佛教信仰圈，三个信仰圈的交集坐落在宾川鸡足山上。因此，鸡足山成为佛教三派共同的圣地，是由独特的地缘与共同的迦叶信仰等因素和合而成的。

---

① （明）徐霞客：《徐霞客游记》，朱惠荣整理，中华书局 2009 年版，第 658 页。

第四节　苍洱地区的"金鸡"崇拜及其对鸡足山圣地的认可

云南鸡足山圣地神圣性的确立，除了有苍洱地区社会上层精英的"顶层设计"之外，还必须得到社会底层百姓的接受与认可。阳春白雪与下里巴人达成共识的一个契合点就是——苍洱地区的"金鸡"崇拜。前文已述，早在西汉时云南就有"金马碧鸡"神话，反映出云南地区悠久的金鸡崇拜传统。金鸡也是大理白族的图腾之一。金鸡寓意吉祥、光明，具有民间吉祥物的功能。在白族历史上和当代的民俗中，可以找到很多"金鸡"崇拜的痕迹和遗存。

首先，"金鸡"崇拜保存在白族的族称、地名、人名中。白族的族称中有"阿介""洛介""介候""介特扒""腊介""勒鸡"等他称，"介"是白语鸡的音译，意即鸡人、鸡家。剑川县甸南镇有一个地方叫"皆人住处"，张旭解释说，"皆"即"介"之转音，是鸡人之意，说明在这里居住的白族，也是金鸡氏族。[①] 白族聚居地区有许多以"金鸡"命名的名胜古迹，如大理海东的鸡岩寺，剑川县的金鸡栖石、金鸡山，云龙县的金鸡石，祥云县的金鸡庙，兰坪县的金鸡石、金鸡寺，邓川的鸡鸣寺等。白族的村庄很多也以鸡为名，如鸡村、鸡登、鸡邑、鸡坪等。大理白族著名学者李元阳的出生地叫上鸡邑，剑川县的介特密、兰坪县的介特邑都是与鸡有关的村寨名；更有意思的是，根据白族张旭先生的调查，那马人骂剑川人是"金鸡"，意思是养不驯的野物；但恰恰是语言记载民族传统的功能，说明剑川白族以金鸡为图腾的传统。此外，白族以"金鸡"为姓，后来演变成汉姓或白语偕音的姬、金、纪、奚、高等。[②]

其次，白族民俗中保存着"金鸡"崇拜的遗存。在白族婚俗中，男方家请媒人带上小伙，在农历逢双月的月圆之夜上门提亲，不论提亲是否成功，女方家都要以大公鸡做夜宵来款待远道而来的求亲者。若成功，定亲仪式中男方除了给女方送来首饰、衣服等信物外，还送来挂彩的一只大红公鸡和两瓶烈酒。白族语叫"订鸡酒"。正式结婚迎亲和婚后三天"谢

---

① 张旭：《白族图腾漫笔》，《华夏地理》1981 年第 4 期。

② 同上。

媒"仪式中，仍然少不了一只大红公鸡。在白族人家上梁竖柱的仪式上，木匠师傅用雄鸡点血代主人祈祷平安，并配以吉祥话来恭贺主人家。在白族葬礼中，逝者的棺木下的桌脚上要拴上公鸡，一个儿女一只公鸡，公鸡越多，说明这个去世的人越有福气。此外，白族人家在其他生产和生活过程中，还用大公鸡敬奉诸神，祈求神灵保佑，寄托着主人家做人圆满，做事一帆风顺的美好愿望。① 在白族神话传说也有关于金鸡崇拜的故事。比如《石宝山歌会的传说》《金鸡斗黑龙》《金鸡与石牛》等，这些神话传说有一个共性的特点：鸡神大多是女性。其中，石宝山歌会本身就是以信仰鸡神为标志的宗教朝拜活动。② 《金鸡斗黑龙》讲述的是金鸡战胜黑龙和毒蜈蚣的故事，金鸡成为白族治水怪、祛毒物的大英雄。

最后，佛教的"金翅鸟"与白族的"金鸡"双栖于苍洱之间。清代王昶在《金石萃编·跋》中说："（三塔）顶有金鹏。世传龙性敬塔畏鹏，大理旧为龙泽，故以此镇之。"明代谢肇淛《滇略》也有类似的记载。所谓"金鹏"即佛教中的大鹏金翅鸟，梵语音"迦楼罗"，能镇伏龙类。人类早期神话里的一个主题就是水患，大理地区也不例外，是一片"龙泽"之地，而水患的罪魁祸首就是妖龙，因此，在"伏龙"祛患这一点上，大鹏金翅鸟和金鸡具有相同的功能。这也不难理解，大鹏金翅鸟被高高地安放在崇圣三塔的中塔之巅，其中寄寓，镇塔伏龙、祈求风调雨顺之意。从印度飞来的大鹏金翅鸟能够在大理苍山洱海之间栖枝，与金鸡并立，反映出白族信仰的包容性和实用性特点，凡能为民除害、给人们带来福祉的，皆受崇拜。白族众多的本主就是最好的明证。佛经记载大迦叶尊者入定于鸡足山，若有人倡言此鸡足山就在大理宾川，且鸡足山之名（民间称鸡足山为"鸡山"）与金鸡崇拜有着相同的"鸡"缘，则民众对鸡足山圣地的接受与认可是毋庸置疑的。

跳出"白族"和"大理"这两个视域，我们会发现，鸡崇拜现象在西南各民族中也很常见。《苗族史诗》中的《铸日造月》《射日射月》叙说了公鸡请太阳的故事；云南武定禄劝的彝族喜欢戴公鸡帽，昆明近郊的

---

① 杜瑜丽：《大鹏金翅鸟与白族的金鸡崇拜》，《云南农业大学学报》2008 年第 2 期。

② 羊雪芳：《剑川石宝山歌会的历史文化内涵及其社会意义》，《民族艺术研究》2003 年第 3 期。

彝族撒梅人和红河南岸的彝族姑娘都戴鸡冠帽；彝族每逢节日，还有跳"公鸡啄架"舞的习俗；壮族也以金鸡为吉祥物；朝鲜族以及其他许多民族也有崇尚金鸡之俗。

由上观之，在大理乃至云南、西南地区，白族、苗族、彝族、壮族等民族都有金鸡崇拜的传统习俗。在这样一个具有久远历史和深厚民俗的"鸡"崇拜的文化氛围里，大理宾川鸡足山圣地更容易为各族群众所接受与认可，具备了广泛的信众基础。从后来出现的"鸡年朝鸡山"的习俗来看，云南鸡足山圣地的神圣性增加了一层鸡图腾崇拜的色彩。

第五章　明末清初云南鸡足山的大檀越

　　佛教圣地学关注在广泛的社会背景中解读一个佛教圣地的崛起，而不仅仅局限于佛教本身的材料。亨利·列斐伏尔《空间的诞生》在论述社会空间（物理和社会领域中的，我们每个人都生活在其中的空间）的时候说，空间的实践、空间的描述和具有代表性的地域，按照它们的内质和特征及社会和历史阶段的背景，以不同的方式共同促成了一个空间的诞生。[①] 根据亨利·列斐伏尔对于空间的理解，佛教圣地即一种社会空间，是由圣地本身的特质和社会历史条件共同酝酿而成的。大卫·奇德斯特和爱德华·T. 林赛尔在分析美国的圣地成因时认为，解读一个宗教圣地需要象征性的或神话取向的策略。早期的宗教研究中，更关注空间维度里的象征性的核心，近来已经调整过来，认识到每个核心都有它的边缘地带，而且边缘地带里还有相关的人和位置。因此，要研究核心和边缘地带在地理上的联系，就要考虑与圣地相关的政治的、社会的、经济的和权力的象征性联系等广泛的背景。[②] 类似地，我们在解读鸡足山圣地这个核心的时候，必须关注它的边缘地带社会大环境中的人和事。

　　在鸡足山圣地兴起的过程中，有佛教对鸡足山本土宗教的斗争与融摄，有广大信众对迦叶道场的信仰朝圣，当然更少不了官宦名士这些大檀越（施主）的重要参与。如果说广大信众是鸡足山佛教立足的广阔的土壤，那么，官宦名士的参与则是支撑鸡足山佛教圣地的主要支柱。正因为官宦名士的经济实力和影响力的护持，鸡足山佛教圣地的兴盛才有源源不

---

　　① Henri Lefebvre, *The Production of Space*, translated by Donald Nicholson, Wiley - Blackwell, 1992, p. 46.

　　② David Chidester and Edward T. Linenthal, *Amercian Sacred Space*, Introduction, Indian University Press, 1995, pp. 14—15.

竭的动力，他们捐资建寺、刻碑作传，为云南鸡足山佛教圣地的兴盛起到了关键性的作用。

第一节 丽江木氏土司与云南鸡足山

丽江木氏是纳西族。《木氏宦谱》中记述第一代祖先叫叶古年，这个纳西王是唐朝的一个军事官员，但除了名字，他的事功在历史上没有任何记载。元军进入云南时，木氏先祖阿宗阿良协助元军统一了云南，立下战功，封为"光禄大夫"，成为丽江土司。1382 年，明军进攻大理时，木氏首领阿甲阿得归附明朝，朱元璋大悦，把"朱"字去掉一撇一横成"木"，赐汉姓给纳西首领阿甲阿得。1383 年，朱元璋又颁旨封木氏"中顺大夫（文官四品），授乐子孙世袭土官知府，永令防固石门，镇御蕃鞑。"①木氏土司历元明清传 22 代，统治丽江 470 多年。

历代丽江木氏土司采取开放的心态，积极学习汉文化，实行多元宗教兼蓄并容的政策。明代丽江土司对佛教更是崇奉有加。"丽江土官自明朝开国以来，惟一檄而定，素不知兵，俗多好佛。常以金银铸佛，大者丈余，次者八九尺，再次之二三尺不等，如是罗列供奉。"② 明清两朝，木氏土司在滇西北地区建造了一批寺院，甚至布施远至山西五台山、浙江普陀山、四川峨眉山、安徽九华山等佛教圣地。丽江木氏土司与鸡足山的渊源在土司木公时期就开始了。木公于嘉靖六年至嘉靖三十三年（1527—1554）任丽江土知府，在他还没有莅政时就来到了鸡足山，感慨鸡足山山水佳乐，回丽江后即在玉龙山南十里建园五亩，植松种竹，为此作有《万松吟》；后再游鸡足山，撮其诗文集为《两游集》。土司木青于隆庆庚午年（1570）"游鸡足山，礼华守门，群鹫环集习次"。历代丽江土司中，木增佛学造诣最具创见，护法也最为得力。木增（1587—1646），字长卿，一字生白，号华岳；木得第十二世孙，万历二十五年（1597）袭土知府职。1617 年，木增向明朝廷请求并获准为他的母亲建造一座

① 张信：《传扬佛学的丽江木氏土司》，《今日民族》2008 年第 9 期。
② 刘茝等撰：《狩缅纪事》（外三种）之《明末滇南纪略·沐公顺贼》，浙江古籍出版社1986 年版，第 45 页。

寺庙，这就是鸡足山的悉檀寺。高奣映《鸡足山志》记载了这件事的经过：土司木增"于万历四十四年乙卯（1616）游鸡足山，修华严寺藏经阁，遂有祝国大建梵刹之志。于四十六年丁巳复至山，修悉檀寺，命普禅（即释禅）为住持。遣道源、道慈赴京并嘉与请藏。……盖木氏世尚浮屠法，而公独参最上乘，期于六根不动，一念无生，顿见本来面目"[①]。木增并为悉檀寺置庙产、定立寺规，悉檀寺遂成为鸡足山中丛林楷模。木增的后人，清初土司木懿、木尧曾经多次扩建复修悉檀寺。李霖灿先生1939 年 11 月拜谒鸡足山，记录了当时悉檀寺的盛况。他在《霖灿西南游记·鸡足山》中写道：

> 当我们步入悉檀寺山门的时候，心中悠然上回三百年……悉檀寺整个设计很有匠心，……一列高阶上立着第二道山门，厚拱红墙，并排三座有堡垒情味的拱门，古朴雄健，全鸡山无此格调。拾阶而登，南面而坐，可以看见西廊下的密集金刚，身佩骷髅带脚踏厉鬼皮，狰狞可怕，真是"现金刚面目，行菩萨心肠"，全鸡山亦是唯有悉檀寺有这种西藏风格的密宗塑像……进二道山门，过一个三面回廊的铺砖法院，这才到一个空阔的大庭院中，正殿就在负山而立，局势敞阔，匾额精雅……迎面一尊四丈高藏式铜佛，云当日确是由西藏运来，这工程真不小。铸像极佳，我略一瞻仰，悠然展拜在蒲团上，这是我在鸡足山唯一瞻拜的佛像。[②]

悉檀寺居高临下，进门是天王宝殿，主体是大雄宝殿，大殿每棵柱子的柱脚都放置了一块厚约一厘米且与柱子直径相等的铜板，是为了防止地面水汽上升侵蚀木柱。殿前是宽敞的石砌平台雨花台，为讲经说法之处；东面是大花园，花木繁茂，假山池塘，游鱼可数；西面是木太守祠，供木增塑像，祠中存《木氏宦谱》。万历年间，木增同释禅在悉檀寺内建万寿殿；崇祯二年，木懿同僧道源、道慈建法云阁、一衲轩。悉檀寺里还有很

---

① 高奣映：《鸡足山志》，侯冲、段晓琳点校，中国书籍出版社 2005 年版，第 248—250 页。

② 引自赵晓梅《寻找纳西先民的文化之脉》，《云南日报》2011 年 4 月 22 日文化周刊。

多铜制器皿，有铜铸圆形八卦大香炉、八卦大钟、大花瓶、铜油缸、打铜大锅等。① 木氏后代多次修缮，自寺建成后 300 多年，中间未曾有大的破坏。清中叶火灾，仅毁去厨房，寺院的主要建筑仍然完整。② 可惜悉檀寺毁于"文化大革命"时期，如今仅存残碑碎瓦了。

丽江木氏除了捐建悉檀寺之外，还在鸡足山上建有其他寺、塔等。诸本《鸡足山志》均有记载：

> 崇祯十三年（1640），丽江府知府木懿重修息阴轩。③
>
> 崇祯戊寅（1638），丽江府应袭木靖同悉檀寺僧道源、道真并建（尊胜塔院），中立尊胜塔，高六丈六尺，周匝禅室四十楹，制度宏净，颇堪讬胜散怀。顺治丙申（1656），木氏复捐资冶巨钟重二千余斤，晨夕钟声震响，一山精修之士藉以警动昏沉，即愚闇之夫亦可以震醒聋聩，实闻修之一助也。康熙己巳（1689），僧教绵、教立募化土官木樨孙土知府木兴重建。④

尊胜塔院是丽江土知府木靖捐资，悉檀寺僧人道源、道真创建。尊胜塔院建成后，"塔院秋月"便成为鸡足八景之一。诗人卢桂生为此赋诗《塔院秋月》："晴空万里碧于水，遥望岭头白云生。塔影孤悬深夜静，冰壶濯魄恍难名。"⑤ 大错和尚与朱昂各写过一首《尊圣塔院看落梅》；⑥ 另外，大错和尚还写了一首五言诗《尊圣塔院待月》。⑦ 可见塔院秋月成为文人名士流连驻足之处，沉吟歌咏的对象。此等美景也在"文化大革命"十年浩劫中香消玉殒了。1994 年，中国台湾省比丘尼道兴法师重建尊胜

---

① 宾川县地方志编纂委员会办公室编：《鸡足山志》，云南出版集团、云南人民出版社 2012 年版，第 114 页。

② 宾川县志编纂委员会编：《鸡足山志》，云南人民出版社 1991 年版，第 65 页。

③ 高奣映：《鸡足山志》，侯冲、段晓琳校，中国书籍出版社 2005 年版，第 205 页。

④ 范承勋：《鸡足山志》，杜洁祥主编：《中国佛寺史志汇刊》第三辑第一册，丹青图书公司 1985 年版，第 277—278 页。高奣映本《鸡足山志》卷 5 对范志稍作剪裁，见侯冲点校的高本《鸡足山志》，中国书籍出版社 2005 年版，第 205 页。

⑤ 范承勋：《鸡足山志》，常慧戊辰年（1988）翻印本，第 297 页。

⑥ 同上书，第 261、268 页。

⑦ 同上书，第 215 页。

塔院，更名为佛塔寺。佛塔寺中有新建的尊圣塔，为印度宝瓶式佛塔，高22 米，塔身圆表，外饰石灰。塔底的东南西北分别立有四大天王的彩绘石雕像，造型生动，姿态各异，重现鸡足山"塔院秋月"的美景。

第二节　姚安高氏土司与云南鸡足山

云南高氏的祖先，说法不一。《华阳国志》卷 4《南中志》《三国志》卷 33《蜀书·后主传》《资治通鉴》卷 70《魏纪二》中均有关于高定（一作高定元）的记载；根据《姚郡世守高氏源》《楚雄高氏族谱》《鹤庆高氏族谱》《高氏族谱——一宗枝图》《故世守鹤郡知府高侯行状墓碑志》（1403—1443）等记载，[①] 高氏祖先是高光或高定或高翔等。把史书和高氏家谱结合起来，可以得到一个大多数人认可的说法，即高氏祖先中高定是个关键性的人物。高定是蜀汉时越嶲夷帅，因参加了南中大姓联吴叛蜀，而被蜀相诸葛亮平叛时所杀，其幸免于难的子孙，由越嶲边境辗转逃到善巨（今永胜），凭借夷帅家庭的威望，逐渐成为滇西北一方土酋，后来大理国时期的高方即为高定后裔。[②] 高方辅佐段思平建立大理国，官封岳侯，移驻滇池附近地区。后来，除了高升泰做了短时期的"大中国"（大理地区政权的国号）的皇帝外，高氏累世为大理国相国，遍封高氏子侄于八府四郡。高升泰的嫡孙、高泰明之子高明清被封为统矢（姚安府）演习，此后世代承袭，为一方诸侯。元明清三代，高氏先后世袭姚安路总管、姚安府土知府、土同知、姚州土同知等，延续 700 余年。

姚安高氏注重学习汉文化，以儒学传家。明代李贽在《焚书》卷 3《杂述·高同知奖劝序高系土官父祖作逆》中称赞高金宸"高子年幼质美，深沉有智，循循雅饬，有儒生之风焉。其务世其家以求克盖前人者，尤可嘉也"。高奣映曾祖高光裕、祖父高守藩、父亲高䙊都崇尚儒学。高䙊追随南明永历皇帝，被封为"太仆寺正卿"。清顺治十五年（1658），高䙊护送永历皇帝逃亡至永昌（今腾冲），后来与永历帝走散。高䙊观天子势已去，迫于吴三桂的压力，为了家族命运，返回姚

① 参见伊利贵：《永胜高氏土司与"改土归流"》，《学理论》2010 年第 4 期。
② 芮增瑞：《三迤散记》，云南民族出版社 2006 年版，第 166—167 页。

安。高耀深受儒家思想影响，希望忠君报国，可是他生逢乱世，报国无门，于是在清顺治十六年（1659），从腾冲返回姚安的途中就决定将土同知印信交与长子高奣映，自己去鸡足山大觉寺，从无住禅师剃度出家了，更名悟祯，法号友山。高奣映后来在自己编撰的《鸡足山志》中为他的父亲写了一篇传记：

> 悟祯：先子法号友山。俗讳耀，字海岳，号青岳，别号芝山。年十六，悼二人之双逝，即如苫块礼，绝荤酒，乐善事，好施与，六十年不变。滇当沙逆变，弃家从黔国守白鹿城，迫卫黔国入永昌。及归，知天下事去，即栖止僧寺。……还，遂至大觉寺，请于水目无住禅师剃染。①

姚安高氏祖先与鸡足山的因缘在《鸡足山志》中还有记载：

> 嘉靖间，僧真山、真用同募奣映五十世祖齐斗建（慧幢庵）。万历二十年（1592），僧如海仍募奣映祖竹轩公置买常住，并合买庵地迁建，更名极乐。②
>
> 万历三年（1575），姚安土官高凤捐资建觉云寺，万历八年（1580），姚安知府李贽游山，即住寺内。③
>
> 僧人洪诏向姚安土官高凤募化修建万佛塔于迦叶殿前。④
>
> 万历三十年（1602），僧可全向姚安土官高齐斗募化，扩建更名为大觉寺。清康熙癸卯（1633），僧周壁、洪质、普宜、普开向姚安土官高耀募化，重建大殿廊房。⑤
>
> 万历己未，圆瑞募奣映曾祖重修（古松庵），再更为西竺寺。⑥

---

① 高奣映：《鸡足山志》，侯冲、段晓琳点校，中国书籍出版社 2005 年版，第 252 页。
② 同上书，第 206 页。
③ 宾川县志编纂委员会编：《鸡足山志》，云南人民出版社 1991 年版，第 63 页。
④ 同上书，第 59 页。
⑤ 同上书，第 64 页。
⑥ 高奣映：《鸡足山志》，侯冲、段晓琳点校，中国书籍出版社 2005 年版，第 202 页。

　　由上述记载可以理解高耀出家时首选去鸡足山大觉寺的原因，是因为大觉寺是姚安高氏祖先捐建的，可见高奣映的家族与佛教有着深厚的渊源。高奣映初接世职时，年十二岁，由母亲木氏代掌土司印信，未正式呈请袭职。直至 26 岁，即康熙十二年（1673），才奉准正式承袭姚安土同知世职。此后高奣映经历吴三桂叛清等乱世磨难，效仿其父，将世职交给了长子高映厚，自己归隐于今姚安西北部的结璘山，潜心治学。康熙十六年（1686），高奣映受名僧圣可印记，正式成为佛门居士，称"问米居士"。陈垣《明季滇黔佛教考》："高奣映，号雪君，姚安土知府。博学能文，著有《妙香国草》，增订《来氏易注》《等音声位合汇》《问愚录》诸书。父，明亡后为僧，奣映嗣，入清仍授世职。《滇南诗略》十六有奣映诗，其父为僧，其子亦受圣可玉印记。"① 高奣映与圣可禅师的交往事件有：康熙十三年（1674），值吴三桂三藩之乱，全蜀兵戈四起，华岩寺正建经楼，几不成，得高奣映相顾，数月而楼成；康熙十六年（1677），圣可与高奣映等过长江浴温泉；同一年，高奣映撰《华岩开山碑文》等。② 《锦江禅灯》中也有高奣映与华严寺僧人的机缘问答：

　　　　（高奣映）初到华岩，茶次问岩：古人道，如人在树，手不攀枝，足不踏枝，口衔树枝，若问祖师西来意，答则失命，不答违问，如何？岩以手指自己茶钟。了，又指士（即高奣映）钟，士从者即取钟斟茶。岩云：强将之下无弱兵。士云：何也？岩云：居士从者也会祖师西来意。士云：和尚以手为舌。岩云：居士以何为舌？士云：以舌为舌。岩作惊势。③

　　高奣映与佛教的因缘还表现在他的著作《金刚慧解》中。《金刚慧解》洋洋数十万言，是现存的高奣映的佛学代表性著作，表现出高奣映对佛学的精深造诣智慧发微。《金刚慧解》中，高奣映先引《金刚经》原

　　① 陈垣：《〈明季滇黔佛教考〉外宗教史论著八种》，河北教育出版社 2000 年版，第342 页。

　　② 清初高僧圣可禅师事略，2009 年 4 月。佛教导航网（http：//www.fjdh.com/wumin/2009/04/22393866154.html）。

　　③ 通醉辑，胡昇猷校订：《锦江禅灯》第 13 卷"提刑奣映高居士"。

文，然后逐字逐句地解释，并且在每一小段之后有自己的阐发。高奣映的挚友文化远为该书编定目次并作序。原书共 13 卷，云南省图书馆现存该书九卷。

民国《姚安县志·风俗·义举》中记载了高奣映生平好公益、喜施济、兴学厚俗、崇俭助婚、赙丧救急、养老助产、掩骼施棺等善举。高奣映还经常往来于大理、鸡足山和姚安之间，与社会名流、文人学士、高僧等交往。高奣映在鸡足山石钟寺建弥勒殿、楼阁暨门以内西方境、卧佛等像，① 又率子高映厚重修鸡足山金顶寺、与僧印彻鼎建鸡足山迦叶殿前楼等。② 康熙庚午年，高奣映承祖志，开拓慧幢庵（极乐庵），延僧普合主持。③ 高奣映在他自己编撰的《鸡足山志》中记载本人的护法行为无疑是真实的，其中有一段总结性的记述：

> 考之高氏遗牍，先祖竹轩公重价合买太平庵、地藏庵、斗姆阁，共建为净宁寺。爰所延之僧，法派各别，遂于寺内分为涌泉、宝莲二庵。继之则不相敦睦，将常住松林、冈阜盗卖，并先代所铸炉瓶、碑记，尽为僧毁，惟僧洪镜谨守斗母阁。先子太仆公不忍前烈隳废，渐次复之，因遗命奣映建慧幢庵，奉西天东土祖师，并奉诸山德行著闻之耆宿灵觉。奣映于康熙庚午，大为开拓，以美轮奂，并置常住田租，务盈羡僧人之衣钵。又置松林、橘园，匪特鹤巢可遍，犹且鹦鹉恣餐。至若木奴千头，可僧日读楚颂矣。今而后，则永无割裂之患。④

在高奣映当时可见的材料和现实记忆里，姚安高氏祖先为鸡足山佛教的护持可谓源远流长，绵泽高氏后人。其中提到高氏先祖所置寺庙田产被僧人盗卖，先代所铸炉瓶、碑记也被僧人尽毁，于字里行间渗透着痛心疾首之情。换个视角来看，这也说明了姚安高氏对鸡足山佛教的发展作出过很大贡献。

---

① 高奣映：《鸡足山志》，侯冲、段晓琳点校，中国书籍出版社 2005 年版，第 200 页。
② 同上书，第 199 页。
③ 同上书，第 206 页。
④ 同上书，第 206—207 页。

康熙四十年（1701），王之枢以翰林院侍讲提督云南学政，"搜山林之硕果，问石室之藏珍"，访名人，拜世贤，在云南学界有一定的声誉，后来在访游鸡足山之后，遂萌发组织编写《鸡足山志》的念头。回昆明后，专文通知姚安知府卫淇，要他代为礼聘高奣映赴鸡足山，撰修《鸡足山志》。高奣映应聘前往，并曾面谒王之枢。高奣映不负众望，在较短时间内完成《鸡足山志》。王之枢非常赞赏，亲笔题匾"德庸学邃"相赠。① 高奣映还有《等音声位和汇》《理学西铭》等著作。正是因为高奣映与鸡足山的殊胜因缘，才使得《鸡足山志》更加完备，流泽后世。

第三节　徐霞客与云南鸡足山

徐霞客（1587—1641），名弘（宏）祖，字振之。明朝南直隶（今江苏省）常州府江阴县人。徐霞客生活的明朝中后期，随着商品经济的发展，人们的思想日趋活跃，视野变得更加开阔，远游成为一种热潮，强有力地改变了士大夫固有的思维模式和价值取向，文人们不再闭门造车，坐而论道，而是纷纷走出书斋，走进大自然，旅行家辈出。游览过鸡足山的明代江南旅行家除了徐霞客之外，还有谢肇淛、王士性等。

徐家是"辟田若干顷，藏书数万卷"的江南望族，徐霞客的父亲徐有勉（1545—1604），字思安，号豫庵。耽于园亭水木之乐，常带着三五家童，或乘扁舟，或坐轿舆，往来苏杭之间，观赏湖光山色，品评甘泉新茗，悠然自得，旁若无人，拒绝入仕。董其昌《明故徐豫庵隐君暨配王孺人合葬墓志铭》云："盖公性喜萧散，而益厌冠盖徵逐之交。"徐霞客母亲心胸豁达、通情达理、乐善好施、勤俭谦让，在对待徐霞客远游这件事上，她卓异高标，超越俗见，对儿子说："志在四方，男子事也。即语称'游必有方'，不过稽远近，计岁月，往返如期，岂令儿以藩中雉、辕下驹坐困为？"② 为了使儿子不要像圈在篱笆里的小鸡、套在车辕上的小马一样羁留家园无所作为，她亲手为儿子制作远游冠，鼓励儿子到广阔的天地之间去增广见识，舒展胸怀，并要求儿子把所游名胜绘图带回来给她

---

① 陈九杉执笔：《高奣映评传》，云南人民出版社1995年版，第97—98页。

② 陈函辉：《徐霞客墓志铭》，见《徐霞客游记》附编，上海古籍出版社1982年版。

看。徐霞客年少即好奇书奇人，遍览星官地志、山海图经、佛道经典等方面的书籍，遂摒弃功名科考，许身山水。他在崇祯十二年（1639）九月十二日夜晚，与同样醉心于山水的史仲文对谈时，有一段话：

> 史君谓生平好搜访山脉，每被人哂，不敢语人，邂逅遇余，其心大快。然余亦搜访此脊几四十年，至此而后尽，又至此而后遇一同心者，亦奇矣。夜月甚明，碧宇如洗，心骨俱彻！①

这段话出自《滇游日记十三》，也是《徐霞客游记》接近尾声的位置，带有总结性的含义。从某种意义上说，可以看成徐霞客对自己许身山水的一种曲折的解释，从中可窥见徐霞客一生致力于山水考察的志趣与空灵高远的心境，同时亦有不为人理解的孤寂。

徐霞客与鸡足山结缘，除了明中后期崇尚"实学"时代背景下的旅游热潮、徐霞客家学渊源和个人志趣之外，还有一些事件起到了促进作用。在徐霞客西行之前，文湛持、陈继儒等人曾向徐霞客提及过鸡足山，陈继儒还写信给云南晋宁的唐大来和鸡足山僧弘辩和安仁，告知他们，友人徐霞客将游鸡足山，并希望幸善视之。另外，徐霞客在西游动身之前已经接触过鸡足山云游僧人，有过奇特的印象。徐霞客在《游庐山日记》载："……里许，翁然竹丛中得一龛，有僧短发覆额，破衲赤足者，即慧灯也，方挑水磨腐。竹内三四人，衣履揖客，皆慕灯远来者。复有赤脚短发僧从崖间下，问之，乃云南鸡足山僧。灯有徒，结茅于内，其僧历悬崖访之，方返耳。"② 这个鸡足山僧的形象，是徐霞客于万历四十六年（1618）八月在庐山汉阳峰慧灯龛看到的，心有所思，于是记录在游记中。由此可知徐霞客很早就对鸡足山有所耳闻，游历鸡足山是此次西游的主要目的，事实上也是徐霞客一生中远游的终点。

促成徐霞客远游鸡足山的另一个因缘来自僧人静闻。静闻是浙江天台迎福寺莲舟上人的弟子，徐霞客与静闻的结识，应该在万历四十一年

---

① （明）徐霞客：《徐霞客游记》，朱惠荣整理，中华书局 2009 年版，第 652 页。
② 同上书，第 18 页。

（1613）与莲舟上人同游天台山和雁荡山时。① 《光绪江阴县志·方外》载："静闻，迎福寺僧，禅诵垂二十年，刺血写《法华经》，以供鸡足山迦叶道场。同徐宏祖渡湘江，遇盗槃堕滩水，擎经于顶得不失，竟病创死。宏祖携其骨与经，问关万余里，瘗迦叶道场并为建塔。"② 范承勋《鸡足山志》亦载："……崇祯庚辰，将游鸡足，道经南京迎福寺，有僧静闻，亦慕鸡足之胜，徐遂携之同行，及至广西，静闻病且死，嘱公曰：我志往不得达，若死可以骨往。徐怜其志，因焚其尸，取骨贮于木匣，负之入滇。及至山，止悉檀寺，欲于山中乞地葬之，以了其游山之志，寺僧仙陀高（疑为"等"之误）共议，为卜地葬于文笔山之阴，建塔墓上。"③ 这些记载与徐霞客本人的《徐霞客游记》基本一致，从崇祯丙子（1636）九月十九日与静闻初次乘舟夜游于土渎庄始，至崇祯丁丑（1637）九月二十三日诀别（别后第二日静闻在广西南宁崇善寺离世了）止，静闻与徐霞客同游一年多时间，游历了浙江、江西、湖南、广西四省。④ 为了完成静闻葬身鸡足山的遗愿，徐霞客背负静闻的骨殖，继续前行，终于到达鸡足山。

　　徐霞客第一次登临鸡足山的时间是崇祯十一年（1638）十二月二十二日，二十六日在悉檀寺僧弘辩、安仁、仙陀、纯白等人的帮助下，将静闻遗骨安葬在文笔山之阴，同时还筑塔、刻碑铭文，完成了静闻的遗愿。（今天的鸡足山上还有静闻塔和静闻精舍）徐霞客第一次登上鸡足山的一个月时间里，游访了鸡足山上主要的寺院、庵室，游历了鸡足山的主要山峰涧壑、林泉洞石，足迹几遍全山，从而初步领略了鸡足山的概貌。此后，徐霞客应木增之邀去丽江。徐霞客第二次登上鸡足山的时间是崇祯十二年（1639）八月二十二日，住悉檀寺，至九月十四日前仍游走于大觉寺、寂光寺、华严寺、玉龙阁和九重崖等处，九月十四日以后，记游停

---

① （明）徐霞客：《徐霞客游记》，朱惠荣整理，中华书局 2009 年版，第 1、5 页。

② 《光绪江阴县志》，《中国地方志集成·江苏府县志辑 25》，江苏古籍出版社 1991 年版，第 621—622 页。

③ 范承勋：《鸡足山志》，常慧戊辰年翻印本，第 107 页。

④ 静闻的死因，明代的钱谦益《徐霞客传》和陈函辉《徐霞客墓志铭》都说静闻"被创"而死，当代有人据《徐霞客游记》分析：静闻在湘江遇盗被创伤后同游至桂林，没有被创后的病痛记录，且与徐霞客一同跋山涉水、登高探险，登真宝顶、过海阳山、游桂林、阳朔诸名胜等；另外，从静闻所服的药有"觅菖蒲、雄黄、益元散"等来看，都不是治疗创伤肿痛之药，从而得出的结论是：静闻死于痢疾。见黄权才《静闻禅师死因之分析》，《广西师范学院学报》2003 年第 2 期。

止。季梦良补注说："王忠纫先生云：'自十二年九月十五日以后，俱无小纪。'余按公奉木丽江之命，在鸡山修志，逾三月而始就。则自九月以讫明年正月，皆在悉檀修志之日也。"[①] 徐霞客由于长年累月地长途跋涉，积劳成疾，后来以至于"不良于行"。徐霞客在鸡足山上治疗足疾的同时，仍坚持修完《鸡足山志》。因为足不能行，木增派人把徐霞客抬到黄冈，然后乘船回到江阴。第二年徐霞客病逝于家中。

徐霞客两次登临鸡足山，在山上驻足五个月有余。鸡足山是他一生中游历时间最长的一座名山，也是他一生远游里历程的终点，灵山神韵铸就了徐霞客生命最后的辉煌。徐霞客在鸡足山上的五个月里，以悉檀寺为中心，足迹几乎遍及鸡足山的峰谷林岩、瀑泉涧壑；探访过鸡足山上的每一处寺院殿阁、静室庵堂；舍身崖上孤影孑了，昭示着勇者以险为乐的奇人奇境；狮林道上坚毅独行，留下当年他坚实的脚印……通过实地考察，探明鸡足山山脉水源，取得了第一手材料，矫正了一些讹传。

（崇祯十二年）正月十二日，……抵河南师静室。……比入庐，见师，人言其独栖，而见其室三侣；人言其不语，而见其条答有叙；人言其不出，而见其把臂入林，亦非块然者。[②]

其（天竺寺）北涧自仰高亭峡中下，其南涧又从西支东谷屡坠而下者，夹圣峰之支，东尽于此。王十岳游记以圣峰为中支，误矣。[③]

徐霞客以自己的耳闻目睹，揭穿先前的一些关于河南师独栖、不语、不出的传闻；在第二则材料中徐霞客说王士性以"圣峰为中支"的提法是错误的，对照范本、高本和宾川县志编委会版的《鸡足山志》，均未找到王士性说"圣峰为中支"的语句或者相近的句子，不知徐霞客所据若何，有待进一步考证。

徐霞客从保护生态环境的角度出发，反感鸡足山上人为破坏、糟蹋自

---

① （明）徐霞客：《徐霞客游记》，朱惠荣整理，中华书局 2009 年版，第 653 页。
② 同上书，第 499 页。
③ 同上书，第 651 页。

然景观的现象。徐霞客怅恨西来寺僧人以山洞当作马厩、借山峡用作投薪溜木的捷径等大煞风景的行为，[①] 对于文人墨客在华首门石崖上的胡乱涂鸦，徐霞客也深恶痛绝。华首门石崖本来已镌有王士性的诗偈，然而有位倪按院大书"石状奇绝"四字横在其上，徐霞客讽之曰："其效颦耶？黥面耶？在束身书'石状大奇'，在袈裟书'石状又奇'，在兜率峡口书'石状始奇'。凡四处，各换一字，山灵何罪而受此耶？"[②]

　　灵山圣地，更有人文。徐霞客与鸡足山上僧侣广交朋友，谈禅论道，切磋交流，视如莫逆，如遍周、弘辨、安仁、兰宗、仙陀、纯白、体极等。从这些山中宿僧口中得到很多关于鸡足山的背景和掌故，"薄暮，兰宗复来，与谈山中诸兰若缘起，并古德遗迹，日暮不能竟"。[③] 徐霞客还参与鸡足山上僧人的礼佛、参禅活动，对佛门中事有了更直接的体验。除此以外，徐霞客还非常重视收集整理金石碑刻。在还没有意识到要编撰《鸡足山志》之前，徐霞客第一次到鸡足山时就开始寻访古碑、抄录碑文了。崇祯十一年十二月二十九日，徐霞客在兰陀寺抄录碑文，当天没有抄完，于是就让顾仆把卧具取来，睡在兰陀寺，第二天录完碑文才离去。[④]在接下来的春节期间，从正月初二至初十的 9 天间，徐霞客有 5 天时间在抄录碑文。时值寒冬，山上气候奇寒难耐，徐霞客或"偃居而录"；或因光暗"蜗竹为炬"而录；"风撼两崖间，寒凛倍于他处，文长字冗，手屡为风所僵"。[⑤] ……徐霞客在鸡足山上考察山水地理、寺庵建筑，收集和整理人文资料的时候，并未确定将来要撰写《鸡足山志》，而是出于"问奇于名山大川""穷究山经水脉"远游考察的初衷，但客观上为撰写《鸡足山志》做好了充分的准备工作，因此，季梦良说徐霞客在足疾缠身的状况下，在短短的三个月内即完成了《鸡足山志》的撰写是可信的。

　　徐霞客《鸡足山志》已失，现在能见到的可靠的材料是《徐霞客游记》中所附的《鸡山志目》和《鸡山志略一》和《鸡山志略二》，但仅有目次，没有详细内容；其次是高奣映《鸡足山志》中多处引用过徐霞

---

① （明）徐霞客：《徐霞客游记》，朱惠荣整理，中华书局 2009 年版，第 491 页。
② 同上书，第 487 页。
③ 同上书，第 490 页。
④ 同上书，第 488 页。
⑤ 同上书，第 498 页。

客《鸡足山志》的内容。在徐霞客《鸡山志目》中明确是八卷，[①] 范承勋《鸡足山志》、高奣映《鸡足山志》均称徐霞客"创稿四卷"。对比后世的《鸡足山志》目录与徐霞客的《鸡山志目》，其基本框架是一致的，可见徐霞客创修《鸡足山志》的筚路蓝缕之功，对后世影响甚大。[②] 范承勋《鸡足山志·序》："僧曰：昔曾有志，创于徐弘祖，辑于僧大错。叠罹兵燹，板为火毁，旧本散失无存。间有存者，亦不无不纯不备之感。余以巡历事迫疾驱去之。今年春，忽寺僧持旧志残篇至，且请增修。余思此山为滇西名胜，不可无纪，退食之暇，聊为删其芜陋，补其阙略，付寺僧梓之。"[③] 与范承勋同时代的高奣映说："《鸡山志》昔为徐宏祖霞客草创。迨成于大错和尚之手，当兵燹之际，惟祈成书，未暇构精笔墨也。今本兵尚书范苏公先生曩制滇时，厌恶札之淆漓，欲撮醇去疵，再思翻刻。乃僧惧删其旧，悉取大错之志一字不移而刻之。"[④] 范承勋自序中说《鸡足山志》是自己在大错和尚残志的基础上增修而成的，高奣映则认为范本《鸡足山志》只是大错和尚《鸡足山志》的"一字不移"的重刻而已。尽管有分歧，但从二人的叙说中可以得知《鸡足山志》编撰情况：徐霞客创修《鸡足山志》之后，大错和尚有所充实，成八卷；范承勋又在大错的基础上增加了一些内容，成十卷；高奣映又在范本的基础上，增修为卷首外十三卷。此外，还有近代赵藩、李根源合辑的《鸡足山志补》四卷、宾川县志编纂委员会编纂的两本《鸡足山志》（1991 年版、2012年版）。迄今为止，《鸡足山志》共修了七次，除前两部志无存外，其他五部均存世。

　　徐霞客作为明末一位奇人，与佛教圣地鸡足山的结缘，可谓是有佛缘、地缘和人缘，众缘和合，乃造就了徐霞客远游科考最后的辉煌成果，鸡足山也因为《徐霞客游记》的流传而为更多人所了解和认识。奇人与

---

① 徐霞客《鸡山志目》中八卷的名称依次是：真形统汇、名胜分标、化宇随支、化宇随支、化宇随支、神迹原始、宰官护法、艺苑集成。

② 著名学者杨慎于嘉靖二十一年（1542）畅游鸡足山，住摩尼庵，着手修山志，后稿随庵焚，终未成书。

③ 范承勋：《鸡足山志》，常慧戊戌年（1988）翻印本，第 6 页。亦见于杜洁祥主编《中国佛寺史志汇刊》第三辑第 1 册《鸡足山寺志》，台北丹青图书公司 1985 年版，第 20—22 页。

④ 高奣映：《鸡足山志》，侯冲、段晓琳点校，中国书籍出版社 2005 年版，第 9 页。

圣地的因缘，演绎出世间一段传奇人生；徐霞客与鸡足山，奇人伟岸与灵山神韵的融合，两者相得益彰。

第四节　明清时期士人居鸡足山读书的风尚

明政权在云南大兴儒学，官学和私学并举，有庙学、书院、私塾、社学等多种形式，读书之风熏染西南边地。明代云南学子除了在上述教育机构里读书学习之外，还有一种风尚就是在佛教寺院里读书。从《徐霞客游记》中可以看到这方面的记载：

> 余先入旧寺，见正殿亦整，其后遂危崖迥峭，藤木倒垂于其上，而殿前两柏甚巨，夹立参天。寺中止一僧，乃寄锡殿中者，一见即为余爇火炊饭。余乃更衣叩佛，即乘间东登朝阳。一头陀方曳杖出庵门。余入其庵，亦别无一僧，止有读书者数人在东楼。①
>
> 有一庵当悬冈之中，深竹翳门，重泉夹谷，幽寂窈窕。惜皆闭户，无一僧在。又下，始为法界正殿。先入殿后悬台之上，其殿颇整，有读书其中者，而主僧仍不在。②
>
> 二十七日晨起，寒甚。余先晚止录一碑，乃殿左者，录未竟，僧为具餐，乃饭而竟之。有寺中读书二生，以此碑不能句，来相问，余为解示。③
>
> 其寺高悬于玉案山之北陲边缘，寺门东向，斜倚所踞之坪，不甚端称，而群峰环拱，林壑潆沓，亦幽邃之境也。……问其为谁，则严姓，名似祖，号筑居，严冢宰清之孙也。为人沉毅有骨，淡泊明志，与其侄读书于此，所望墙围中静室，即其栖托之所。……余见公趾辈同前骑妇坐正殿东厢，始知其妇为伎而称觞者。④

前两则材料出自《徐霞客游记》之《滇游记三》，依次是徐霞客经过

---

①　（明）徐霞客：《徐霞客游记》，朱惠荣整理，中华书局 2009 年版，第 426 页。

②　同上书，第 437 页。

③　同上书，第 457 页。

④　同上书，第 463—464 页。

的曲靖朝阳庵和嵩明法界寺；后两则材料出自《滇游记四》，分别是安宁曹溪寺和昆明筇竹寺。从徐霞客的记述来看，寺庵中的读书者不是僧侣，而且在寺庵中还有固定的"栖托之所"，可见他们不是偶尔来寺院消遣游玩的，那么，最有可能的情况就是经济条件较好的学子给寺院布施，从而被许留寺读书，换句话说就是租用寺庵作为读书之所。"天下名山僧占多"，寺院的环境幽静，远离尘嚣，应该是读书的好地方。当然，也有例外，徐霞客在筇竹寺里看到了令他反感的现象：金公趾邀友在寺院里酒肉宴饮，并且还有歌姬在场！尽管徐霞客了解到筇竹寺是金公趾的护施之所，住持体空有些身不由己，徐霞客虽未着一字评语，但在字里行间还是隐藏着不屑之意。

这种居山寺读书之风在鸡足山上同样亦有遗迹，高本《鸡足山志》载有：

杨黼先生修真洞

释曰：罗汉壁西，危崖盘曲。杨存诚其讳黼，读书桂楼上，人咸以桂楼为称。事父母孝，博学，多所著述。去家隐居于此二十年，默识心通，年八十仙去。一日，辞其党里朋亲，一时毕至。迨次之日，人从滇南道上见之。又次之日，人从贵州道上见之。著《篆隶宗源》《桂楼集》。[①]

杨慎，杨字用修，号升庵，新都人，太师廷和子。正德庚辰成进士，殿试状元，授修撰。以嘉靖议大礼谪云南，于嘉靖四十一年壬戌，与永昌张愈光订游鸡足山。久待不至，先生毅然有住山修志意。所著鸡山诗文一帙，计八十七叶。适寓之牟尼庵焚，遂尽毁焉。[②]

中溪先生读书处

释曰：先生微时，断齑划粥，景范希文读书于常白山，曰：鸡足即吾之常白山矣。遂弃家读书于妙高台之宾苍阁，十八年足不履异地，心不驰外务。迨嘉靖丙戌成进士，选馆阁。归，亦弃家，朝夕于鸡山游衍，信佛法，精于内典。其自谓曰：余于正德间常刻志筑室，

---

① 　高奣映：《鸡足山志》，侯冲、段晓琳点校，中国书籍出版社 2005 年版，第 192 页。

② 　同上书，第 246 页。

读书于此。其后御史孙愈贤为之建碑曰：中溪先生读书处。其碑在宾苍阁右，今则荆榛满目，惟具蠹鱼之癖者。当风晨月夕，如闻先生读书声焉。①

李卓吾先生谈禅楼

释曰：先生温陵人，官姚安太守。于万历六年戊寅，因巡按调榆、鹤、姚三府，会剿北胜蛮贼机宜，按君延于永昌府，故先生得久游于鸡足。寓大觉寺，与水月禅人论净土法门，遂作《念佛答问》。又与同官论《二十分识》《六度解》《四海说》等，皆于二观楼所成者。先生《南城草》并《初潭忆旧集》中，其文足据。宪副章尔佩题其楼曰：李卓吾先生谈禅之楼。今以二观之名，移于寺左，雾篆甘霖即在其下。②

陶不退先生临摹室

释曰：不退先生，姚安人。年十八即副公车。屡科北负于礼闱，遂读书于楞伽室，日以临摹苏、米诸古体为事。一日梦掌中书楞伽二字，书学遂大进。至万历庚戌，始成进士第。传括苍先生宗龙始生之年，即先生中乡榜之岁。十九年后，乃为公甲科同年。括苍亲笔书楞伽室曰：陶不退先生临摹之室。其同年之相与景行如此。③

以上高奣映《鸡足山志》中记载在鸡足山上读书、修行的五位明代名士，以时间先后为序，依次是杨黼、杨慎、李元阳、李贽、陶珽。其中李元阳和李贽与鸡足山的因缘，前文已有论及，兹不赘述。杨黼、杨慎和陶珽与鸡足山的结缘，以下分述之。

杨黼（1370—1455），字存诚，号桂楼，永乐年间太和人，明代著名的白族文学家、诗人、书画家、思想家。杨黼"力学志道，不言人过"，隐居桂楼，性至孝，注孝经，工篆籀，好作诗。杨黼在民间被看作是儒、释、仙"三位一体"的人物，他的故事在大理白族民间喜闻乐道，世代相传，受人尊崇、仰慕，称之为杨黼先生。上述引文中记载的杨黼居鸡足

---

① 高奣映：《鸡足山志》，侯冲、段晓琳点校，中国书籍出版社 2005 年版，第 193 页。

② 同上。

③ 同上。

山罗汉壁崖穴中读书静修二十余年的故事广为流传。

杨慎（1488—1559），明正德六年（1511）状元，授翰林院修撰。嘉靖三年（1524），明世宗加封其生父兴献王帝号，杨慎参与"哭谏"，被流放充军云南三十多年。在滇广交朋友，与大理李元阳等人交往密切，曾数次与李元阳等文人上鸡足山，饱览佳山秀水，在悉檀寺与山僧吟诗酬唱。《鸡足山志》里就收录了他的许多吟咏鸡足山风光的诗文。在大理期间，他相约保山文人张含到牟尼庵，因张含失约，杨升庵决定常住庵中，整理搜集山中的资料，编撰《鸡足山志》，不幸庵中失火，志稿被焚，升庵叹息数声，题诗一首于残墙，离开了鸡足山。由此可知，有意撰写《鸡足山志》第一人乃是杨慎，可惜的是其志稿被焚，未传半字。

陶珽，号葛闳，晚悦禅，又号不退，姚安府人。上述引文中说他考中进士前，多次上鸡足山读书于白井庵、大觉寺，还在楞伽室临摹书法。后来陶珽、陶珙与彻庸周理合作编撰了《曹溪一滴》。陶珙在《曹溪一滴·缘起》中说彻庸禅师："欲为吾滇从前大善知识出些子气"，开创云南僧传之先河。

第六章　明末清初云南鸡足山
的寺院与寺田

"不依国主，则法事难立。"南北朝时期的僧人道安开始意识到方外之士仍在王土之内，佛教在中国的立足与发展，离不开王权的支持和护佑。虽有"沙门不敬王者"的超然与孤傲，但佛法不离世间，佛教的生存与发展不可能脱离特定的社会环境。具体地说，佛教在中国的命运与王权息息相关。纵观中国佛教史，佛教在中国的大发展和大"法难"都是王权崇佛和禁佛的结果。缩小到一域，云南鸡足山佛教的发展也是一样的道理。明末清初，上至中央政权，下至本土官宦士人对云南鸡足山的册封与捐资，奠定了云南鸡足山坚实的经济基础。因此，云南鸡足山才会有规模宏大的寺院群体和广阔的寺院田产，支撑起一座新佛教圣地的庄严法相。

第一节　明中央政权对云南鸡足山的赐藏册封

云南鸡足山在明代的兴盛，与明代中央政权的赐封有着密切的关系。兹据高奣映《鸡足山志》，制表（6—1）。

表 6—1　　　　　　明代中央政权对鸡足山佛教的赐封简表

名　　称	主　要　内　容	时间
谕华严寺敕	兹者圣母慈圣宣大明肃皇太后，命工刊印续入藏经四十一函，并旧刻藏经六百三十七函，通行颁布本寺。尔等务须庄严持诵，尊奉珍藏。	万历十四年九月初一日

续表

名　称	主　要　内　容	时间
神宗皇帝奉慈圣太后懿命免条编杂赋敕	兹恭承圣母慈圣宣大明肃皇太后懿训,命将云南鸡足山年纳大理府直隶北胜州粮税一千二百八十四石,所有条编、丁差、杂款,悉行豁免。	万历十五年八月十六日
慈圣宣文明肃贞寿端献皇太后谕大觉寺懿旨	特命遣内宫近侍太监陈相传,与敕赐芦芽山护国永慈寺禅僧福登、本安,赍持藏典,兼以幡首、供赍,特送云南地方鸡足名山,永为供奉,以延国祚,福庇黔黎。	万历十七年十月十五日
谕放光寺敕	今特差御马监左监丞高登赍诣,前去彼处供安,各宜仰体知悉。	万历二十九年九月二十六日
谕悉檀寺敕	兹者朕嘉善道可依,念传布之未广,爰命所司印造全藏六百七十八函,施舍在京及天下名山寺院,永垂不朽。	天启四年七月初六日
又皇帝敕谕	云南大理府宾川州鸡足山祝国悉檀禅寺住持、僧录司左善世释禅及僧众人等,朕惟尔地僻在南滇,北邻西竺,崇尚佛教,自昔已然。兹以木增奏称伊母罗氏,夙好修持,捐资建寺,护国庇民,命僧释禅虔恭护持,奉请藏经。该部议复,特允颁赐。	天启四年七月初六日
赐寂光寺为护国兴明寺敕	赐额寂光,为护国兴明寺。其余在山七寺及大小七十余所丛林,尘尘刹刹,法法如如。三乘经禅,宜遵参学;一切僧行,务守威仪。共饮佛光,各持道力。	永历十二年七月　　日

资料来源:高奣映:《鸡足山志》,侯冲、段晓琳点校,中国书籍出版社 2005 年版,第 365—368 页。

从时间来看,明中央政权对云南鸡足山寺院的赐封,万历年间有四次;天启年间有两次;永历年间有一次。万历年间赐封的次数最多,这与鸡足山在明嘉靖至万历年间鼎盛的时间也是吻合的。从赐封的对象看,有华严寺、大觉寺、放光寺、悉檀寺、寂光寺等。从赐封的内容看,主要是赐给经藏和物品、赐封寺庙名称、优免政策等。《神宗皇帝奉慈圣太后懿命免条编杂赋敕》免除了鸡足山每年缴纳北胜州的粮税一千二百八十四石及所有条编、丁差、杂款，也就是说从万历十五年（1587）以后的相当长的时间内，鸡足山佛教获得了充分发展的经济基础和政策保障，这也是鸡足山在明万历年间渐趋鼎盛的外在条件。明中央政权对鸡足山寺院的赐封和优待，当然不仅仅是纯粹出于弘扬佛法的目的，而是有借佛教"以延国祚，福庇黔黎"的政治目的，但客观上提高了鸡足山佛教圣地的地位，夯实了鸡足山佛教发展的经济基础，无疑是云南鸡足山佛教圣地兴盛的一个重要因素。

第二节　明及清初云南鸡足山的寺院

云南地方官宦中，除了丽江木氏、姚安高氏之外，还有很多官宦名士也为云南鸡足山佛教圣地的发展作出了很多贡献，主要表现为捐资建寺和捐献田地给寺院作为寺田（下一节详述）。这些资料散见于《鸡足山志》中：[①]

> 永乐间（1403—1424），内监商允福同僧普焰重修福圆寺，后毁。嘉靖二十二年（1543），僧致学募李元阳重修，遂移于今址，后废。（高奣映著：《鸡足山志》，侯冲、段晓琳点校，中国书籍出版社2005年版，第202页，以下简称高《志》）
>
> 弘治间（1488—1505），僧明正募洱海土县丞杨玉蕴建白石庵。（高《志》，2005：209）
>
> 正德（1506—1521）年间，永胜土官高世懋与僧圆成建铜瓦殿。万历（1573—1620）年间中丞唐时英及李元阳先后加以扩建，并立碑为记。（宾川县志编纂委员会编：《鸡足山志》，1991：57，以下简称宾《志》）
>
> 嘉靖（1522—1566）初年，僧真圆从南京来鸡足山建庵，人称

---

① 侯冲先生做过梳理，在此基础上加以补充整理而成。参见侯冲《云南鸡足山的崛起及其主要禅系》，印顺主编《虚云法师与鸡足山佛教》，宗教文化出版社2008年版，第329—339页。

"南京庵"。后来黔国公捐资命张、郭二总管扩建为华严寺，丽江土知府木增建藏经阁，云贵总督蔡毓荣、巡抚王继文都为华严寺题写过匾额。（宾《志》，1991：62）

嘉靖（1522—1566）初年，李元阳同僧性玄创建传衣寺。（高《志》，2005：201）

嘉靖四年（1525），僧昌玉同阿国祯建铁瓦殿。（高《志》，2005：211）

嘉靖丙午（1546），僧圆惺同李元阳创建放光寺。崇祯年间，阁山耆宿募邓川土知府阿尚夔修阁，以贮藏经。（高《志》，2005：202）

嘉靖丁未（1547），僧可解募李元阳重修大士庵。（高《志》，2005：206）

嘉靖壬子（1552），邓川土官阿子贵与僧圆庆建迦叶殿，阿国祯重修；万历壬子（1612），阿岑增修。（宾《志》，1991：59）

嘉靖甲寅（1554），僧明玉、李元阳创建千佛寺。（高《志》，2005：202）

嘉靖三十七年（1558），苏鹏程、杨舟与僧本贴建寂光寺；万历（1573—1619）年间僧儒全向童指挥募化重修。（宾《志》，1991：61）

嘉靖己未（1559），李元阳同僧真炳创建净云庵。（高《志》，2005：208）

嘉靖甲子（1564），僧悟学募李元阳重修龙华寺。嘉靖丙寅（1566），彭文学建潮音阁。（高《志》，2005：202）

嘉靖（1522—1566）年间，大理府经历卞对扬建怀恩寺。（高《志》，2005：204）

嘉靖（1522—1566）年间，大理李元阳创建普光殿。（宾《志》，1991：52）

万历（1573—1620）初年，僧真悟向阮尚宾募化重建八角庵。（宾《志》，1991：72）

万历壬辰（1592），威远州土知州刁虔重修净觉庵。（高《志》，2005：206）

万历己亥（1599），周懋相与僧性来建饮光双塔于华首门前。（宾《志》，1991：57）

万历己亥（1599），僧性来募周懋和建饮光双塔，太子阁正居其中。（高《志》，2005：213）

万历二十九年（1601），郭子荣重修观音寺。（高《志》，2005：203）

万历癸卯（1602），御史宋兴祖立灵山一会坊。（高《志》，2005：224）

万历癸卯（1602），僧明悟建曹溪庵。御史宋兴祖重修。（高《志》，2005：209）

万历己巳（1605），御史沈正隆建大士阁。（高《志》，2005：211）

万历壬子（1612），宪副冯时可为僧释禅建息阴轩。（高《志》，2005：205）

万历丁巳（1617），僧通文募邓川庠生张瓒建翔龙寺。（高《志》，2005：204）

万历己未（1619），直指使潘浚建观风阁。（宾《志》，1991：52）

万历（1573—1620）年间，御史周懋相建仰高亭。（宾《志》，1991：78）

万历（1573—1620）年间，僧默庵先建止止庵于般若庵下，李元阳、杨如樟迁于今处，遂改名雷音寺。（高《志》，2005：203）

天启元年（1621），僧如江募洱海土县丞杨如樟重修净云庵。（高《志》，2005：208）

天启六年（1626），宾川知州蒋尔第建观瀑亭。（宾《志》，1991：78）

天启丁卯（1627），直指使朱泰贞建天长阁。（宾《志》，1991：52）

崇祯丁丑（1637），直指使张凤翮在天柱峰顶善雨亭，黔国公沐天波把昆明太和宫铜铸金殿迁置天柱峰，[①] 同时废普光殿，新建金顶

---

① 黔国公沐天波因信"金克木"之说，同意将昆明太和宫金拆卸后运往鸡足山，重新组建于天柱峰顶。

寺。（宾《志》，1991：52）

崇祯己卯（1639），直指使涂必泓建景星亭。（宾《志》，1991：52）

崇祯癸未（1643），吏部员外曾高捷延僧圆彩建白云居。康熙辛亥，僧妙熏同伊孙孝廉曾学祖重修。高捷晚年祝发隐修于此。（高《志》，2005：205）

隆武丙戌年（1645），僧正用募吏部员外曾高捷迁址重建弥勒院。（高《志》，2005：205）

明末，洱海道何闳中、吏部郎中曾高捷同八大寺重修御藏阁。（高《志》，2005：210）

康熙辛亥（1671），僧文波向顺宁杨知府募化重修放光寺。（宾《志》，1991：67）

康熙丙寅（1685），僧教盛、真行募鹤丽总镇王珍重建念佛堂。（高《志》，2005：217）

康熙三十一年（1692），云贵总督范承勋、提督诺穆图重建天一阁。（宾《志》，1991：53）

以数量来看，李元阳无疑捐建的寺庵最多，前文已经论及。从僧人募化的对象来看，有洱海县丞、永胜高氏土司、黔国公沐氏家族、邓川土知府、威远土知州、御史、直指使、宪副、吏部员外、商人，等等。以上诸多事例，可以说明以下四个方面：

首先，明代云南鸡足山佛教圣地的兴盛与本土土司土官世家、官宦名士的大力护持密不可分。官宦名士护持鸡足山佛教的模式大都是一样的，即由僧人向官宦名士募化。当然，这里不可轻视僧人为弘扬佛法，坚韧不拔、艰苦卓绝的努力，正是有了这些僧人的发心和精进，才有鸡足山佛教的薪火相传。其次，云南鸡足山僧人募化的对象大多是官僚、名流、商人等，这些人大都有雄厚的经济基础，能够为鸡足山佛教的发展提供资金支持。再次，云南鸡足山作为迦叶道场的地位日益深入人心。云南本土的官宦名士护持鸡足山的一个前提是他们对佛教的信仰或亲近，愿意为鸡足山佛教捐资助建，购置寺产。这个前提的前提是苍洱地区悠久的佛教传统，人心向佛，相信布施会有好的果报，愿意为自己和家族将来兴旺发达作出投资；再加上鸡足山作为迦叶道场的确立及传播，于是在明代形成了以鸡足山为中心的滇西汉传佛教信仰圈。最后，云南鸡足山圣地鼎盛的时间是在明嘉靖至万历年间。从官宦名士的护持活动的纵向时间来看，鸡足山上大规模的建寺造庵的时间集中在明嘉靖和万历年间。这在时间上也符合云南鸡足山佛教圣地兴起的逻辑顺序：云南鸡足山佛教圣地在明初开始成名，经过一百年左右的发展和积累，终于在嘉靖至万历年间修得正果，成就了云南乃至东南亚的一座新的佛教圣地。

第三节　明季云南鸡足山的寺田面积

众人拾柴火焰高。正因为有了僧俗两方面的共同努力，才会有云南鸡足山佛教圣地的兴盛。云南鸡足山佛教圣地的发展和兴盛离不开经济基础的支撑。因此，了解明季云南鸡足山寺田规模，可以分析云南鸡足山佛教圣地发展的经济层面的因素，同时也可以见证明代中后期商品经济的发展对云南鸡足山佛教圣地兴盛的促进作用。

范承勋在《鸡足山志序》说：

> 至于山寺土田，多在宾、邓二州间。盈缩无常，增损不一。其田粮赋役，自有有司主之，志内俱略而弗载，惧混也。[1]

由范承勋的话可以推知，原来大错的《鸡足山志》有鸡足山寺田、租税方面的记载，可惜被范承勋删掉了。明洪武二十四年（1391）七月发布的《申明佛教榜册》和二十七年（1394）正月颁行的《榜示僧教条例》中规定，钦赐田地，税粮全免；常住田地，虽有税粮，仍免杂派；僧人不许充当差役。[2] 可见明代寺院田产是享有一定特权的。明代寺院寺田的来源有皇家钦赐的，有檀越施舍的，也有寺院僧人购买的。从现存的部分明代鸡足山寺庵的常住碑记来看，鸡足山的寺田来源主要是后两种情

---

① 范承勋：《鸡足山志序》，高奣映《鸡足山志》，侯冲、段晓琳点校，中国书籍出版社2005年版，第7页。

② 任宜敏：《明代佛教政策析论》，《人文杂志》2008年第4期。

况。出家人遁入空门，追求的是超然脱俗的彼岸世界，寺院为什么热衷于置买田地呢？从《鸡足山石钟寺常住田记》可以找到这样的答案：

> 鸡足，天下名山也。……缘以旧无常住，僧之去就莫能长久。近有本处檀信王嵩、李奴、董俊、王庆等，永乐辛卯岁，于炼洞甸公共出力开荒，得田一段，计若干亩，喜舍置为本寺常住。……本寺住持古嵩，守道心坚，见地明白，因念岁时大革，人物变迁，恐有无知果报之人，侵占常住，遂偕诸檀信过于书舍，因徵予言，将前田亩勒诸碑石，以示方来。予曰：然，是所当言也。寺以永隆香火，其要在乎居僧。僧之乐道修行，其要在乎常住。有常住而僧食无虑，有僧食而香火永隆矣。①

《鸡足山石钟寺常住田记》立碑于明景泰年间（1454），在现有文献中，是关于鸡足山常住田产的最早记录。寺院的常住田对于僧人来说，是生存之本。佛教传入中国以后，托钵乞食的传统被改造了，在以农为本的中国封建社会里，佛教也逐渐适应中土的习俗，于是出现了"农禅"的现象。拥有一定的田地，对于寺院来说是至关重要的。寺田的收入为僧人的饮食和寺院的进一步发展提供了根本性的保障，因此，寺田是寺院赖以生存的经济基础，寺田的多寡决定了一个寺院的经济实力的厚薄。寺田的经营方式，除了僧人自己耕种之外，还可以租给佃农，寺院收取地租，当然还要向国家缴纳租税（明代钦赐的寺田除外）。捐置寺田对施主来说，也是有利的。善有善报，佛教的因果报应论告诉人们，今生从善积德，来生会有好的回报，特别是为寺院僧人置买寺田，是最直接的投资，能够换得更大的、更好的果报，福荫后世。

寺田的产权往往因时代的变迁而模糊不清，也因地方豪强的侵占而流失。因此，寺院为了保护寺田，宣示寺田的合法性，大都以"常住碑"的形式，固定寺田的产权，维护寺院的利益。寺院的常住碑记，一方面强调寺田产权的合法性，注明寺田的施主、田地的具体四至标识；另一方面

---

① 《鸡足山石钟寺常住田记》，张树芳等编《大理丛书·金石篇》卷1，云南民族出版社2010年版，第351页。

也明确记载了寺院承担相应的义务，即向国家缴纳租税。寺田可以免杂役，但同民田一样，要向官府缴纳正赋。明季鸡足山部分寺庵"常住碑记"记载了寺院寺田缴给官府的租税情况，结合当时云南平均每亩民田所缴纳的租税额度，可以推算出明末云南鸡足山寺院寺田的大致规模。从明末云南鸡足山寺院寺田的大致面积，也可以窥见当时云南鸡足山佛教圣地的盛况（见表6—2）。

表6—2　　　　　　　　明季鸡足山四个寺庵的寺田、租税简表

| 寺庵 | 施主 | 所捐资物 | 买到寺田 | 应纳租税 | | | | 出处 |
				夏粮	秋粮	租	价银	
寂光寺	佚名				1斗8升			《寂光寺田产碑》，立碑时间：1627年。张树芳等编：《大理丛书·金石篇》卷2，云南民族出版社2010年版，第966—968页。
	佚名				3升			
	佚名		随基址一块			19石	24两	
	寿官杨舟		莐村里李邦爵田一块		2斗	20石	25两	
	乡官卞愚		下牛井里马应林田二段		4升	4.5石	9两	
	乡官卞愚		莐村里寄庄僧人明檀田一丘		2升	1.7石	3.2两	
	乡官王槐		王析田一段，		7升	3石	5.5两	
	僧人兴停		段朝聘田一段		2升	2石	3.8两	
	僧人儒行		赵国垣田一段		1升	5斗	1.2两	
	刘禄、刘儒		莐村里杨太宗、周严田一段		7升	6石	11.5两	

续表

寺庵	施主	所捐资物	买到寺田	夏粮	秋粮	租	价银	出处
寂光寺	高崑		何应祖真海田二段		3升	2石	3两	
	僧人从起		官邑里杨汝德男杨岐鸎田一段		4升	2.6石	5.5两	
	住持儒全		江西客民杨文八田地一区			谷43石，麦1.2石	78两	
	僧人真法		邓川州土官知州阿名下田地一分	5斗	3斗5升	谷14石，麦5石7斗	27.5两	
	杨敬	银28.3两	赵保田二段		3斗5升			
	如指使宋公	银50两	买田					《寂光常住碑记》，1612年。张树芳等编：《大理丛书·金石篇》卷2，云南民族出版社2010年版，第925页。
	王应霖	海贝3000索，银200两	建楼，置买常住，坐落水寨			60余石		
	州守卞宾阳	舍田2分				18石		
	贡士何沧溪	银30两	置买田地					
	善信杨宗达	银100两	置买田地					
金顶寺	弟子潘	施麦地一块			3斗3升	麦12石		《鸡足山起建金顶殿宇常住碑记》，1641年。同上书，第1003页。
	弟子朱	施秋田三段			7斗5升	谷60石		
	弟子沐	施荞粮草地一块				籽粒草折租米250石		

续表

寺庵	施主	所捐资物	买到寺田	应纳租税				出处
				夏粮	秋粮	租	价银	
尊胜塔院	未名	海贝8500索		二者共纳红米17石				《尊胜塔院常住碑记》，崇祯末年。张树芳等编：《大理丛书·金石篇》卷2，云南民族出版社2010年版，第1009页。
	未名	海贝5400索，银320两	买得石头上（下阙）					
	未名	海贝2300索，银150两	买得杨（下阙）					
补处庵	周懋卿、倪拱宸	7900索	水田三段		6斗8升5合			《新建补处庵常住碑记》，1607年。同上书，第915—916页。
		8000索	王兴言水田二段		2斗7升4合			
	乡宦李应霖	8100索	王兴言水田一段			4斗5升		
	进士何奇□	银10两	买田					
合计	29人次	施银888.3两；施海贝43200索；施田地5块	买田30余处	5斗	3石9升9合	543石	197.2两	

注：海贝是古代西南地区的货币，索是海贝的单位；石、斗、升、合、勺都是古代的容量单位，明代1石＝10斗＝100升＝1000合；明代1石大约相当于今天120市斤。

在展开分析之前，有必要讨论一下数据的可信度问题。寺院在立常住碑的时候，主要的目的是固定寺院的田地产权，不容别人侵夺；但另一方面，寺院也要遵守国家律法，寺田也要纳租税，但可以免杂役。因此，有些地方豪强便把民田冒充寺田，以逃杂役。万历八年，鸡足山就发生过这样的事情。

《圆通庵常住碑记》载：

大理府宾川州为清查寺（田），以崇祀典，以苏民困事。……
本道仍驳该（州）再加细心清查，勿引嫌疑，勿惧势要，但要寺
田、军田、民田各自分明，不相假借，不相侵夺，凿凿得实，足成
一件正事。不致后议，并不致日后为奸豪隐骗张本，不遗良善无穷
之害，方可勒之于石，用垂永鉴。又访得寺僧亲善，傍近豪徒百般
扰害，非有所凭藉，则不能安业。夫凭藉之苦与豪徒之扰害，二者
病则一般，并行该州，刊示明谕，事完将批辞一一勒石，取实收领
状缴。奉此，仰鸡足山各庵僧，即将寺院田地税粮租谷数目尽数开
报，勒入碑内，毋得隐瞒。查出重究不恕，须至给者。万历八年庚
辰九月吉日。①

宾川的地方奸豪隐瞒民田面积的可能手法就是把自己的民田虚报为寺
田，从而可以免杂役。因此，官方才会有"但要寺田、军田、民田各自
分明，不相假借，不相侵夺"的要求。这件事在《八角庵碑记》和《大
士庵常住碑记》中也有记载，格式、字句几乎完全相同，说明这样的事
件不是一个个案，故引起大理府宾川州对鸡足山寺田数量的彻底大清查，
要求鸡足山上各个寺庵如实申报寺田数量，并经官府的核实、认定后，方
可刻入常住碑中。上面表格中的四块常住碑立碑的时间均在万历八年
（1580）之后。因此，表格里的缴纳租税的数量都是在这次清查之后才有
的，数据的可信度很大。另外，从常识思维的角度来分析，常住碑记中的
应缴纳租税数量，刻入石碑后即是不可更改的证据，并且是要履行的义
务，那么，各个寺院没有必要夸大自己要缴纳的租税数量。从这个意义上
说，上面表格中的数据也是可信的，甚至可以说，常住碑记中的应缴租税
的数量已经是缩水之后的。

从表6－2可以看出：第一，寂光寺和金顶寺缴纳的租税要远比其他
两个庵院多得多，这也说明鸡足山寺田大都集中在八大寺②里；可见明季

---

① 《圆通庵常住碑记》，张树芳等编：《大理丛书·金石篇》卷2，云南民族出版社2010
年版，第840页。

② 鸡足山八大寺一般指：寂光寺、悉檀寺、石钟寺、大觉寺、传衣寺、碧云寺、金顶寺、
迦叶殿。

鸡足山八大寺的繁盛有着雄厚的经济实力支撑。寂光寺千僧锅即是一例。高奣映《鸡足山志》载："今锅无腥涩之患，于芳泉也甚宜。苍然深宽，降梯而下，始能荡涤渍水云蒸，炊自相熟，少吹鱼目，其下之厝薪即撤矣。镬底结饭如饵饼，香黄松脆而不枯黑，留之经岁，其味益复香鲜。僧取以饷客，作异供也。游者常集锅次玩赏之，则僧犹矜为未曾有。"① 千僧锅铸于明天启五年（1625），寂光寺因此有"大锅寺"之称。如此巨锅，说明寂光寺僧众之多，也说明寂光寺有充足的粮食来源。粮食源于寂光寺大量的寺田收入。第二，表 6－2 中还有计 190 两银所买田地缺失租税数额，比照王应霖用"海贝 3000 索，银 200 两"所买寺田的租税额"60 余石"，估算这一部分寺田应该缴纳的租税为 50 石；另外还有纳银197.2 两所抵消的租谷，如果以明代云南大米的平均价格为"2 两／石"计算，② 估算这一部分被冲抵的租税约为 100 石，则明季鸡足山这四个寺庵一年应缴纳的租税总额为：

$$5 斗 + 3 石 9 升 9 合 + 543 石 + 50 石 + 100 石 = 696 石 5 斗 9 升 9 合$$

这个数额只是估算的结果，因为表 6－2 里的数据不是同一年度的，年代跨度从 1602—1644 年，每一年各寺院的寺田面积或有增减，缴纳的租税也会有波动。忽略这些因素，我们可以得到明季鸡足山寂光寺、金顶寺、尊胜塔院和补处庵一年共缴纳的租税总额约为 696.599 石。同一时

---

① 高奣映：《鸡足山志》，侯冲、段晓琳点校，中国书籍出版社 2005 年版，第 189—190 页。

② 征银是明代赋役改革不同于历朝历代改革的主要特征。明代赋役改革呈现出三大不可逆转的进步趋向：一是实物税转为货币税；二是徭役以银代役；三是人头税向财产税转化。这三大趋向都与白银有着紧密联系。赋役改革以折银为主要形式，由此白银货币化向全国各地铺开。参见万明《白银货币化视角下的明代赋役改革（下）》，《学术月刊》2007 年第 6 期。古代历朝云南的米价都比全国的平均价格要高，顺治十六年（1660），云南部分地区米价甚至高到每石二十余两；乾隆十年（1745），滇东北粮价由每石四两降至每石一两七八钱。见王水乔《清代米价的上涨及其对策》，《云南学术探索》1996 年第 5 期。康熙年间南方的米价在 0.5—2.0 两／石，更多时间集中在 1 两／石左右；康熙年间贵州米价平均为 0.78 两／石，见曾学优《从康熙朱批奏折看南方米价》，《南昌大学学报》（社会科学版）1994 年第 3 期。综上，取明末云南平均米价为"2 两／石"来折算。

期，宾川州一年"税粮二千七百九十一石六升五升六合"。[①] 在此基础上，可以根据明清时期云南每亩民田缴纳租税的平均数来估算鸡足山四个寺庵的寺田总面积。

李元阳《云南通志》载：万历年间大理府官民田总面积为"三千一百六十顷十九亩三分"，夏税秋粮合计近两万五千石左右。[②] 由此可得万历年间大理地区的土地每亩平均税额为：

大理府赋税总额÷大理府田亩总面积 ＝25000 石÷3160 顷 19 亩 3 分＝2500000 升÷316019.3 亩≈7.91 升/亩

因为寺田与民田同样缴纳正赋，因此，可以比照得到鸡足山四个寺庵的寺田总面积为：

696.599 石÷7.91 升/亩 ＝69659.9 升÷7.91 升/亩＝8806.56 亩

刘文征《滇志》载：天启年间大理府官民田土，共九千七百五十六顷六十亩八分九厘九毫九丝五忽三微。夏税，额征九千一百九十八石七合九勺五抄七撮四粒；秋粮，额征一万六千五百三十四石五斗二升四合一勺二抄六撮五圭。[③] 由此可得天启年间大理地区的土地每亩平均税额为：

大理府赋税总额÷大理府田亩总面积 ＝ （9198.0079574 石＋16534.5241265 石） ÷975660.899953 亩≈2.64 升/亩

由此可以得到鸡足山四个寺庵的寺田总面积为：

---

① 李元阳：《（万历）云南通志》，《大理丛书·方志篇》卷 4，民族出版社 2007 年版，第 356 页。

② 同上书，第 355 页。

③ 刘文征撰：《滇志》卷 6，《赋役志》第 4，古永继点校，云南教育出版社 1991 年版，第 219—220 页。

696.599 石 ÷2.64 升／亩 ＝ 26386.33 亩

对比明初朝廷规定的田赋："凡官田亩税五升三合五勺，民田减二升，重租田八升五合五勺，没官田一斗二升。"[1] 而实际上各地各个时期征收的税率存在较大的地域差异。云南山多地少，且多是山地旱田，亩产量低，相应的税率也要比内地平原地区低。例如雍正《宾川州志》载：上则地"每亩科税一升七合五勺"，中则地"每亩科税一升三合五勺"，下则地"每亩科税九合五勺八抄九撮二圭"。[2] 明清时期云南租税是按"田"和"地"分开征收的，"田"一般是指种植水稻等作物的较肥沃的土地；"地"则是指种植旱地作物为主的较贫瘠的土地，"地"的亩产量较低，缴纳的租税相对也要少一些。另外，寺田多是民田，可以按照民田的税率计算。综合以上各方面因素，则可以得到明清时期云南田地每亩税率约为 3 升／亩。则可以得到明清鸡足山四个寺庵的寺田总面积为：

696.599 石 ÷3 升／亩 ≈ 23220 亩

明季云南鸡足山鼎盛时有"大寺八，小寺三十有四，庵院六十有五，静室一百七十余所"。[3] 这是大错和尚在《鸡足山指掌图记》中的记载。大错和尚为撰写《鸡足山志》，亲自做过实地调查，这些数字是可信的。从表 6－2 也可看出尊胜塔院和补处庵所缴纳的税粮远不及寂光寺、金顶寺（八大寺之二寺），因此可推见，云南鸡足山寺田多集中在八大寺里。以寂光寺、金顶寺、尊胜塔院和补处庵四座寺庵的寺田面积为样本，则可以估算出明季鸡足山全山寺院寺田总面积约为样本的 2 倍。即：

23220 亩 ×2 ＝46440 亩

上述估算方法是以假设明末清初鸡足山四个寺庵应缴纳租税总额不变

① （清）张廷玉等：《明史》卷78《食货二》，上海古籍出版社 1987 年版，第 7982 页。

② 周钺：《（雍正）宾川州志》，《大理丛书·方志篇》卷 5，民族出版社 2007 年版，第535 页。

③ 高奣映：《鸡足山志》，侯冲、段晓琳点校，中国书籍出版社 2005 年版，第 16 页。

为前提，因此，所得到的结果只能是大致的情况。

根据高奣映《鸡足山志》记载："考昔之鸡山，约三州共计税粮一千二百余石。今考之，去其过半矣。"从高奣映的对比计算可知，明代云南鸡足山一年的税粮为 1223 石。[①] 另外一个官方数据是：万历十五年（1587），《神宗皇帝奉慈圣太后懿命免条编杂赋敕》中说"云南鸡足山年纳大理府直隶北胜州粮税一千二百八十四石"。[②] 两个数字十分接近，可为互证。由此可以得到明末云南鸡足山的寺田总面积为：

鸡足山纳税粮总额÷平均每亩税率 = 1223 石÷3 升／亩 = 122300 升÷3 升／亩≈40767 亩

因此，明季云南鸡足山全山寺院寺田总面积约在 4 万—5 万亩之间。蔡学勤也曾估算出万历年间鸡足山全山寺院的寺田总面积约在 713 顷和 761 顷之间。[③]

再看一些参考数据，从侧面印证上述结果。据《勒赐悉檀寺常住碑记》载，明代弘治至万历年间悉擅寺购买土地达五千亩以上。[④] 明季鸡足山上除了八大寺之外，还有三十四小寺、六十五庵院和一百七十余所静室。尽管各寺庵的寺田多寡不一，但有如此之多的寺庵，鸡足山寺院寺田的总量也是很可观的。与同一时期的内地寺院的寺田面积作横向比较：明代南京灵谷寺拥有 34000 余亩；明宣德间杭州灵隐寺尚存山田一百九十余顷（19000 亩）；万历二十年（1592）衡山南岳有田 5477 亩；乾隆年间均州太和山在均州有佃地 27500 亩，在光化县有佃地 2800 亩；嘉靖二年（1523），隆福、清泉、时恩三寺地凡千三百余顷（130000 多亩）。[⑤] 再纵向与民国时期的数据相比：民国三十一年（1942），宾川县政府清理鸡足

①　高奣映：《鸡足山志》，侯冲、段晓琳点校，中国书籍出版社 2005 年版，第 316—317 页。

②　同上书，第 366 页。

③　蔡学勤：《明及清前期鸡足山寺院经济研究》，云南大学硕士学位论文，2010 年，第 28 页。

④　此碑记在《鸡足山志》和《大理丛书·金石篇》中均未见。转引自解炳昆《明代云南地主经济发展的特点》，《云南民族学院学报》（哲学社会科学版）1997 年第 3 期。

⑤　傅贵九：《明清寺田浅析》，《中国农史》1992 年第 1 期。

山寺院田地面积及当年收租息后，得出的统计结果：全山寺院 25 所，共占有田地 14122.48 亩，当年收入租谷 4563.86 石。[1] 此时的鸡足山佛教圣地境况已非昔日可比，但尚有一万四千多亩寺田。综上可见，明季鸡足山寺田总面积约为 4 万—5 万亩亦在可能的范围之内。

　　另外，还有一个疑问：云南是典型的山区，大理宾川附近有这么多的田地吗？鸡足山如此之多的寺田，与明初开始在云南大规模的军屯有关。洪武二十一年（1388），"云南都司所属各卫所军队屯田数字为 435036 亩。这是洪武十五年到二十一年间开垦的；到正德五年（1510）前后增加到 1276630.94 亩"。[2] 后来，军田逐渐被转卖为民田，因此为云南鸡足山寺田的增加提供了可能性。

　　最后，明中后期以后，云南商品经济的萌芽与发展，丰富了社会财富，人们有余力追求精神生活，增加布施，大兴寺院，广置庙田，为鸡足山佛教的发展带来了财力支持，奠定了坚实的经济基础。在此过程中，不可或缺的是官宦名士对鸡足山情有独钟。广大信众的虔诚给鸡足山带来的是萦绕山巅的香风，官宦名士与鸡足山的结缘，带来的是经济支持和鸡足山作为迦叶道场知名度的提升与传扬。云南鸡足山佛教圣地的兴盛，也引起了中央政权的关注。明代中央政权对鸡足山寺院的赐封，提升了鸡足山佛教圣地在政治场域中的地位，为鸡足山佛教的兴盛拓展了更广阔的社会空间。以上诸因素是云南鸡足山佛教圣地兴盛的外缘。考察云南鸡足山佛教圣地兴盛的众缘，当然不能没有内缘——僧人的主体性角色参与。没有僧人艰苦卓绝的拓殖、行脚万里的求学、弘法度人的智慧，也就没有云南鸡足山圣地的兴盛。因此，下文将视角转向僧侣群体在云南鸡足山佛教圣地兴盛过程中的历史表现。

---

[1]　云南省宾川县志编纂委员会：《宾川县志》，云南人民出版社 1997 年版，第 801 页。

[2]　尤中：《中国西南民族史》，云南人民出版社 1985 年版，第 435 页。

第七章　云南鸡足山佛教源流

　　在中国宗法制社会传统中，渊源正朔至关重要。佛教圣地的神圣性亦与其渊源正朔有关。云南鸡足山圣地禅宗来自内地禅宗正源，在渊源上具有正统性和合法性。这种渊源传承是靠僧人来完成的，僧人是佛教圣地的主体性角色。佛教圣地的兴盛离不开僧侣群体的精心经营，僧团的整体素质一定程度上决定了一个佛教圣地的地位，而名僧的成长离不开游学与交流。大卫·奇德斯特和爱德华·T.林赛尔分析美国的圣地形成历史时，非常重视圣地形成时的"前沿情况"：即欧洲移民与本土美洲人之间的跨文化接触与交流。[①] 云南鸡足山圣地僧团的成长也离不开僧人的游学和交流活动。明季清初，云南鸡足山名僧辈出，就其来源看，除了一小部分是慕名而来的内地名僧外，大多数是由鸡足山外出游学并学成归来的本土僧人。明代以后，云南鸡足山僧人外出游学求法蔚然成风，且多集中于江南临济宗门下。云南鸡足山僧人频繁的游学交流，客观上提高了鸡足山僧团的整体学识修养，增添了云南鸡足山的圣地灵光。

　　从表7—1可以看出，明代鸡足山上最有影响力的寺庙的法脉大都来自汉地禅宗的曹洞宗和临济宗，其中临济宗是云南鸡足山禅宗的主流派别。这与云南鸡足山僧人大都求学于江南临济宗门下相一致。

---

　　① David Chidester and Edward T. Linenthal, *American Sacred Space*, Introduction, Indian University Press, 1995, pp. 14—15.

表 7—1　　　　　　　　　　明代鸡足山八大寺及其流派

寺名	初建时间	创建者	流派及其谱系
石钟寺	传说始建于唐，重建于永乐、正统（1403—1449）	重建者少林僧：了通、了晓	曹洞少林祖庭雪庭福裕系：（前25字）福慧智子觉，了本圆可悟，周宏普广宗，道庆同玄祖，清静真如海。
金顶寺	弘治年间（1488—1505）	有僧建庵	法系不详，金顶寺系演字包含：来自，寂定心等。
传衣寺	嘉靖初年（1522）	性玄大机、李元阳	临济法系演字包含：性嗨寂，师正方可。
迦叶殿	嘉靖壬子年（1552）	僧圆庆、邓川土知府阿子贤	法系不详。
寂光寺	嘉靖三十七年（1558）	本贴定堂与苏鹏程、杨舟	临济寂光寺系演字包含：弘道本兴儒，广读书学通。
大觉寺	万历己丑年（1589）	儒全水月、无心本安（庵）	曹洞少林祖庭雪庭福裕系，同上。
悉檀寺	万历丁巳年（1617）	释禅与丽江木增	临济悉檀寺系：释道玄妙，教法宏深，信解行正，见性传灯。
碧云寺	天启年间（1621—1627）	北京僧人幻空	法系不详，碧云寺系演字包含：了尽归宗，有等。

资料来源：根据侯冲《云南鸡足山的崛起及其主要禅系》，见印顺主编《虚云法师与鸡足山佛教》，宗教文化出版社 2008 年版，第 329—339 页。

第一节　云南鸡足山禅宗的渊源

佛教初传云南的时间，学界大多认可的观点是在南诏早期（唐初），而对其来源则历来众说纷纭。当代学者侯冲在对云南地方史志、阿吒力教经典等广泛、细致地研究后得出结论，认为云南佛教的显密诸宗主要源自中原地区。就禅宗而言，其初传云南可考的时间是在唐代中期。首要的依据是《宋时大理国描工张胜温画梵像》中第 42 开至第 55 开，通过运用重复法说明画面间联系，表现了云南禅宗谱系：迦叶→阿难→达摩等中土六祖→神会→张惟忠→买纯嵯→纯陀→法光。从云南地方史志资料来看，张惟忠、买纯嵯（即李成眉买顺）、纯陀大师并为中唐人。① 但在法光之后，传承不明。虽然《宋时大理国描工张胜温画梵像》不能作为信史材料来看，但云南禅宗祖师出现在《梵像卷》中，不仅仅是为了说明云南法源的正统性，而且也是禅宗传入云南并得到广泛传播的结果。此外，宋代释赞宁《宋高僧传》卷 11、明代李元阳万历《云南通志》卷 13、清代释圆鼎《滇释纪》均有张惟忠在滇传禅的记载。

宋代云南禅宗的情况可以从《大理国渊公塔之碑铭并序》中即可窥见一斑：

> 我渊公随缘白地，诞粹于高氏之族。故相国公高太明之曾孙，政国公明量之孙，护法公量成之子也。……利贞皇叔于公世，则谓阳之规，□达磨西来之□。祖祖相传，灯灯起焰，自汉暨于南国，□不失人。……其嗣法弟子起塔于山，办事如法已。帝命礼号，塔曰实际。谥曰顿觉禅师。……其家谱宗系者，自观音传于施氏，施氏传于道悟国师，道悟传于玄凝，玄凝传于公。②

大理国渊公塔之碑已不存，所幸的是《徐霞客游记》之《滇游日记五》有记载："十七日，昧爽饭。询水目寺在其南……暮过观音阁，观《渊公碑》，乃天开十六年楚州赵佑撰者。"说明此碑明末时仍存于祥云水目山。清乾隆时，王昶宦滇，得水目山《渊公碑》拓本，并收于《金石萃编》中。道光《云南通志》、光绪《云南通志》及民国《新纂云南通志》沿录其碑文。利贞（1172—1175）是段智兴的年号，天开十六年即 1220 年，此碑铭所记的是宋代云南禅宗的情况。皎渊禅师（1149—1214）是大理国相国高量成之子，舍弃富贵出家为僧，师

---

① 侯冲：《元代云南汉地佛教重考——兼驳"禅密兴替"说》，《云南社会科学》1996 年第 2 期。

② 张树芳等主编：《大理丛书·金石篇》卷一，云南民族出版社 2010 年版，第 86—88 页。

崇圣寺玄凝，晚年住云南祥云水目山。所引碑文中，"达磨西来""祖祖相传，灯灯起焰"等关键字句说明皎渊传承的是汉地禅宗。其次，碑文中给出了水目山系禅宗的谱系：观音→施氏→道悟→玄凝→皎渊→慧辩。在《渊公碑》立碑后大约 300 年，明代李元阳《云南通志》中亦有："施头陀因禅得悟，不废礼诵，宗家以为得观音圆通心印。施传道悟，再传玄凝，玄凝传凝真，自施头陀至真皆住崇圣寺。"[①] 两者的记载基本吻合，但到了慧辩之后，谱系亦不明。由上可知唐宋时期禅宗在云南已有传承，只是后来的谱系断了，或是禅宗在云南式微了，抑或是禅宗在云南代有传承而史料缺失。

有史料可证禅宗再传云南第一人是元代无照玄鉴（1276—1312）。[②]玄鉴师从中峰明本（1263—1323），明本号中峰，俗姓孙，浙江钱塘人，又称智觉禅师、普应国师，是元代临济宗一代高僧，被誉为"江南古佛"。玄鉴，字无照，原籍曲靖人，六岁即出家。后出滇参学于高峰原妙，又立侍于中峰明本，为首座弟子。后玄鉴尊明本师命归云南传扬禅法。《太华山佛严寺无照玄鉴禅师行业记》载：

> 师神姿超卓……至正乙未间，初参高峰妙祖，才展礼即被打。……叩见中峰本祖……中然之，付以源流，命为东堂，分座说法。……中曰：尔胜缘在滇，可急回，勿别往。师领命绘像请赞以归。……时大德丙午春，命平章也先不花同御史陈师廉等，卜斯地以建梵刹，一载而成，赐额曰佛严，山曰太华，延师为开山第一祖。[③]

碑文叙述的是玄鉴参学高峰妙祖和中锋明本及其回滇开山弘法的行实。方国瑜考证过《太华山佛严寺无照玄鉴禅师行业记》是后人伪作，

---

① 李元阳：万历《云南通志》卷十三寺观志之"大理府仙释"，见郭惠青、李公主编《大理丛书·方志篇》卷一，民族出版社 2007 年版，第 503 页下栏。

② 侯冲：《元代云南汉地佛教重考——兼驳"禅密兴替"说》，《云南社会科学》1996 年第 2 期。

③ 此碑刻立于云南昆明西山太华寺，纪华传做过碑文点校，见印顺主编《虚云法师与鸡足山佛教——中国宾川鸡足山佛教文化论坛论文集》，宗教文化出版社 2008 年版，第 292—294 页。

并指出其中"至正"乃是"元贞"之误等，但方国瑜否定的是玄鉴与世俗政要名士交往的时间、地点上的错位，并未否定玄鉴参学求法的记述。①陈垣先生也明确说："不能谓此《碑》一无足取也。"② 此外，明本《天目中峰和尚广录》中卷26《祭玄鉴首座文》、卷29《示玄鉴讲主》、卷30《寄玄鉴首座》四首、卷30附《有元普应国师道行碑》等都有玄鉴求法之事。又卷7《为诸僧人秉烛人塔》，其中也有"鉴首座"，并注曰："玄鉴，云南人。"除《天目中峰和尚广录》外，永超《五灯全书》卷58、明河《补续高僧传》卷24、彻庸《曹溪一滴》、纪阴《宗统编年》卷27、圆鼎《滇释纪》卷1、虚云《增订佛祖道影》卷2等著作中均有《玄鉴传》。③ 因此，玄鉴在云南传承临济禅法这一事实是可以肯定的。玄鉴赢得官宦护法支持，开太华山，弘临济禅法，弟子数百人，其中出类拔萃者有宗屿、镜中、智福、道元、涌海、山月、戒融等，自此云南禅法重布。玄鉴的主要道场太华山（今昆明西山），距离鸡足山有600余里，古代僧人求学弘法，往往行脚万里，因此，区区600余里，应在僧人行脚的可能范围之内，并且玄鉴与普通（鸡足山禅师）都师从中峰明本，但暂无证据可以证明鸡足山禅宗与玄鉴有直接关系。除了玄鉴外，元代云南禅师中，跟随明本学习禅法的人，还有定林④、圆护⑤、普通、普福、道元等，都对云南禅宗的发展作出了较大贡献。因此，元代禅宗再传云南时，其渊源主要来自江南临济宗。

有据可查，把江南临济宗传到鸡足山的是普通禅师。普通禅师也曾跟随明本学习禅法。《天目中峰和尚广录》中有《示云南福、元、通三讲

---

① 方国瑜：《云南史料目录概说》第三册，中华书局1984年版，第1060—1063页。

② 陈垣：《明季滇黔佛教考》，河北教育出版社2000年版，第243页。

③ 参见纪华传《玄鉴禅师与元代云南禅宗》，载于《虚云法师与鸡足山佛教》，宗教文化出版社2008年版，第287页。

④ 定林，是雄辩法师的弟子，称"慧公讲主"或"慧公讲师"，精通《圆觉经》，并专志净土。至大庚戌年（1310年），为请藏经，至京师朝觐天子，得赐藏经，船至杭州时耽搁了三年，因此得以拜谒中峰明本，并从之受学。

⑤ 圆护，初号无念，又号念庵，大理人，明本的弟子。《曹溪一滴》《五灯全书》卷58、《滇释纪》卷1、《新续高僧传》卷61等书中都有传载。《天目山中峰和尚广录》称之为"护藏主"，卷4有《示云南护上人求三聚净戒》、卷25有《无念字说》。圆护在明本门下受学禅法，得明本印可，后回到云南苍山传播禅法。

主》的开示，"云南福、元、通三讲主"，即是去参学明本的云南僧人普
（一作"智"）福、道元、普通。三人回到云南后，普福居太华山、道元
居苍山、普通居鸡足山。标题里的"通讲主"就是云南鸡足山的禅师普
通。在高奣映《鸡足山志》卷 7 有普通禅师的传记：

> 普通禅师，号德存，大理之赵州人也。幼入鸡足山出家，遍历讲
> 席。因问中峰和尚：明得三乘十二分教，与祖师西来意是同是别？峰
> 曰：你举教意来看。师曰：拟举即差。……后结庵山中，一日闻人高
> 声唱"水向石边流出冷，风从花里过来香"，遂开悟。①

云南鸡足山禅宗与江南临济宗的直接联系还可见于袁嘉谷的《卧雪
堂文集·滇南释教论》：

> 元至正中，明本位天目山，世所称为中峰和尚者。滇僧照本、圆
> 护、普通、无照，俱往受法归，教迤西东，是为临济宗入滇最初时
> 代。明本十一传至圆悟，明万历中住天童山，称密云和尚。滇僧彻
> 庸、洪如往参礼焉，是临济宗入滇极盛时代。圆悟传通贤，通贤传完
> 璧。完璧崇祯中住荆南，开圣禅院，称砖镜和尚。禅师实受其法，以
> 命入滇，住蒙化之竹林，继迁顺宁之善法，继又迁富民之法华，路南
> 之弥勒，云州之五福，昆明之慈云。嵩山有至者，时在清朝顺、康
> 间，是为临济宗入滇中兴时代。②

上述引文中"至正"可能为"至元"（世祖年号，1264—1294）之
误，因为"至正"为顺帝年号（1341—1368），而明本已于至治三年
（1323）去世。袁嘉谷（1872—1937），云南石屏人，是云南历史上唯一
的状元。1903 年得经济特科一等第一名，为"经济特元"，弥补了历史上

---

① 高奣映：《鸡足山志》，侯冲、段晓林点校，中国书籍出版社 2005 年版，第 265 页。
② 袁嘉谷：《滇南释教论》，见《云南地方志佛教资料项编》，云南人民出版社 1986 年版，
第 309 页。

"云南不点状元"的空白。其著《滇南释教论》所记云南僧人照本、圆护、普通、无照（玄鉴）等参学于中峰明本的记载可与《天目山中峰和尚广录》《太华山佛严寺无照玄鉴禅师行业记》相印证，可以确定鸡足山禅师普通曾参学于明本，并把江南临济禅法传到了鸡足山。此外，上述引文中还有一个重要的信息是滇僧彻庸、洪如往参密云圆悟禅师，而彻庸正是鸡足山禅宗高僧，[①] 且密云圆悟传承的是明本一系的临济禅法。这些都是鸡足山禅宗与江南临济宗相关联的直接证据。至此，我们可以确定鸡足山禅宗主要源自江南临济宗。当然，鸡足山上禅宗流派不是单一的，比如明清时期鸡足山石钟寺和大觉寺所传少林福裕系的曹洞宗等，但这不是主要的来源，从云南鸡足山僧人赴江南地区参禅求学的情况也可以得到印证。

第二节　云南鸡足山禅宗与江南临济宗的交流

从文化圈的角度来看，佛教在地域之间的交流也存在着核心与边缘的关系。元明以来，江南仍然是中国禅宗发展的一个核心地区，这里高僧巨擘代际有人，如高峰原妙、中锋明本、密云园悟、楚石梵琦、元尽传灯、藕益智旭、莲池株宏、太虚、圆瑛，等等。特别是以天目系和天童系为代表的江南禅宗形成了一个佛教文化向心力，吸引众多僧侣前来参学。云南地处边疆，同时也处在文化核心的边缘地带，明清时期鸡足山禅宗与江南佛教之间的交流方式主要是参学，从鸡足山到江浙一带参学的僧人络绎不绝，他们虔诚求法，学成归滇弘教，江南禅风远泽云南边陲。华方田先生依据《鸡足山志》对鸡足山僧人与浙江佛教有过交流的人做过梳理，有普通、还源、慧光、儒全、读彻、唐泰、彻庸、洪如、普行、道裕、文玺、道鉴、道慈、雪影和道涵。[②]细读高奣映《鸡足山志》，除上述僧人之外，还有一些鸡足山僧人曾游学江南地区，兹续表7—2。

---

① 高奣映：《鸡足山志》，侯冲、段晓林点校，中国书籍出版社 2005 年版，第 263 页。
② 华方田：《鸡足山佛教与浙江佛教》，载于《虚云法师与鸡足山佛教》，宗教文化出版社 2008 年版，第 34—356 页。

表 7—2　　　　　　　　明代游学江南地区的鸡足山僧人续表

僧人	籍贯	游学江南行实	出处
广慧，号野愚	嵩明	嗣法水月。行脚江南数十年，归来著有《颂古百则沤花集》一卷行世。	高奣映《鸡足山志》，侯冲点校本，p.250。下略为高《志》
读体，号见月	楚雄	受具戒，嗣法于金陵三昧和尚，主席宝华，戒律精严。门下嗣法六十余人，戒子以数万计。	高《志》，p.274
真利，号和雅，俗姓石	云南大树营	游方至金陵，受戒于古心和尚，传教于三槐、蕴璞诸大师。谈经三十余会，律徒半海内。	高《志》，p.276
寂定，号自如	剑川	游历诸方，受戒于三昧和尚。参颛愚大师，博通经典。	高《志》，p.276
洪相，号应机	云南县	遍参海内，叩朗目于浮山。	高《志》，p.279
普见，号一唯	定远	礼彻庸和尚为徒。遍参江南，与房公请藏，斋还大觉。	高《志》，p.281
道源，字法润，俗姓杜	鹤庆	同弟道慈出家于玄化寺。……师遍历名山，代丽江生白公问法于天童，言下颇有了契。	高《志》，pp.281—282
明学，字无宗，俗姓杨	楚雄	南游闽、浙，多亲讲席。归，长坐不卧，与部郎曾高捷为净土友。	高《志》，p.284

由表 7-2 统计，明代鸡足山僧人赴江南地区求法的有二十余位，明确在天童寺和天目山参学或嗣法的有 12 人，其他处有天台山、普陀山，余者皆以江南诸方概之。天童寺和天目山正是江南佛教的两个重镇。自东汉末起，北方基本上处于战争状态，北民南迁，北方僧人也随之来到江南地区，佛图澄、支谦、支遁等流寓江南，并与江南名士交友，佛教与玄学结合起来，佛教在江南遂得以立足和进一步传播，并且重佛教义理的阐发。南北朝般若学的"六家七宗"中有"五家"的代表

人物都在江南地区。① 经宋、元至明，佛教总体上式微，但江南佛教却有中兴之势，天目山和天童寺两系尤为突出。以中峰明本为代表的天目山系禅法的特点在于践行山林佛教，一改宋代禅宗的富贵和文弱之气；以密云园悟为代表的天童寺禅风痛快直捷，教人明心见性，直指本心。中峰明本至密云圆悟，时隔300余年，天目山距离天童寺300多里，300多年的时空流变中，不变的是临济宗法：天目山上有二峰，临济棒喝震云层。太白山麓承余响，天童密云续心灯。江南禅宗精英荟萃，云南僧人行脚万里，前来参学求法应是情理中事。因此，鸡足山僧人在江南求学也多集中在天目山中峰明本和天童寺密云圆悟的门下。

相比从鸡足山去江南地区的僧人，反方向的交流僧人要少得多了。从江南来鸡足山的僧人，文献记载上也非常少见。在高奣映《鸡足山志》中仅有两则记载：

> 真圆，号月潭。元统初自南京来，卓锡鸡山。建庵修细行故，人以南京庵呼之。其后弘华严寺。李逸民曰：真圆有戒德，其徒皆率教，一山所不及也。即据熊窟之所习静僧也。②
>
> 雪影，名广和，杭州法师。天启六年来鸡山，寓悉檀寺，与本无为道友。朱直指敬其道行，于四观峰建天长阁居之，后归南京博山。③

关于真圆和雪影，其他文献找不到相关记载。但我们不能据此断定没有第三个或更多的僧人从江南地区来鸡足山，只是历史久远，史料缺失或因为他们的修行没有什么特点而被遗漏。时光流转，到了民国时期，在文献中发现了有关江南僧人来鸡足山的踪迹：

> 佛教在民国期间，已经每况愈下，鸡足山的佛教更是如此。这一时期，由于佛教界，特别是一些僧人的素质低下，鸡足山佛教寺产被

---

① 主要活动区域在江南的五家是以支道林为代表的"即色宗"、以于法开为代表的"识含宗"、以竺道壹为代表的"幻化宗"、以于道邃为代表的"缘会宗"、以竺法深为代表的"本无异宗"。

② 高奣映：《鸡足山志》，侯冲、段晓林点校，中国书籍出版社2005年版，第282页。

③ 同上书，第296页。

大量盗卖和破坏。1935 年，云南省主席龙云就为此曾经派专人到鸡足山去督查，召开"革除鸡山积弊大会"，不准僧人典卖寺产，限定各寺院长老在两个月内具保戒除烟赌酒肉，特别指出，鸡足山牟尼庵僧佛耀和石钟寺僧谛闻等"徇私舞弊，各挟万金遁回江浙……"①

民国时期，鸡足山十方和尚佛耀假借虚云和尚名义，垄断佛教会大权，排斥子孙和尚，霸占石钟寺，作威作福，引起全山子孙丛林的反对。各大寺住持联名控诉佛耀，并凑集租谷变卖后，推举住持义周、谛闻为代表，夜深人静时进入褚美轩寝室，献上现款。褚美轩见状正色说："佛耀在鸡山破坏佛教规戒，影响名山声誉，县参议会自当与有关方面联系，协同查办。筹集资金拿回去归还各寺修缮寺院，我一生从不收受别人钱财，不要污我清白。夜深了，快回去！"由于他的大力支持，佛耀被赶下了鸡山。②

对比两则材料，共同点是民国间鸡足山牟尼庵僧佛耀假借虚云和尚的名义行不法之事。他盗卖寺产，垄断佛教会大权，排斥子孙和尚，霸占石钟寺，引起全山僧人的公愤，在地方官褚美轩的支持下，佛耀被赶走了。佛耀"挟万金遁回江浙"，由此推知佛耀来自江浙。另外，宾川县政府网站有一则材料："1956 年，宾川县普查鸡足山藏字画，十所寺庵尚存 86 件，并有民国年间被阎德臣、佛耀等取走未归字画 13 件清单，其中珍品不少。"③ 这则材料可以佐证第一则材料的真实性，佛耀的确卷走了一些有价值的书法、绘画等寺产。这里还有个重要的人物就是褚美轩。《宾川县志》记载，褚美轩（1892—1976），字镜清，宾川县州城乡马官营人，为人公正无私，受到村人敬重。民国时期，被推举为县参议会议员，后任副议长、长期住在州城参议会。1950 年宾川县人民政府成立后，褚美轩为宾川民主人士的代表，任大理白族自治州一届至四届政协委员。正是这

①　张福：《民国年间的鸡足山佛教》，载于《云南鸡足山文化与旅游研讨会文集》，云南大学/民革云南省委编印 1982 年版，第 81 页。转引自黄夏年《鸡足山佛教与浙江佛教》，《浙江学刊》2003 年第 5 期。

②　云南省宾川县志编纂委员会：《宾川县志》，云南人民出版社 1997 年版，第 867 页。

③　开放的宾川欢迎您：《人文·书法·字画》，2012 年 8 月 15 日，新华网云南频道（http://www.yn.xinhuanet.com/nets/bc/fjsdjzs/rw.htm）。

个清廉刚直的地方官公平地处理了鸡足山上的佛教丛林内部的矛盾，也是这个事件的历史见证人，因此这个事件的真实性是毋庸置疑的。由此推定，民国时期，仍然有江南僧人到过鸡足山。

上述两则材料的不同点集中在一个人身上：石钟寺僧谛闻。两则材料中的同一个人却截然相反，一是为非作歹的僧人，一个是大家公认的高僧。究竟孰是孰非？查阅《谛闻尘影集》和《七塔寺人物志》，① 可知谛闻法师（1895—1983），俗名蒋又凡，云南省丽江县龙蟠乡岩羊村人，纳西族。谛闻6岁出家，后拜丽江高僧正修和尚为师，年少时曾至南洋、缅甸等地参学；民国六年（1917）到北京法源寺弘慈佛学院学习数年，后又转入南京支那内学院学习；民国十四年（1925）任教于滇西宏誓佛学院；民国十九年（1930）始任云南鸡足山石钟寺住持3年，尝试改革鸡足山佛教，遇阻失败；民国二十四年（1935）至民国二十六年（1937）赴任波七塔寺报恩佛学院主讲兼教务主任；民国二十八年（1939）奉太虚导师之命再赴鸡足山复兴祖庭，终未果而返。谛闻先后两次努力改革鸡足山佛教，触及他人既得利益，僧阀和一些保守的地方势力竭力阻挠，拒绝合作，造谣生事，使其蒙受不白之冤，甚至于对谛闻进行人身攻击。由此可以明确，为什么对于谛闻会有截然相反的评价。显然，说谛闻"徇私舞弊、携金外逃"是恶意的造谣中伤。

另一则民国时期鸡足山僧人在江南学法后回鸡足山升任寺院住持的材料：宁波七塔寺主办的《报恩佛学院院刊》中有一份《拟贺某同学住持云南鸡足山书》。②

某某学兄慧鉴：

自从报恩佛学院分手之后，似电的光阴，不觉已有两年多了。……后为选举级长的时候，大家一致投票选举你为级长。

前几天海量学兄来此，问到你的近况，他说你已经做了云南鸡足山的住持，我听到这个好消息，我就快活得几乎要跳起来了。

---

① 贾汝臻等编：《七塔寺人物志》，宗教文化出版社2008年版，第420—453页。

② 华方田：《鸡足山佛教与浙江佛教》，载于印顺主编《虚云法师与鸡足山佛教——中国宾川鸡足山佛教文化论坛论文集》，宗教文化出版社2008年版，第358页。

这封贺信的署名大智，从贺信的内容来看，这位云南僧人曾经和大智是一个年级的同学，且才学出众，被推举为年级长。联系上则材料，纳西族僧谛闻虽然曾在七塔寺报恩佛学院工作过，并且担任过云南鸡足山石钟寺住持，但他的身份是教务长，不是年级长，因而纳西族僧谛闻不可能是贺信中的云南僧人。这位某同学仍然未知。尽管有诸多疑问未解，但可以肯定的是鸡足山僧人与江南佛教的因缘殊胜，两地的佛教文化交流源远流长。

江南临济宗与云南鸡足山的交流带来了明显的影响。

首先，江南临济宗成为鸡足山上禅宗主要流派。明清时期鸡足山上的八大寺中，本帖传的寂光寺系、释禅传的悉檀寺系和传衣寺系均为临济宗法脉，石钟寺和大觉寺所传的是曹洞宗，其他几大寺庙传承不明。到了清末民国时期，鸡足山上传承临济法脉的寺庵还有：万寿庵、大智庵、圣峰寺、华严寺、余金庵、祝圣寺、悉檀寺、五华庵、大士阁、九莲寺、雷音寺、碧云寺、八角庵、传衣寺、塔盘寺、会灯寺、瑞泉寺、崇福寺、大庙、法云庵、观音阁、津梁寺。[①]可见清末民国时期鸡足山上大多数的寺庵传承的还是临济法脉，这与鸡足山僧人多去江南地区求法有关，这些游学江南的僧人回到鸡足山后，传扬的自然是临济宗风，而且成为鸡足山上禅宗派的主流。

其次，鸡足山名僧几乎都有求学江南的经历。明清时期，行政上的统一和中央政府对云南的开发经营，也为鸡足山僧人去江南地区求学提供了更好的条件，这些鸡足山僧在江南地区学有所成，或留江南成为一方大德；或回鸡足山后成为弘法的中流砥柱。读彻和彻庸就是其中的两个佼佼者。

读彻（1586—1656），字见晓，后更字苍雪，号南来。俗姓赵，昆明呈贡人。五岁从父赵碧潭在昆明妙湛寺削发为僧，并得法名读彻（一作澈）。赵碧潭为妙湛寺中之都讲僧，读彻自幼得以随父听经学佛，赋性聪颖，于鸡足山寂光寺为水月儒全侍者，掌管书记。年二十五，行脚江南，住吴门中峰，为一雨法师上首。[②]读彻与同门入室弟子汰如谨遵师命，二

---

① 宾川县地方志编纂委员会办公室编：《鸡足山志》，云南出版集团、云南人民出版社2012年版，第81—82页。

② 高奣映：《鸡足山志》，侯冲、段晓林点校，中国书籍出版社2005年版，第251页。

人各居一处分传法脉，读彻住锡中峰寺、汰如居宝华山，两相呼应，一时
法席鼎沸，伽蓝焕然一新。读彻博学多闻，善画，尤工诗，居吴中时，常
与吴梅村、钱谦益等人唱和，其诗集有《南来堂集》4 卷（现藏云南省
图书馆）。王渔洋评其诗，推举读彻为明代三百年第一诗僧；钱谦益撰有
《中峰苍雪法师塔铭》。

如果说读彻是从鸡足山走出去后留在江南提振禅风的佼佼者，那么，
彻庸大师则是从鸡足山走出去后又返滇弘教的杰出代表。《鸡足山志》卷
7、《滇释纪》卷 2、《径石滴乳集》卷 4 等资料中均有彻庸大师的记载，
且《嘉兴藏》收录了彻庸大师编辑的《曹溪一滴》。高奣映《鸡足山志》
卷 7："师讳理。杜氏子。云南县人。生于万历十九年（1591）。年十一
岁，入鸡足山礼遍周上人。周预梦青莲花生于殿庭，次日师至，乃喜之，
与剃染，为曹洞第十一世。……"① 崇祯甲戌年（1634），彻庸偕徒洪如
（无住）出滇云游，至浙江太白山天童寺参临济宗密云大师。于是有了一
段精彩的大机大用：释圆鼎在《滇释纪》卷 2 中这样描述：

> 崇祯甲戌（1634），偕徒洪如参叩诸方，并于南都请藏。时密云
> 和尚说法天童，师往参。童一见便问：万里到此，却费多少草鞋钱？
> 师曰：某甲乘船而来。又问：来此作甚么？师曰：有事借问得否？童
> 曰：你在甚么处？曰：和尚还见甚么？童拟取杖，师便喝。童打，师
> 接杖一道，童曰：你作甚么？师曰：和尚要杖便送还。童喜，遂许入
> 室，则气吞诸方，咸称：吾道南矣！欲留之，不可，遂归。滇南自古
> 庭后二百余年，祖灯再续者，实赖师焉。

天童寺密云圆悟师承临济法脉，棒喝之法在两人第一次见面时演绎得
淋漓尽致，在我们这些门外汉看来有些玄妙难懂，但在言语之中包含临济
宗的"看话头"的机用："谁"字、"无"字话头是临济最常见的话头，
在不同的场合随机问答参悟。"你在甚么处？""和尚要杖便送还"正是
"谁"字和"无"字话头的化用。一番棒喝之后，两人心心相印，相视莫

---

① 高奣映：《鸡足山志》，侯冲、段晓林点校，中国书籍出版社 2005 年版，第 263—264
页。

逆，遂付彻庸衣钵，嗣法临济宗第二十五世。与读彻不同的是，彻庸没有留在江南，而是选择回滇。彻庸辞别密云后，到南京请藏经一部返回云南，奉在德云寺。崇祯丙子年（1636）入寂于妙峰山，铸有金像，奉于山上的宝华禅寺。彻庸著有《曹溪一滴》《谷响集》《云山梦语摘要》等。彻庸兼挑临济和曹洞二宗，所传禅法兴旺了200余年，影响着明清时期的云南佛教，同时，以寺院为载体形成了诗歌绘画艺术的文化圈，在云南边疆地区营造了一个文化传播中心。在彻庸门下的诗书画高僧中以担当和尚最为盛名，被奉为清朝五大书画僧之一。

最后，鸡足山禅师修持临济宗"看话禅"。看话禅是临济宗独具特色的修持方法，意在把禅师们从公案文字中解脱出来，扭转禅风，归向禅宗明心见性的本旨。鸡足山僧人在江南地区参学，自然也把看话禅的修持方法传入云南。从元代开始有云南僧人普通等参学于江南临济明本，回滇后住鸡足山修持看话禅。从高奣映《鸡足山志》中记载的鸡足山诸禅师的行实来看，看话禅已经是鸡足山僧人较为普遍的修持方法。由此可见，江南佛教对鸡足山禅宗产生了深刻而久远的影响。鸡足山禅宗与江南佛教之间的渊源和交流，一方面说明中国内地佛法远播西南边陲。另一方面也反映出元明以来，云南与内地文化的亲近与融合，体现了中华民族文化多元一体的整体特征。

第三节　云南鸡足山禅宗与其他地域佛教的交流

明清以来，鸡足山禅宗对外交流主要集中于江南地区，与其他区域佛教的交流相对较少，所见的材料也是只言片语。现根据高奣映本《鸡足山志》之人物卷，整理出明清时期云南籍以外的鸡足山僧人简表，如表7-3所示。

表7—3　　　　　　　　明清时期非云南籍的鸡足山僧人简表

名号	籍贯	时代	主要行实	出　处
如桂，号兰宗	贵州毕节	明	住狮子林三十余载，修华严法界观为宗，诸山耆德，无不钦仰。	高本《鸡足山志》卷6，p. 251。以下只标页码。

名号	籍贯	时代	主要行实	出处
圆易，号羲印	广东	明	万历末年来游鸡足山，与如正等交。	p. 251
如正，名淑宗，字墨客	广西桂林	明	万历四年丙子来到鸡足山，栖隐草庵，坐空心树下……居四十年而人不知其为学问人。	p. 253
本安，号无心	湖北承天	明	万历己丑，慈宫颁藏鸡山，赐紫衣，与妙峰同赍至山，师住锡觉云寺，轮奂益新，遂该觉云为大觉，一山咸宗仰焉。	p. 266
幻空禅师	北京	明	创碧云寺，居山四十余年，惟以参禅为宗。	p. 267
文玺	河南	明	天启年间，来鸡足，住九重崖，不出户者二十年，单参一个谁字，至不知朝暮春秋。	p. 279
净极，号达一	山东兖州	明末清初	康熙癸卯入滇。初至临安府，修迎恩寺。庚戌岁，始住鸡足，重建迦叶殿，焕然一新。	p. 280
真全	燕京	明	万历间来山，遍周留之大觉。尝置一大木缸于钟楼上，日夜趺坐其中二十余年。	p. 283
圆惺	陕西甘州	明	于嘉靖间至鸡足山，见华守胜迹，誓建寺于下。李中溪游山相遇，遂为与创焉。惺道行孤高，其精修三十余年不懈，为僧俗所归。	p. 285
来秀，号云聚	河南	明	苦行自持，住四观峰，创建金顶寺。住山数十年，精勤不懈。	p. 285
真顿，字天轮	广东	清	至鸡足，誓下苦工，刻不放过。今年九十八，行走若飞，正善饭也。	p. 287

表7—3 未包括江南地区的南京籍僧人真圆和杭州籍僧人雪影，此二人上文已述。由高𡵯映《鸡足山志》来看，明清时期鸡足山僧人主要来自云南本土，滇籍以外的僧人较少，但范围较广。由表7-3可以看出，明清时期鸡足山僧人有来自贵州、广西、广东、河南、湖北、山东、燕京、陕西等地区。由于涉及范围广、相关资料稀少，下面以表7-3里的人物为线索，仅据收集到的材料作简要的解析。

首先，由表7-3中如正禅师延展开来看鸡足山与广西的佛教交流。在高本《鸡足山志》中记载，如正人称老广西，隐居鸡足山草庵，坐空心树下，三十余年如一日，每天捆屦、莳菜以自奉，遗之钱，归诸寺不问；馈以粮粲，仅薄受，以佐齑粥，时人不知其为学问僧。直到广东禅师羲印来到鸡足山，才揭开如正是学问僧的本来面目。三年之后，如正圆寂之时留有诗句："四十年前藏拙，一旦抛露其丑，此等浅薄没器量人，幸借鸡山樀柮，点起一火烧却。"遂脱下草鞋曰："剩此赤脚。"而后立定逝去，人咸异之。这件事激起了普荷（1593—1673）的感慨，题如正像赞曰："尝闻老广西，是个金刚汉子。今日见你拜你，不过是个骨柮子。谓是行僧，便歇不下你担子；谓是禅僧，又摸不着你鼻子。带来的是敲破了半个鱼子，打坐处是一颗将死未死空心树子。这便是你留与后代儿孙的榜样子。请看这驼子，这墼子，咦！只恐还不是你当初的袋子。"[1] 高𡵯映也抑制不住感慨，在如正的传记后附上自己的评议：

> 𡵯映曰：谓之仙则禅耳；谓之禅，于鸡山所行无禅者之事。不谈经，不学事，日惟捆屦兼莳菜，而禅自寓于其中哉！[2]

老广西的故事是作了虚张处理，尽管高本《鸡足山志》记载有证实其身份的元代度牒，即使是元末（1368）的度牒，到明万历四十三年（1615），仍有240多年，因此，老广西的年龄不可信；但从普荷为老广西所题的像赞来看，鸡足山上的老广西是确有其人，因为普荷（1593—1673）不会为一个子虚乌有的人写像赞的；并且普荷的生活年代与老广

---

① 高𡵯映：《鸡足山志》，侯冲、段晓林点校，中国书籍出版社2005年版，第254页。

② 同上。

西在鸡足山上修行的时间有重合的部分。具体说，老广西去世时普荷年23岁，由此可以判定老广西的故事梗概是可信的。由此延伸开去，明代鸡足山与广西佛教有着交流，两地相距不远，道路相通，徐霞客西游时的路线就曾经广西、贵州入滇的。

从广西的本土材料亦能找到一些鸡足山与广西佛教交流的信息。广西南宁水月庵里有一块古碑，名为《开创乌龙始祖曹洞正宗传临济三十八世——许广映字水月老和尚塔碑记》，其中有记载：

> 　　按乌龙寺僧谱，师法号广映，云南蒙化县人也。生有凤慧，早正般若，当明季世任武定府总戎，为诸军之冠。……后乃一瓶一钵，来游粤西，艰苦万状。……其行高品洁其志诚，必能开基于兹土，于是醵金相助，请师买地造刹，建阁藏经，奉三宝如来佛祖，晨钟暮鼓，礼忏诵经，四方僧衲皆师宗之，厥后徒众愈盛，遂为东南一大禅林。溯师发源滇南鸡足山大觉寺，而南宁之乌龙寺，实其所开宗也。①

此碑初立于康熙十六年，重立于光绪元年，民国十年再立。从时间上看，此碑刻的历史不算久远，从明末到民国，传承有续。广映（1606—1677），云南蒙化（包括今天大理州的巍山县和南涧县）人，生活年代在明末清初，明清易代，社会动荡，弃官出家，初到广西南宁，住一小祠时，夜梦乌龙神，因此自号"水月龙"，后人称之为"水月禅师"。巧合的是鸡足山也有个"水月禅师"。鸡足山"水月禅师"是寂光寺的儒全，号水月，昆明人，亦称"水月禅师"。《鸡足山志》载，儒全于万历初年礼古林为师，后与朗目同游江南，返滇后主寂光寺并创建大觉寺，并没有到达过广西南宁住持乌龙寺的行实。② 儒全的弟子中有"广"字辈的僧人，但《鸡足山志》中没有"广映"的名字，因此暂不能确定广映是否为儒全弟子。另外，黄夏年先生在辨析这两个"水月禅师"时，说："广映出生于万历三十四年。万历三十八年（1699，己卯），徐霞客与儒全相

---

① 内刊《南国梵音》，广西南宁市佛教协会 2001 年冬第 1 期，第 56—57 页。
② 高奣映：《鸡足山志》，侯冲、段晓林点校，中国书籍出版社 2005 年版，第 266 页。

见，此时广映才 4 岁，因此广西水月不可能是鸡足山水月。"① 此结论正确，行文有误：一是万历三十八年不是 1699 年，而是 1610 年，万历己卯是 1579 年；二是徐霞客第一次上鸡足山是崇祯十一年（1638），此时的广映应该是 32 岁。广映在广西南宁初创乌龙寺，并传曹洞和临济二宗，碑文在提及广映的师承时，明确说源于鸡足山大觉寺，乌龙寺是云南鸡足山大觉寺的宗支，但语焉不详。

另一则广西本土的资料涉及鸡足山的是《栖霞寺志》，其中有："（栖霞寺）临济正宗。云南鸡足鹅头祖师，传栖霞寺禅林法派二十字——成佛宏道本，兴如广读书。学通宗智远，续尚祖师图。"② 而鸡足山寂光寺的临济法系字派包含：弘道本兴儒，广读书学通，两相对比，仅是同音字"宏"与"弘""如"与"儒"之差，其他字形与顺序皆一致，可以肯定桂林栖霞寺和鸡足山寂光寺两个临济法系是同一个法系。桂林栖霞寺的开山祖师寿佛与栖霞寺临济第一代传人浑融都与南岳佛教有渊源关系，而与鸡足山佛教无关联，③ 至于后来鸡足山鹅头祖师如何去桂林栖霞寺传临济法脉，不得而知。但教内法脉传承是一件极其严肃的事情，桂林栖霞寺不可能拿与己无关的别人的法脉谱系作为自己的法系，从常识上来看桂林栖霞寺与鸡足山寂光寺是同一个临济法系。结合上文鸡足山僧广映在广西南宁开创乌龙寺，我们不难得出这样的结论：明清时期云南鸡足山已成为我国西南地区的一个禅宗中心，并且开始向周边地区辐射。只是由于资料匮乏，暂时还没有找到云南鸡足山与贵州、巴蜀等周边其他地区佛教交流的材料。

其次，从表 7 - 3 中圆惺、真全、本安等僧人来看鸡足山与北方地区的佛教交流。圆惺是陕西人，圆惺在来鸡足山之前曾游学过峨眉山和五台山。沿着这条线索，翻检高本《鸡足山志》，发现五台山也是鸡足山僧人时常远足的地方。高本《鸡足山志》记载：

> 真澄法师，号所庵。寻甸人。俗姓张。年十五，企仰玉龙庵法光

---

① 黄夏年：《鸡足山佛教与广西佛教》，载于印顺主编《虚云法师与鸡足山佛教——中国宾川鸡足山佛教文化论文集》，宗教文化出版社 2008 年版，第 368—369 页。

② 同上书，第 370 页。

③ 同上书，第 370—371 页。

师。一日，果园摘柿为献，忽堕地，昏昏如梦中，赴法光座下。光
曰：汝事办否？师曰：已办。及苏，五体犹仆堕处，遂悟生死不在色
身，乃礼光受五戒。年十八，参古梅曲江。梅告以遍游天下，遂历参
诸师。至千佛寺，礼遍融和尚受法。后乃来往五台、鸡足，弘演教
乘。为近代法师之冠，建那兰陀寺于鸡足之金龙潭。①

真怀，号冲虚。昆明黄氏子。出家盘龙寺。初不识文字。遍游海
内，住峨眉山二载，苦行，住五台山九载，学尽诸经。后遍参蕴璞、
憨山诸大师。归滇，受具戒于所庵，建不二轩居之。后住传衣十五
年，专心念佛，誓欲往生净土。将迁化七日前，邀山中耆宿告别。至
七日，跏趺念佛而逝。②

上述两则引文中的真澄和真怀分别是寻甸人和昆明人，都距鸡足山不
远，并且他们都曾经游学过五台山。真澄往来于五台山和鸡足山之间；真
怀在五台山求学九年后归鸡足山。由此可见云南鸡足山禅师与外地的交流
还不仅仅局限于江南地区，他们的足迹还远及北方地区。再从真全是燕京
人出发，寻着"燕京"这一线索，在高本《鸡足山志》中找到如下记载：

本安禅师，号无心。承天人。俗姓舒。幼随母至燕，不茹荤，遂
辞母祝发法海寺。年十六受具戒，大阐宗教。③

寂观法师，号法界。传衣寺僧也。大理人。俗姓陈。于万历间出
家。后历诸方，至燕，参遍融和尚。归滇，至响水关值虎，虎为之畏
避蹲伏。回山，主传衣法席，继所庵法师开讲。其后寺灾，师恢
创焉。④

如满法师，号月轮。俗姓易。云南之马龙人。为华严寺月潭之法
嗣。年十八祝发，即谓万行为菩提初基。云游至燕，演习经论二十六

---

① 高奣映：《鸡足山志》，侯冲、段晓林点校，中国书籍出版社 2005 年版，第 275—
276 页。

② 同上书，第 283 页。

③ 同上书，第 266 页。

④ 同上书，第 276 页。

载。请藏来山，两赐紫衣、圆顶。与妙峰同赍藏回山，重修华严寺。①

　　道鉴，字养虚，临安府人。俗姓包。弃儒归释，剃染于筇竹寺。侍悉檀法润、安仁至燕京。及历吴越诸名胜，与野愚和尚为同参友。归住息阴轩终焉。②

　　上文中已提及本安，是湖北人，但他的出家求学的地方也是在燕京地区，于万历己丑年（1589）奉懿旨与妙峰一同赍藏入鸡足山。上文中的"慈圣宣文明肃贞寿端献皇太后谕大觉寺懿旨"也提及本安与"芦芽山护国永慈寺禅僧福登"于万历十七年一同奉藏入鸡足山。巧合的是，万历己丑年就是万历十七年（1589），两处记载的就是同一件事。那么，与本安同行的"福登"与"妙峰"是不是同一个人呢？因为从字义上看，"福登"与"妙峰"很像是同一个人的名和号。在《五灯全书》中找到如下一段记载：

　　太原台山妙峰福登禅师，山西平阳徐氏子，从蒲州万固朗出家。……万历初再参大千于少林。一日请益千曰：九年面壁，坐耶非坐耶？千曰：坐不坐两头语，须知旋岚偃岳，就中原自不迁。师不解。问憨曰：物不迁耶？憨曰：诸法元无去来，迁个甚么？师有省，隐居台山，获文殊摩顶授记，豁然大悟，道望隆重。至有猛虎引路，菩萨送灯，建桥梁，修梵刹，功行多不及录。神宗梦师像，征赴京，赐紫衣师号。示寂，塔于台山，敕封真正佛子。③

　　上述引文中明确了"妙峰"与"福登"是同一个禅师。妙峰大师，法名福登，法号妙峰，也称佛登、妙峰登。祖籍山西平阳（今临汾）。生于嘉靖十八年（1539），寂于万历年四十年（1612）。妙峰擅长佛寺建筑、桥梁修建与道路开筑，京、晋、冀、秦、川、云、贵、鄂、豫、皖、苏、

①　高奣映：《鸡足山志》，侯冲、段晓林点校，中国书籍出版社 2005 年版，第 277 页。
②　同上书，第 286 页。
③　超永编辑：《五灯全书》第 120 卷补遗，《卍新纂续藏经》第 82 册，第 722 页下栏。

浙，无不有其足迹和建筑，有"佛门鲁班"之称。妙峰曾与憨山一同参学于五台山等处，二人曾共同为万历皇帝求子，办"无遮大会"，会期120 天满后，妙峰离五台山，独往芦芽山修行。次年，万历帝果然得子。慈圣太后以为神，遂皈依妙峰门下，成为佛门俗家弟子。妙峰与憨山二人交友甚笃，在《憨山老人梦游全集》中作有《敕建五台山大护国圣光寺妙峰登禅师传》。另外，《补续高僧传》卷 22 中也有关于妙峰福登的记载。另外，与本安、妙峰同行的僧人还有如满法师。如满法师本是鸡足山华严寺僧，云游燕京二十六载，后随妙峰、本安一行赍藏回鸡足山。由此推测，万历十七年奉旨赍藏入鸡足山一行的僧人要多于三人，两地实际交流的人数要大于文献所记载的数字。

　　上述引文中还有两位云南僧人寂观和道鉴也曾经游学于燕京地区，后归鸡足山。从引文道鉴"侍悉檀法润、安仁至燕京"的断句来看，道鉴和法润、安仁三人一起到达过燕京，但从高本《鸡足山志》中关于安仁的记载来看，他并没有到过燕京地区：

> 道慈，字安仁。法润之亲弟。幼而敏慧，长而笃厚。事无巨细，迎刃辏然。丽江生白公命赴嘉兴请藏，绘水陆，刻书籍，遂得遨翔于南方。同无住大师参天童，朝普陀有洛伽洞中观音三献之异。董玄宰、陈眉公相谓曰：安仁博雅，不似云南僧。赠诗画联额甚夥。开创古雪斋，休居宴息，一尘不染。年六十六，诣牟尼山辞其法兄，无疾而逝。①

　　由上述引文可知安仁的行迹主要是在南方，也没提及他的哥哥法润到过燕京，并且，徐霞客到达鸡足山时，住悉檀寺，接待他最多的就是安仁，可见安仁晚年的确回到了鸡足山。因此，"侍悉檀法润、安仁至燕京。及历吴越诸名胜，与野愚和尚为同参友"的断句应该为"侍悉檀法润、安仁。至燕京及历吴越诸名胜，与野愚和尚为同参友"。也就是说，到达燕京地区游学的是道鉴，法润、安仁两人没有到过燕京地区。

　　最后，表 7 - 3 中的非云南籍的僧人还有如桂、幻空、文玺、净极、来秀、真顿，由于资料缺乏，无法展开了。

---

① 　高奣映：《鸡足山志》，侯冲、段晓林点校，中国书籍出版社 2005 年版，第 286 页。

第八章　云南鸡足山禅宗看话禅

名山与名僧是佛教圣地不可或缺的基本要素。山因名僧而有灵，僧栖名山而精进。从高本《鸡足山志》记载鸡足山诸禅师的行实来看，临济宗看话禅是鸡足山僧人普遍的修持方法。明代及其以后，云南鸡足山禅宗与江南禅宗有着密切的交流，因此，江南临济宗独具特色的修持方法也传到云南鸡足山。通过梳理鸡足山僧人修持看话禅的概况，可以看出云南鸡足山僧团的整体素质的提升；同时也为云南鸡足山圣地蓄积了丰厚的人文底蕴。

第一节　看话禅溯源

看话禅的修行实践从唐末就开始出现了，宋以后成为临济宗的主要特色。从"不立文字"到"不离文字"，宋代的文字禅与禅宗的本旨越走越远。宋代禅宗公案、灯录、语录蔚为大观，禅师们游于文字之间，逞文斗字，疏于修持，开始沉溺于对文字的意识知解，互争口舌之快，不肯从心性上真实地做功夫。临济大慧宗杲有感于宋代公案、颂古、拈古、评唱等文字禅的"绕路说禅"之弊，力图扭转禅风，焚毁他的老师圆悟克勤《碧岩录》的刻板，倡导"看话禅"。参一话头，时时不忘，念念不断，顿悟佛祖之机，心智无碍，见性成佛。他强调禅宗的生命在于"悟"，禅宗的旨趣不是仅仅表现在语言文字上，而是需要贯彻于人们的生活实践中。大慧宗杲的看话禅不仅在当时独树一帜，而且逐渐成为禅宗的主流，传承至今。从"不离文字"到"但举话头"，看话禅的产生是对文字禅的一种反动，是在禅宗本质意义上的一种回归。看话禅的最主要特色是"看话头"或"参话头"。看，有参究之意；话，是公案之意。即专就一则公案之话头，历久参究，最终获得开悟。话头，即是公案中禅师的经典答语，不是整个公案。看话头，看的对象是"话头"，而不是"话"，不是沉吟于公案的文字，而是借公案中的一句话在日常生活中参悟禅机。看话禅意在把当时的禅师们从公案文字中解脱出来，扭转一代禅风，归向禅宗明心见性的本旨。

有关看话禅的记载，现存文献最早见于黄檗希运（？—850）的《黄檗断际禅师宛陵录》：

> 僧问赵州：狗子还有佛性也无？州云：无。但去二六时中，看个无字，昼参夜参，行住坐卧，著衣吃饭处，阿屎放尿处，心心相顾，猛著精彩，守个无字。日久月深，打成一片，忽然心花顿发，悟佛祖之机。①

从希运的记述，我们可以看出他明确提出"看个无字"，而不是整个公案文字内容。话头，就是公案里的禅师的答语，上文里参的是"狗子有无佛性"的"无"字话头；②看，就是在日常生活中，时时不放松、不间断的长期实践修持的功夫。这样的"看"，就跳出了文字的窠臼，在行走坐卧、吃喝拉撒等最平常的生活中实践修持，不再玩弄文字，只是借一个"话头"去参究，在生活实践中彻悟禅理。看话头到极处，就能顿悟本心，不被别人的言语文字所蒙蔽，可以宣讲禅法，任运自如了。因此，看话头在向着禅宗本旨的回归：一是在日常生活中参禅，体现了禅宗"不立文字"的特点；二是看话头的顿悟之状，"日久月深，打成一片，忽然心花顿发，悟佛祖之机"，这是对禅宗顿悟情状的精彩描述，体现了禅宗"直指人心、见性成佛"的顿悟特点。

接过希运参"无"字话头，并有创新的是北宋临济五祖法演。法演，绵州巴西（四川绵阳）人，俗姓邓。年三十五始出家受具足戒，游学成

---

① 《黄檗断际禅师宛陵录》一卷，《大正藏》第 48 册，第 387 页中栏。

② 在"赵州狗子"的公案之前，惟宽禅师的语录中也有关于"狗子有无佛性"记载，见《五灯会元》第三卷，海南出版社 2011 年版，第 213 页。惟宽禅师坐化是在元和十二年（817），而赵州禅师在南泉寂后（834），才开始携瓶负钵，遍历诸方，寻师问道。因此，惟宽禅师的语录在赵州之前，但前者语录中并未明确是看话头。

都，后负笈南渡淮浙，参谒圆照宗本、浮山法远，止投于白云守端禅师，参究精勤，遂廓然彻悟，受印可，寻依命分座，开示来众。《古尊宿语录》载有：

> 僧问赵州：狗子还有佛性也无？州云：无。僧云：一切众生皆有佛性，狗子为什么却无？州云：为伊有业识在。师（法演）云：大众，你诸人寻常作么生会？老僧寻常只举无字便休。……我也不要你道有，也不要你道无，也不要你道不有不无，你作么生道？①

与希运相比，法演的论述补充了回答"无"字的理由，指出看话头的问题本身的答案很简单，但说有说无，说不有不无，还是没有跳脱问题的本身，还是在文字上思量、打转转，都没有参透这个话头，仍未开悟。因为我们不要执着话头本身的意义，而功夫应在话头外，看话头只是当作悟道的手段而已。看话头实质上是一种长期修持，看话头的最终目的是追求开悟，参透一个话头，就可以以一贯之，彻悟禅宗的全部真谛。法演的讲述同样也强调了禅宗"不立文字"的传统，反对文字禅拘泥于文字的禅风。

希运与法演的看话头的思想奠定了大慧宗杲看话禅的基础。宗杲（1089—1163），17 岁出家，始学禅宗云门语录，习曹洞禅法，最后投临济宗，成为临济一代宗师。大慧宗杲看话禅的主要特点是：一是话头是活句。活句是离言的，不需要从文字上求解；相反，那种就问作答，只能是系缚在言语上，无法彻悟。《大慧普觉禅师语录》中提出参究的话头主要有："庭前柏树子""麻三斤""干屎橛""狗子无佛性""一口吸尽西江水""东山水上行"等。二是激起疑情。这是看话禅悟入的基础，是一种集中精神参究，深度的心理体验。清除杂念、妄识、打破执着都从疑情开始，大疑之下才有大悟。三是长期修持。激起疑情后要坚持修持体证，不怕落空。时时修持不是为了寻知觅解，而是要了断生死，断灭知见烦恼障，识认本心。四是妙悟为则。宗杲看话禅以参话头为工具，而妙悟则是最高鹄的。没有这一悟，看话头就没有究竟，也没有最终完成。大慧宗杲

---

① 《古尊宿语录》卷 22，《卍新纂续藏经》第 68 册，第 146 页下栏。

下面一段语录，集中体现了他的看话禅的基本观点：

> 僧问赵州：狗子还有佛性也无？州云：无。此一字子，乃是摧许
> 多恶知恶觉底器杖也。不得作有无会，不得作道理会，不得向意根下
> 思量卜度，不得向扬眉瞬目处垛根，不得向语路上作活计，不得飏在
> 无事甲里，不得向举起处承当，不得向文字中引证。①

大慧宗杲的"八不得"的主张，是对看话头的过程提出了具体细致
的要求，是他的看话禅的宣言，也是对以机锋棒喝为禅，以概念分析为禅
以及对默照禅的批判。② 此"八不得"是以一个"无"字贯之，强调这
个"无"字不得当作"有无"之"无"理解，不得当作道理来领会，不
得做意识推理，不得猜度师意，不得做言语推断，不得做意念琢磨，不得
承顺公案，不得做经论引证。由此可见，宗杲反对只在文字语言上下功
夫，反对只钻研参禅过程中的机语酬对，提倡以话头为入道因缘，将悟道
的修持落实在日常行为中，在行住坐卧、动静语默中着力，直下无住，喷
然而发，活脱脱的触处皆可开悟。至大慧宗杲，看话禅已为一个成熟的禅
学思想体系，成为风靡禅林的禅法，奉为临济宗圭臬。元代临济宗中峰明
本等继续阐扬看话禅，以至于今，看话禅的禅风犹存。

第二节　云南鸡足山禅宗看话禅源于江南临济宗

明本继承了大慧宗杲的看话禅思想，强调看话禅的最终目的是妙悟，
要在日常生活中"做功夫"的重要性。明本批评当时禅门之流弊说：

> "今时学者之病，在速于要会禅。……若说会禅，是谤禅也。如

---

① 《大慧普觉禅师语录》卷 26，《大正藏》第 47 册，第 921 页下栏。
② 魏道儒：《宋代禅学的主流——宗杲的看话禅体系》，《中国社会科学院研究生院学报》
1991 年第 2 期。默照禅是与宗杲同时代的曹洞宗宏智正觉倡导的，正觉认为宗杲的看话禅滞于公
案功夫，不利解脱。"默"指沉默专心坐禅；"照"是以智慧观照原本清净的灵知心性，默即有
照，照体现默，默照相即；照中不能失默，默中不能失照，只有默照宛转回互，相辅相成，才是
理圆无碍。而宗杲则批评默照禅教人诸事莫做，只管静坐，不求妙悟。

麻三斤、柏树子、须弥山、平常心是道、云门饼、赵周无，一一透的是解禅语，亦非会禅也。若不妙悟，纵使解语如尘沙，说法如泉涌，皆是识量分别，非禅说也。……如今禅学者流，多是商量个话语，皆不肯回头拈己而参，所以古人目禅语为野狐涎唾，良有旨也。"①

明本进一步认为，参话头也只是方便法，而非实法，也就是说，看话头只是为补偏救弊，乃不得已而为之。玄鉴师从明本禅师，是将江南的临济宗再传的云南的第一人，那么，玄鉴是否也是把临济看话禅的修持方法首次传入云南的呢？据《太华山佛严寺无照玄鉴禅师行业记》记载：

> 师神姿超卓……及知有教外别传之旨，即请益领参于筇竹雄辩法师。净公迁化，师尽弃所学，单看狗子无佛性话，立愿不沾床凳，不入城郭，力究此宗，以报师恩。

这里说的是玄鉴出滇游学江南之前即已经在看"狗子有无佛性"的话头了。这里就隐含一个问题：看话禅是否玄鉴首传云南？如果说玄鉴是把江南禅宗再传云南的第一人，那么，玄鉴离滇游吴之前，筇竹寺雄辩法师教玄鉴看"狗子有无佛性"的话头，应作何解？笔者以为，雄辩法师曾游学中原25年，临济宗在元代已是禅宗的主流，雄辩对当时具有主流地位的临济宗的修持特色不会无所见闻。游学中原后归滇的僧人可能并非像中原佛教那样具有严格意义上的宗派，而是兼闻各宗之说。碑文记载，玄鉴在离滇前"请益领参于筇竹雄辩法师"，参"狗子有无佛性"的话头，很可能源于雄辩法师在中原的游学见闻。

看话禅与鸡足山的直接关联亦可找到文献记载。《天目中峰和尚广录》卷4有《示云南通讲主》：

> 先圣以善巧方便智力，向你清净田中抛撒不净，指渐指顿，或偏或圆，说一念顿超，说历劫熏练。或可眼根人者，以色空作佛事；或

---

① （元）中峰明本述，慈寂编：《天目中峰和尚广录》卷4"示云南福元通三讲主"，明洪武刻本，第40页。

可耳根入者，以音声作佛事；乃至六根门头，及与八万四千尘劳境内，咸作佛事，特不过控勒你一个人处，要你识个自己家珍，舍此初无实法。①

标题里的"通讲主"就是云南鸡足山的禅师普通。明本看话禅秉承的是大慧宗杲一路，认为话头只不过是"善巧方便"，更重要的是于行住坐卧、担茶运水的日常生活中，触发机缘，通了禅宗本旨。后来普通禅师开悟的机缘正是在鸡足山上修持看话禅的过程中得到的。普通禅师之后，又有很多鸡足山僧人去江南学习临济宗法，看话禅作为临济宗最具特色的修持方法，自然也被传到鸡足山上。从鸡足山禅师普遍修持看话禅的行实来看，也证实了这一点。

第三节　云南鸡足山禅宗看话禅的主要话头

普通、彻庸等一批禅师参学于江南临济宗，回滇后住鸡足山，谨遵师命，弘扬禅法，作为临济宗的主要特色的看话禅无疑也是被弘扬的对象。记述鸡足山禅师看话禅的材料不多，下面仅就清高奣映《鸡足山志》中的记载，以话头分类，加以整理。

话头一："父母未生前你本来面目"

高奣映本《鸡足山志》卷7：彻庸、普行、文玺

（彻庸）聪慧，过目成诵，时密藏开公游鸡足，师就请益，公示与父母未生前哪个是你本来面目？……师曰：敢不在侍者家内。公曰：以后云南佛法，自子始耳。②

普行禅师，号非相，景东人。……住师一日唤师入方丈，问曰：前日问你，父母未生前在哪里安身立命，作么生理会？师云：不住一切处，是我安身立命。③

---

① （元）中峰明本述，慈寂编：《天目中峰和尚广录》卷4"示云南通讲主"，明洪武刻本，第38—39页。

② 高奣映：《鸡足山志》，侯冲、段晓林点校，中国书籍出版社2005年版，第264页。

③ 同上书，第269—271页。

文玺，河南人。年十三出家……后至湖广参黄蘗，请开示……蘗命参父母来生前，谁是我本来面目。又十年，不契，乃发誓住山。天启年间，来鸡足，住九重崖，不出户者二十年，单参一个谁字，至不知朝暮春秋。①

以上三位鸡足山禅师所参的共同话头是"父母未生前你本来面目"。检索 CBETA（中华电子佛典协会），找到相关经文、语录有 180 余条。"父母未生前你本来面目"是禅宗常常参究的话头。《坛经》就有慧明追上南下惠能要求传法，惠能授法曰："不思善，不思恶，正与么时，哪个是明上座本来面目？"慧明言下大悟。② 此后这一话头常见于《佛祖统纪》《五灯全书》及各家禅师语录中。"本来面目"自我认识要靠修持体认，在机缘成熟时方能看到本来"如是"存在的面目。因为本来面目不是具体之物，要在纯粹的观照中去感知，这种纯粹的感知对象超越了俗世的真实，而非具体的一人或一物，在亲证无限的"如是"境界中了见自己的本心。所以父母未生前本来面目是什么，这个话头不能猜、不能想，一猜就错了，一想就错了，而是在日常修持中直显本来面目，让自性直显自己。因此，父母未生前你本来面目不是某一人物的具体模样，如果你这样想就仍然局限在问题本身，而是要从问题中超脱出来，直指自己的本心，体认自性，从而能够借此话头贯通禅宗的真谛。

彻庸禅师在江南曾参学于临济密云圆悟禅师，师承临济看话禅，恰巧密藏开公游鸡足山，这是难得的请教机会。开公让彻庸禅师参究"父母未生前你本来面目"这个话头。彻庸参究很久未能觉悟。在思量之时，忽闻炉中火爆，顿时疑团大开，领悟到的本来面目就是毋庸置疑的至理，即是"如是"的禅宗真谛的另一种表述，"不在侍者家内"意即"本来面目"不是家内父母生育所给的。此般感悟已经超越了话头本身的问题，体认到本来"如是"的自性，故此得到开公的首肯；无住大师从大理来鸡足山，普行禅师向他请教时参究的也是这个话头，普行禅师的领悟的本来面目是"不住一切处，是我安身立命"，这里的"不住一切处"与"不

---

① 高奣映：《鸡足山志》，侯冲、段晓林点校，中国书籍出版社 2005 年版，第 279 页。

② 《六祖大师法宝坛经》，《大正藏》第 48 册，第 349 页中栏。

在侍者家内"有异曲同工之妙。文玺禅师向黄檗参"父母未生前你本来面目",更是历经30余年,一日沉思间,偶见一个撞钟僧,问云:"如何不撞钟?"僧笑云:"才放下钟锤,又叫我撞钟。"顿然大悟,说偈云:"一窍玄关在此时,世间曾有几人知,若还开了通天眼,步步头头合祖机。"这个本来面目好似云在青天水在瓶,任其自然,"青青翠竹尽是法身,郁郁黄花无非般若",顿然了见"如是"的自性,贯通禅宗真谛。禅宗借此话头,是要把人们所有一切妄念都打掉,烦恼妄想蒙蔽了空空净净、如如不动的自性本心,一切有关我是"谁"的杂念皆是妄想,与自性不相干;参此话头,抛却此般杂念妄想,即可见性,清净的真如本心就是你的本来面目。

话头二:"狗子还有佛性也无"

高奣映本《鸡足山志》卷7:洪如

> 　洪如禅师,号无住,定远人。……(彻公)曰:赵州狗子有佛性也无?汝且参去。师疾应声曰:无。便撒手出。公曰:却也灵慧。遣唤师,不顾而去。……遂走姚安,礼彻公于陶不退先生之雪阁,曰:当时觌面却错过,今日蓦地却相逢。公问:狗子有佛性也无?师曰:一棒早已打杀,不劳殷殷动问。公曰:举棒者聋?师摘起公帽,公曰:怎么露地时如何?师即拈帽还之公顶。[1]

洪如禅师原是一个铁匠,目不识丁。偶闻人议生死大事,时时自问,生从何来?死去何往?刻发疑情,不觉掷锤于炉畔,即入定去。恰巧一游僧路过,敲金醒之,告诉他鸡足山大觉寺有彻庸禅师通佛法可往参之。从引文看出,彻庸让他参究的话头是"赵州狗子有佛性也无"。宋代慧开禅师《无门关》的第一则就是此公案,要求参禅者参个"无"字,昼夜坚持不断,不要将"无"字当作虚无、有无来解。看此话头,不在于有无,有、无在这里都没有实际意义。这只是禅师方便教人的方法。洪如参究数年,三次际遇,三次机锋喝问,渐次醒悟。洪如最后一次答语,"一棒早

---

[1]　高奣映:《鸡足山志》,侯冲、段晓林点校,中国书籍出版社2005年版,第267—268页。

已打杀，不劳殷殷动问"，狗子已经被棒杀了，也就不存在有无佛性的问题了，已经悟性萌发，还未究竟。彻庸继续追问举棒打杀的人是谁，洪如以摘帽、还帽这样象征性的动作，把问题还原给发问者，已入无我之境，跳出话头本身的窠臼，不再思量狗子的佛性是有是无、棒杀者是谁，幡然顿得"无"字意涵。

话头三："见佛了生死"

高奣映本《鸡足山志》卷7：慧光

> 慧光禅师，号朗目，曲靖人，俗姓李。剃染于鸡足山之寂光寺，备修苦行，久耽禅悦，继游海内，登天目兰风之堂。风以见佛了生死为问，每拟议，风辄呵。一日，风肩柴次，遥见师，掷柴于地，曰：见佛了生死。师不言，直肩柴去，曰：见佛了生死。风深契之。①

慧光禅师出家后曾住鸡足山，后游学海内，足迹半天下，后来到达安徽拜谒兰风，经过兰风的启发与栽培，朗目最终悟到了"见佛了生死"的境界，放光出入，获得了"聚林白眉"的称号。"见佛了生死"，语出《佛说大阿弥陀经》中一个回向偈："……愿同念佛人，尽生极乐国。见佛了生死，如佛度一切。"② 另外还见于《念佛超脱轮回捷径经》卷1、《礼念弥陀道场忏法》卷8、《龙舒增广净土文》卷4等。慧光初登天目兰风之门，兰风以"见佛了生死"为话头，引导慧光参悟。兰风以见佛了生死来堪验，每当看到慧光想就"见佛了生死"这个话头大发议论时则喝止，其用意是暗示他像"见佛了生死"这样的话头是离言的，不是用语言能说明白的。一天，兰风肩上扛着柴草，遥见慧光，就将柴草掷之于地，对慧光说："见佛了生死。"慧光不言，向前扛起柴火，同样曰："见佛了生死。"兰风很满意。这里兰风的行动是有隐喻的：肩扛柴草，隐喻要亲自实践才能领悟无上禅法，慧光不再用语言回答老师的堪问，而是主动扛起柴草，以实际行动表明他已经领悟老师的深意，要用通过实践修持去参究"见佛了生死"这样的话头。慧光禅师在鸡足山寂光寺时，儒全

---

① 高奣映：《鸡足山志》，侯冲、段晓林点校，中国书籍出版社2005年版，第267页。

② 《佛说大阿弥陀经》，《大正藏》第12册，第327页中栏。

禅师曾经与慧光同参，慧光曾经寄诗二首给儒全。① 鸡足山石钟寺洪相禅师，曾经专程到浮山叩拜慧光，在洪相离开浮山回云南前，慧光也有诗相赠。② 慧光虽然长期住持安徽浮山华严寺，但云南佛教界一直把他作为云南僧看待，彻庸《曹溪一滴》和清《云南通志》卷 25 等都把他收入其中。

话头四："如何是祖师西来意"

高奣映本《鸡足山志》卷 7：普通

> 普通禅师，号德存，大理赵州人也。幼入鸡足山出家，遍历讲席，因问中峰和尚：明得三乘十二分教，与祖师西来意是同是别？峰曰：你举教意来看。师曰：拟举即差。峰曰：恁么则你讲的经瞽？师拟议，峰便喝。师不觉汗下。因兹服膺。峰为升座，示法语曰：参玄上上人，须识巧方便。即小契入。③

如何是祖师西来意，也是禅宗最常见的话头之一，翻阅《五灯会元》，约有 200 则之多。祖师，指达摩祖师。在达摩祖师西来之前，佛法实际早已传到中国，但形态各异，法门林立，且有些并不究竟，不能度人解脱。达摩西来，就是为了让中国人知道佛性人人都有，只是我们是否自觉而已。因此，禅宗就是要明心见性，证悟自己内在的佛性。佛法是可以宣说的，所以释迦牟尼有三乘十二分教传世；禅宗传说，释迦牟尼在灵山会上拈花示众，唯有大迦叶破颜微笑。于是释迦牟尼宣布："吾有正法眼藏、涅槃妙心、实相无相、微妙法门，不立文字，教外别传，付嘱摩诃迦叶。"从此，不立文字、教外别传的禅宗流布于世。三乘十二分教的教意与达摩西来的祖意，在本质完全相同，无论是祖意还是教意，论述的无非都是同一佛性、同一佛心，但针对不同根器的人群，佛法又有不同的法门施教，三乘十二分教与祖师西来意在这个层面上是有区别的。因此，"拟

---

① 第一首："鸡山古寺初逢处，楚国长途复遇时。三十六年成久别，而今题作一联诗。"第二首："华首峰头大寂禅，烟霞养得慧身坚。有时坐到忘言处，迦叶重来展笑颜。"

② 慧光的赠诗："孤身游万里，一锡振千峰。心花开片片，慧日演重重。礼罢诸方后，归家扣石钟。"

③ 高奣映：《鸡足山志》，侯冲、段晓林点校，中国书籍出版社 2005 年版，第 265 页。

举即差"。正如普通禅师所领悟的"参玄上上人，须识巧方便"，看破话头本身只不过是禅师巧设的方便之言而已，意在引导人们去话头之外的真意，即借此一话头而彻悟禅宗真谛。"水向石边流出冷，风从花里过来香"，出石之泉凉，过花之风香，自然使之，无须外力介入。此中境界，即如禅宗本来明净的心性，明一心即可得，无须在心外求。

高奣映《鸡足山志》卷 7 记述鸡足山禅师看话禅的行实不止上述这些，还有一些零星的记载散见于禅师的传述中。比如遍周的弟子周定每至一处皆曰："求茶一杯漱口"①；洪度随彻庸住鸡山时，僧众以禅问之，惟答以"念佛"二字。临终时，有僧人问："和尚平日念佛，此时何如？"洪度回答说："我自念佛，与汝何兴？"遂寂然而逝。②

第四节　虚云法师对看话禅的继承与发展

虚云法师中兴鸡足山的行实僧俗共识（下文有述）。在参禅方法上，虚云继承、发展了临济看话禅的传统。虚云认为话头只不过是一种手段，是个敲门瓦子。看话头先要发疑情，疑情是看话头的拐杖。如果不发心求悟，则疑情不发，功夫不在话头上。发疑情、看话头还要有持之以恒的决心，一曝十寒，终不能悟。这与大慧宗杲强调的"时时提撕"也是一脉相承的。禅宗参禅的目的在于明心见性。唐宋时禅师师徒传授，以心印心，往往一言半句就悟道了；平日参问酬答，也不过随方解缚，因病与药而已。宋代以后，人们的根器渐劣了，禅师们不得已，采取看话头这样以毒攻毒的办法，以一念抵万念。虚云法师在继承临济看话禅的基础上，对看话禅作出了新的发展。归纳出如下几点：

首先，虚云新解了"看话头"。什么叫话头？话就是说话，头就是说话之前。如念"阿弥陀佛"是句话，未念之前，就是话头。所谓话头，即是一念未生之际；一念才生，已成话尾。这一念未生之际，叫作不生、不掉举、不昏沉、不着静、不落空，叫作不灭。时时刻刻，单单的的，一

---

① 高奣映：《鸡足山志》，侯冲、段晓林点校，中国书籍出版社 2005 年版，第 284 页。
② 同上书，第 251—252 页。

念回光返照，这"不生不灭"，就叫作看话头，或照顾话头。①虚云法师把临济看话禅的"话"的概念的内涵扩展了，从禅宗公案中禅师的经典答语或问句到日常说话皆可是话头之"话"，对"头"的解释也有变化，虚云认为话头之"头"就是说话之前。把"话头"定格在一念未生之际的一念心，看话头就是在当前一念心上看到一念未生之际的本来面目，也就是通过话头从当前一念始生之处看到离念的清净心，因而具有形而上的本体意义。虚云把看话头的范畴扩大了，把看话头与其最终目的之间的距离缩短了，更直接更明了。

其次，虚云认为看话头即是观心。虚云看话头与大慧宗杲、中峰明本一路，把看话禅的落脚点都放在心悟上，但虚云走得更远，用观心来说悟。他说："话头其实都一样，都很平常，并无奇特。"关键点在于用话头引导你去观察生起万法之心。"话从心起，心是话之头。念从心起，心是念之头。万法皆从心生，心是万法之头。其实话头即是念头，念之前头就是心。直言之，一念未生以前就是话头。由此你我知道，看话头就是观心。"②怎么观心呢？虚云法师说："观心即是观照自心清净觉体，即是观照自性佛。心即性、即觉、即佛，无有形相方所，了不可得，清净本然，周遍法界，不出不入，无往无来，就是本来现成的清净法身佛。"③照顾此一话头，看到离念的清净自心，再绵绵密密，恬恬淡淡，寂而照之，直下五蕴皆空，身心俱寂，了无一事。

最后，虚云指出了看话头之"四病"与"四药"。虚云总结出人们在参话头时容易出现的四种禅病，与之相应地提出四种对治的药方。④ 一是看不上话头。路头还有搞不清的，糊糊涂涂，随众打盹，不是妄想纷飞，就是昏沉摇摆。对治的药方是看"念佛是谁"这个"谁"字，待看到妄想昏沉少，谁字不能忘了时，就看这一念起处，待一念不起时，即是无生。能看到一念无生，是名真看话头。二是看在话尾上。话头看上了，但

---

① 虚云：《禅堂开示》，载于《虚云和尚开示录》，北京图书馆出版社 1993 年版，第 46 页。

② 赖永海：《虚云和尚与看话禅》，载于《虚云法师与鸡足山佛教》，宗教文化出版社 2008 年版，第 52 页。

③ 同上。

④ 参见《参禅警语》，载于虚云著《虚云老和尚法汇》，余金晋、农汉才点校，黄山书社 2006 年版，第 166—167 页。

把话头看死了，紧紧握着话头这一片敲门瓦子，不知超越，把功夫用在话尾上了，终不能到一念无生之地。对治药方是向念起处看到一念无生。三是执着于境。看话头有了一定的体验，能照顾现前一念无生，或从此一念起处看到无念心相，逐渐有了种种境界，或喜或怖，执着于此而成病。对治药方是照顾自己参就的话头，一念不生，佛来佛斩，魔来魔斩，一概不理他，自然无事，不落群邪。四是极处前止步。有些人没有以上三种禅病，理路明白，用功恰当，已走上了正轨的，清清爽爽，妄想若歇，身心自在，没有什么境界，正好振起精神，用功向前。但枯木岩前岔路多，有的人就此停住了，自以为足，起了我慢之心。对治药方是应如古人所说："万法归一，一归何处？"由一向至极处迈进，最终明心见性得解脱。

第九章　云南鸡足山名僧及其著述

　　山本无言，因人而灵。大卫·奇德斯特和爱德华·T. 林赛尔在《美国的圣地》"导言"中认为，可以从三个方面认定一个圣地：自然环境、人为环境和神话取向。[①] 人为环境和神话取向两个层面中显然包含了人类的文化创造，即使是自然环境，"在人的意义和重要性上，也是一种文化产品"。[②] 沿此思路，佛教圣地无疑是人们的一种文化创造。从理性的角度看，尽管佛教圣地的神话取向有些荒诞，但它归根结底还是人创造出来的文化产品。就云南鸡足山而言，除了名士官宦在为鸡足山圣地热情宣说之外，鸡足山僧人群体也以著述的方式为鸡足山圣地起到人文宣传的作用。僧人作为佛教圣地的主体性角色，其修行和学养对于佛教圣地的维系和发展起着关键性的作用。明末清初，云南鸡足山僧人的著述迭出：苍雪《南来堂集》中的鸡足山印象、释禅《依楞严究竟事忏》的本土化特色，以及《风响集》的风生禅响、担当《橛庵草》的"风即禅"论、大错和尚的逃禅心路、彻庸《曹溪一滴》的禅宗正味、学蕴《知空蕴禅师语录》的临济特色等，折射出一个新崛起的佛教圣地的人文风采。正因为有了这些高僧宿耆居于鸡足山，以德馨聚芳邻，才有鸡足山圣地僧才荟萃；正因为有了这些僧人的著述宣说，以人文描山魂，才有鸡足山圣地声名鼎沸。

第一节　明代隐逸之风与云南鸡足山

　　明代隐逸之风为云南鸡足山带来了旺盛的人气。明代政治暴虐，"戾

---

　　① David Chidester and Edward T. Linenthal, *American Sacred Space*, Introduction, Indian University Press, 1995, p. 12.

　　② Ibid. , p. 13.

气"载道。"厂卫""廷杖""诏狱"等惨烈的刑罚，使明代士大夫阶层的生存环境尤其险恶，士大夫行走仕途，稍有不慎就要面临生死的考验，有些敢于直言直行的士大夫随身携带鸩酒，随时准备饮鸩自杀，以免遭受残酷的肉体折磨。因此，明代很多士人"用独"而归隐。中国自古即有隐士（或称"逸民"等），三代之际的巢父、许由、卞随、务光等人算是中国最早的隐士了。隐士的特点，首先是"士"，是具备孝、义和智等德行的优秀知识分子中的一部分；其次是"隐"，他们特立独行，卓尔不群，远离政治，超然世外，表现出独特的行为与价值追求。因此，隐士最本质的特征是"隐居不仕"。隐士隐居何处？佛教未在中国盛行之前，隐士大多选择隐居山林；佛教盛行中土以后，十方丛林就成为隐士隐居的首选。魏晋时期佛教在中国还没有全面展开，否则，阮籍、嵇康等人就很可能不会在竹林之下逍遥，而是投入佛教寺院里寻找精神的寄托之所了。唐宋以降，佛教丛林成为中国隐士新的隐居选择，士人与僧人的交友佳话也为世人所津津乐道，儒释的交融也是中国传统文化的一大特色。宋代大慧宗杲直截了当地说："菩提心即忠义心""禅状元即儒状元"，拉近了禅僧与士人阶层的距离；王阳明也说："圣人之学即心学"，虽然不可以简单地说阳明心学就是佛教禅宗的翻版，但援佛入儒已是不争的事实。儒释的亲近与交融为士人的归隐铺设了理想的道路。在明代残酷的政治环境里，特别是在明清易代的乱世里，大批士人、遗民归隐禅林的现象尤为突出，即所谓"禅悦"和"逃禅"。士人、遗民的加入，无疑推动了明清佛教的局部兴盛与发展。阎尔梅在描述明代京师和吴越地区的佛教时说："我明禅林侈兴，土木金碧，动损亿万，京师、吴越尤甚。京师主者，大半皆后宫戚畹中官辈，吴越则士大夫主之。"① 归庄在《冬日感怀和渊公韵，兼贻山中诸同志》中感慨："良友飘零何处边，近闻结伴已逃禅。"② 邵廷采在《明遗民所知传》中也说："僧之中多遗民，自明季始也。"③

不仅仅是中原和江南地区如此，远在西南边地的云南亦然。陈垣先生在《明季滇黔佛教考》中作过论述，明季滇黔士大夫因"禅悦"而成为

① 阎尔梅：《阎古古全集》卷6，北京中国地学会，1922年。
② 归庄：《归庄集》卷1，第48页。
③ 邵廷采：《思复堂文集》卷3，浙江古籍出版社1987年版，第212页。

居士或出家者共 37 人，①"逃禅"的著名士大夫共 27 人。②"禅悦"，士人在主观上的志趣倾向更多；"逃禅"，则是在刀光剑影下求生的一种选择；但有时两者之间的界限不是很清晰，或者说这种划分不是很准确。不过，这样的分类倒不影响明清云南士大夫整体上"趣禅"的士风。陈寅恪在《〈明季滇黔佛教考〉序》中说："明末永历之世，滇黔实当日之畿辅，而神州正朔所在也，故值艰危扰攘之际，犹略能萃集禹域文化之精英者，盖由于此，及明社既屋，其地之学人端士，相率遁逃于禅，以全其节。"③从陈垣《明季滇黔佛教考》中的论述看，云南"禅悦"和"逃禅"的士大夫多集中在鸡足山上，他们是士人群体中的拔萃者，拥有相对丰厚的经济基础和广泛的社会关系，为鸡足山佛教的发展带来财力的支持和文化的润泽；即使是其中的潦倒者，也以其声名为鸡足山圣地作了很好的宣传。因此，明代士大夫对禅宗的亲近和皈依，为云南鸡足山带来了高素质的僧才，也为鸡足山带来了更高的知名度，使得云南鸡足山迦叶道场的声名更加远扬。

表 9—1　　　　　　　　元代以来云南鸡足山僧人简表

朝代	法名	字号	籍贯	俗姓	事　　略
元	源空		楚雄		入九重岩，绝粒经月，端坐而化。
元	妙光			高	师讳庆。爰感迦叶有征，遂诣鸡足山。
元	妙观				至元间人。习静鸡足山，诵《金刚经》，有白光如轮，久而不散，作《金刚方语集解》一卷。
元	本源		河南		至正年间来山，开罗汉寺。

---

①　其中云南士人有李元阳、陶珽、陶珙、木增、高奣映、明鉴（大理郡守李华之孙）、广度（俗名曾倬，建水人）、澹虚（俗名李应霖，大理人）、悟澄（大理绅士杨春林之子）、希声和尚（俗名陈祥士，贵州平坝人）等；见陈垣《〈明季滇黔佛教考〉外宗教史论著八种》，河北教育出版社 2000 年版，第 333 页。

②　其中有唐泰（担当）、钱邦芑（大错）、陈起相（无尽）、曾高捷（还源）、黎怀智（彻智）、吴鼎（大拙）、杜鼎黄（古乘）、戴若（古笑）、周东华（神仙）、戴弘宗（雨珠）、赵思明（思明和尚）、幻黎（铁棒和尚）等。见陈垣《〈明季滇黔佛教考〉外宗教史论著八种》，河北教育出版社 2000 年版，第 417 页。

③　陈垣：《〈明季滇黔佛教考〉外宗教史论著八种》，河北教育出版社 2000 年版，第 235 页。

朝代	法名	字号	籍贯	俗姓	事　略
元	普通	德存	大理		幼入鸡足山出家，遍历讲席，游学于中峰明本，归鸡足山结庵参禅。
元	真圆	月潭	南京		元统初自南京来鸡足山，初建南京庵，后扩建为华严寺，为华严寺开山住持。
元	二如				有胜德，能动天地。阴晴雨雪，随咒而应。
元	白伽				为蜻蛉之僰种也。雄辩天人，神异百出。
元	连精和尚		楚雄		习瑜伽教。元至正间，滇大旱，师祈雨遂成。多宿鸡足山明王殿。
明	匾囤				一日，欲入鸡山，呼曰：贼方欲劫新创寺，我往护之。是夜贼果环绕石钟寺，师以咒力慑伏。
明	可秀				正德间，把茅于天竺庵旧址下，精修禅悦。
明	不动喇嘛		赵州	董	董贤，至鸡足山，日夜精进，通阴阳历数之术。永乐十八年进京，大显神异，赐红色袈裟等，授以都纲。
明	宗玙	商岩			初住鸡足山，后迁姚安。玄鉴之徒。
明	净月		曲靖	胡	嘉靖年间来鸡足山，创建圣峰寺。
明	道裕	天心			嘉靖年间来鸡足山，创建接待寺。
明	兴彻	太空	洱海		初师鸡足山定堂，自誓立禅。后游诸方，住狮子山。
明	性玄	大机	宾川	赵	嘉靖年间来鸡足山，创建圆信庵，后扩建为传衣寺。
明	圆惺		陕西		嘉靖年间来鸡足山，创建放光寺。
明	圆清				嘉靖间结庵袈裟石上，孤标峻洁。李元阳称其为一山高僧之首。
明	定堂	本帖	寻甸	杨	嘉靖间依秀嵩山白斋和尚，参万法归一话头，发明心地。后居鸡足山金龙潭金龙山，创花椒庵。
明	法光				定堂法嗣。赋性孤高，不随世缘。住山遇虎，见师辄伏。

续表

朝代	法名	字号	籍贯	俗姓	事　略
明	洪舒	印文	楚雄	杨	年18事法光和尚剃度，住石钟阁，禁足持诵弥陀70余年，德行孤高，重建教义阁，徒众数百。
明	广传				日咒其钵，迎八功德水倾注坎中，久之成渊泉。
明	圆彩	白云	昆明		入鸡足山狮子林开念佛堂，苦行30余年。
明	周堂	雪庭	赵州	张	谒龙华寺佛心和尚，后创潮音阁。
明	真语	默庵	宾川	李	嘉靖癸丑，事师正宗。创建止止庵。初不识字，礼《华严》六七载，顿开慧性，著有《观无量寿佛经注》。得赐紫衣。
明	如正		广西	周	万历四年（1576）来鸡足山，栖隐草庵，或坐空心树洞参禅40余年。释普荷为其作像赞。
明	妙峰	福登	北京		万历己丑，赍藏入山，住华严寺。后复命还京，栖五台山。
明	德心		蜀		万历间入山，或居山门或宿树下。夜惟念佛经。行大觉寺，遍周亦尝叩之。
明	大千		河南		万历间来山，住猴子洞。
明	圆易	羲印	广东		万历末年来鸡足山，与如正等交。精通宗教，诗词赋落笔千言，道俗共钦。如正示寂，为其制塔铭。
	实庵		大理		长身修髯。始居净土山，后入鸡足山，历九载。每入市，置飘于祠庙神案乞食，人辄以食食之，如神代其募者。
明	如堂		澄江	杨	因寂光寺无藏经，入京请藏归山。
明	德住	宝山	剑阳	张	圣峰寺僧，肋不至席，翘一足立数日，人称铁脚罗汉。
明	如唐		陕西		结茅棚于罗汉壁下，斋毕以手擎饭，群鸟集肩而食。为西来寺开山祖师。

朝代	法名	字号	籍贯	俗姓	事　　略
明	儒全	水月	昆明		万历初礼古林为师，后与朗目同参，至峨眉山四会亭得琉璃三昧。后归鸡足山，主寂光寺。有天台兵宪王公问师：日用事如何？师答曰：凿池不待月，池成月自来。
明	朗目	慧光	曲靖	李	剃染于寂光寺，后游海内，天目兰风契之。名震京师。后居安庆浮山。著有《浮山法句》。
明	释禅	本无	昆明	张	博学有道行。居鸡足山息阴轩，丽江知府木增延请建悉檀寺，并开牟尼山。著《风响集》等。
明	道源	法润	鹤庆	杜	同弟道慈出家于玄化寺。助释禅建悉檀寺，寺成于天启四年。疏上请北藏，赐紫衣，授僧录司左觉义。
明	道慈	安仁	鹤庆	杜	法润之亲弟。为人博雅，开创古雪斋。
明	雪影	广和	杭州		天启六年来山，寓悉檀寺，与本无为道友。
明	广慧	野愚	嵩明		行脚江南数十年，归山著《颂古百则沤花集》一卷。
明	道鉴	养虚	临安	包	弃儒归释，侍悉檀寺法润、安仁。后游历吴越，与野愚和尚为同参友。归鸡足山，住息阴轩。
明	道涵	弘辩	鹤庆	施	有慧辩，以丛林为己任。后退隐片云居。
明	学蕴	知空	洱海	张	甫十岁入山，投水月和尚祝发，住寂光寺。精修戒律，胁不至席者30年。建玉霖轩静修。后出山至楚雄开创九台山，学人数百。
明	读彻	苍雪	昆明		出家妙湛寺，归鸡足山，为水月侍者。年25，行脚江南，住吴门中峰，为一雨法师上首。
明	本安	无心	湖北	舒	万历己丑，赐紫衣，与妙峰同赍至山，改觉云寺为大觉寺，一山宗仰。
明	寂观	法界	大理	陈	万历间出家，传衣寺僧。游历诸方，至燕参遍融和尚。回山主传衣寺法席。

朝代	法名	字号	籍贯	俗姓	事　略
明	真利	和雅	云南大树营	石	幼皈彻明为师,游方至金陵,受戒于古心和尚。后还鸡足山,广开讲席。
明	如满	月轮	马龙	易	请藏来山,两赐紫衣圆领,重修华严寺。
明	可全	遍周	鹤庆	李	大觉寺僧,侍本安无心。师门下百人,彻庸辈,其法孙。
明	真全		燕京		万历间来鸡足山,遍周留之大觉寺。日夜趺坐木缸中二十余年。崇祯丁丑冬,坐化。
明	周定	慧庵	云南县	杨	依遍周大师祝发,住持大觉寺,后兴钵盂庵。
明	彻庸	周理	云南县	杜	11岁如山,礼遍周剃度,为曹洞第十一世。与弟子洪如同开妙峰山,住锡水目山。崇祯甲戌,借印天童密云大师,嗣临济宗三十五世。过目成诵,集《曹溪一滴》。
明	洪度	不空	临安府		临安府孝廉。初祝发于筇竹寺,后皈依彻庸。僧以禅问之,惟答以念佛二字。
明	幻空		北京		创碧云寺,居山40余年,以参禅为宗。
明	真澄	所庵	寻甸	张	创建那兰陀寺,弘演教乘,为法师之冠。
明	如常	艮一	宜良		投大方和尚剃度,后嗣所庵,学华严法界,戒行威仪,无可比者。
明	真怀	冲虚	昆明	黄	出家于盘龙寺,游历海内,归鸡足山,受戒于所庵,建不二轩。后住传衣寺15年,专心念佛。
明	广融	澹虚	大理	李	俗名李应霖,万历年间任知州,弃家为僧,建三益楼、清凉阁。
明	儒施	大力	宜良		创建静室从师始,有古人风。晚年以净土接引后学。
明	洪相	应机	云南县		幼入鸡足山,礼法光为师。遍参海内,后归山于九重岩结茅,栖25年。
明	南嵩				创建金华庵,在庵东石洞中礼佛13年。

续表

朝代	法名	字号	籍贯	俗姓	事　略
明	尽玄	如如	澄江	张	弃儒，投幻空祝发，创建拈花寺。著有《三教直指》《金刚定衡》《性学正宗》等。
明	读体	见月	楚雄	许	投寂光寺量如法师，后历海内，嗣金陵三昧和尚，主席宝华山，戒律精严。著《三坛正范》《指作二持》。
明	如桂	兰宗	毕节	王	皈所庵披剃，精通教典，住狮子林30余载，修华严法界观为宗。
明	文玺		河南		天启年间来山，住九重崖，20年不出户，单参一个"谁"字。道行既高，接引愈广，人称"老河南"。
明	无住	洪如	定远	邓	铁匠，初不识字。礼彻庸，入白云窝，苦参得悟。后随彻庸请藏归妙峰，开水目山宝华禅寺。
明	悟月	古镜	大理		自幼于龙华寺出家，参学诸方，结茅于寂光寺，名古镜庵。
明	明鉴	无台	大理	李	大理郡守李华之孙，18岁投圣峰寺百齐剃度为僧，后隐居波罗崖。
明	普匀	平若	浔阳	洪	7岁祝发，受具足戒，在钟灵梵庵30余年，名重两迤，门徒以千计。
明	玄远	近微	昆明		依筇竹之白云和尚祝发，嗣悉檀寺，兴隆教律。
明	玄顶	三明	云南县	殷	居九重崖操学。后参非相和尚，居水目，专精戒律。
明	寂定	自如	剑川		游历四方，受戒于三昧和尚，博通经典，在鸡足山弘开法席。
明	周续	传灯	楪榆		幼依大觉寺出家，后遍历名山，归山，日夜念佛，不问寒暑。
明	寂演	惟圣			自如法师高徒。精通教义，能书，善以言悟人。后游南岳山，大振教律，门下千众。

朝代	法名	字号	籍贯	俗姓	事略
明	照敏	知恒	楚雄	尹	13岁出家于鸡足山华严寺，受戒于无住和尚，学教乘于自如法师，犹精律藏，为全山威仪型范。
明	广涵	无相	临安	杨	6岁出家于鸡足山教义阁，精修戒定，究竟念佛。
明	广贤	慧实	楚雄	王	礼妙香和尚剃度。专精金刚三昧40余载，与无相为道友。
明	清虚		曲靖		幼年入山，礼月轮祝发，游历诸方，顿悟心宗。在庐山讲经说法，四方衲子云集，坐下听者上千人。
明	普宜	文育	鹤庆	陈	参无住和尚，受具足戒，修大觉寺殿，建普同塔，复修钵盂庵。
明	悟澄	渊明	楪榆	杨	幼年入山，礼无心和尚出家，为遍周和尚之徒。结茅放光寺左，阅藏五载，究明佛意。
明	周璧	印如	楪榆	阮	幼入山，礼遍周和尚出家，智性聪颖，深究教乘。
明	还原	宗本	宾川	曾	俗名曾高捷，崇祯庚辰进士，官礼部郎中。于南京参天童和尚，遂不仕，归鸡足山天池斋，昼夜参究。
明	明学	无宗	楚雄	高	自白云和尚祝发，至悉檀寺操学，后游闽、浙。归鸡足山，长坐不卧，与曾高捷为净土友。
明	印宽		昆明		首传寺僧，与还原禅师交善。
明	洪敬	怡渊	大理	李	礼遍周剃染，受戒于无住和尚，印证于彻庸祖师，遍参诸方。居鸡足山大觉寺，十年不与人事。
明	洪质	清宇	云南县	杨	20岁入山，礼遍周落发，为山中知识，绍继紫衣。

朝代	法名	字号	籍贯	俗姓	事　略
明	普见	一唯	定远		礼彻庸和尚为徒，遍参江南，与房公请藏，归大觉寺。
明	来秀	云聚	河南		苦行自持，住四观峰，创建金顶寺，住山数十年，精勤不懈。崇祯末年，无疾而逝。
明	慧心	妙空	通海	马	万历间来朝华守门，住祝国寺，建云海、妙觉二庵。
清	悟贞	友山	姚安	高	姚安士官，俗名高泰＋翟，高奣映之父，明亡入鸡足山为僧。
清	普荷	担当	晋宁	唐	俗名唐泰，号大来。以明经选，不赴。弃家为僧，诗书画俱佳，人称"云中一鹤"。著有《橛庵草》《儵圆集》等。
清	洪舒	印文	楚雄	杨	住石钟阁禁足持诵弥陀70余年，重建教义阁。
清	普行	非相	景东	孙	投悉檀寺，于德周和尚祝发，住静20年后，入水目山，嗣无住。
清	玄顶		云南县	殷	居九重崖操学，后参非相和尚，居水目，专精戒律。
清	洪希	苍波	太和	何	7岁依遍周剃染。虚心参究，戒行精严。阅藏十数番，人问经律论，随口而答，不遗一字。
清	普匀	平若	寻阳	洪	7岁祝发于寂光寺。受具戒，嗣钟灵梵庵和尚，名重两迤，门徒以千计。
清	真顿	天轮	广东	林	幼依罗浮山云会师剃度。至鸡足山，誓下苦功，刻不放过。
清	净极	达一	山东	曹	康熙时入鸡足山，重建迦叶殿。
清	悟澄	渊明	大理	杨	幼年入山，为遍周之徒，结茅放光寺，阅藏，究佛理。
清末民国	古岩	虚云	湖南湘乡	萧	1904—1928年住鸡足山，修葺寺庵、开单接众、整肃戒律、建十方丛林制；开坛受戒、讲经办学等，道风一新，迦叶道场重振。

朝代	法名	字号	籍贯	俗姓	事　略
民国	怀空		江苏		祝圣寺住持，修镇宝亭、放生池、禅堂、斋堂各五间，寺周围遍植柏树。
民国	德远	亚晞	盐兴		云游国内名山，归鸡足山开讲《弥陀经》《法华经》。
近代	果灿				1925 年在鸡足山出家，曾任九莲寺当家，中国佛协云南分会理事。
现代	果筌				1937 年在鸡足山受沙弥戒，1980 年期任保山梨花坞当家，保山市佛教协会会长。
现代	广法				1950—1982 年任鸡足山观音阁当家，受沙弥戒，1987 年起任圆通寺当家；历任大理市佛教协会会长。
现代	宽霖	广深	新都	王	"文化大革命"后，任文殊院方丈，1986 年兼任鸡足山祝圣寺方丈，主持祝圣寺传戒法会。

说明：诸本《鸡足山志》中唐宋时期鸡足山僧人多是传说，不足信，省去未录。

资料来源：范承勋：《云南鸡足山志》卷 6 "人物"，常慧戊成年（1988）翻印本，第 96—111 页；高奣映：《鸡足山志》卷 6、7 "人物上、下"，侯冲、段晓琳点校，中国书籍出版社 2005 年版，第 228—296 页；宾川县地方志编纂委员会办公室编：《鸡足山志》第八章 "人物"（其中 "鸡足山历代名僧列表" 多处重复、错漏），云南出版集团公司、云南人民出版社 2012 年版，第 219—238 页。

第二节　明清云南鸡足山僧人著述概况

　　云南鸡足山佛教圣地的兴盛，除了表现在寺院宏整、寺田广布之外，还表现在名僧云集、著述荟萃的人文方面。明清时期，朝廷先后有 5 次赐藏和若干次僧人私募请藏入云南鸡足山，其中有《北藏》《嘉兴藏》《龙藏》等。[①] 因此，云南鸡足山僧人经常开场阅藏，研读辩论，云南鸡足山

---

　　① 详见道坚法师《云南鸡足山古代佛寺藏书考略》，载于《虚云法师与鸡足山佛教》，宗教文化出版社 2008 年版，第 387—395 页。

俨然成为西南边地的一个佛教文化中心。这种文化氛围的另一个结果就是明清时期云南鸡足山僧人丰硕的著述作品,彰显了佛教圣地的恢宏气派。兹列表9-2。

表9—2　　　　　　　　　　明清时期云南鸡足山僧人著述简表

作　者	著　　述	备　　注
真语,建止止庵等	《观无量寿佛经注》	存题,《新续高僧传》之《明洱海般若沙门释真语传》称之为《观世音经注》。
释禅,悉檀寺僧	《依楞严究竟事忏》2卷、《风响集》1卷、《因明论随解标释》《老子玄览》《禅宗颂古》、诗文偈颂若干卷;与所庵同注《肇论》	《依楞严究竟事忏》入《卍新纂续藏经》第74册;《风响集》藏云南省图书馆;余则存目。
广慧,嗣水月法	《颂古百则·沤花集》1卷	存题
尽玄,创拈花寺	《三教直指》《金刚定衡》《性学正宗》	存题
周理,即彻庸禅师	《曹溪一滴》8卷、《谷响集》1卷	均入《嘉兴续藏》第25卷(新文丰版)
读彻,即苍雪法师	《遗戒十章》《法华珠髻》《南来堂集》	杨为星:《苍雪大师〈南来堂诗集〉诗注》,昆明:云南出版集团,2011年11月;余则存题。
还原,俗名曾高捷	《诗文偈颂》《和宗本山居百韵》	存题
普荷,号担当,俗名唐大来	《翛圆集》8卷、《橛庵草》7卷、《拈花颂百韵》《罔措斋联语》《文论序跋》《传记》《年谱》等	余嘉华、杨开达点校:《担当诗文全集》,云南人民出版社2003年11月版;李昆生:《担当书画全集》,云南美术出版社2001年8月版。

续表

作者	著 述	备 注
大错和尚，俗名钱邦芑	《他山·易诗》24 卷、《读高士传》6 卷、《古乐府》8 卷、《十言堂诗文集》各 16 卷、《史切》20 卷、《诗话》20 卷、《蕉书》24 卷、《随笔》60 卷、《鸡足山志》8 卷、《甲申纪变录》1 卷、《甲申奸佞纪事》1 卷、《九嶷志》《话溪志》《永州志》和《宝庆府志》若干卷	赵联元辑《大错和尚遗稿》4 卷，收于《云南丛书》集部二编之六；《梅柳诗合刊》，收于《云南丛书》集部之十五。余则存题。
学蕴，号知空	《知空蕴禅师语录》2 卷	收于《嘉兴续藏》第 37 卷（新文丰版）
寂定，建断际庵	所著《语录》《诗文》10 卷	未梓
洪如，号无住	《沧山集》	存题
本智	《清心集》	存题
把茅	《借庵诗草》	存题
古处	《竹间看云》	存题
光勋	《朝音阁集》	存题

资料来源：高奣映《鸡足山志》《嘉兴续藏》目录、《新续高僧传》目录、民国贵州《余庆县志》。

从表 9—2 可见，云南鸡足山僧人的著述集中在明末清初时期，这与云南鸡足山在明代后期渐趋鼎盛的历史是相符的；表格中的著述以禅宗为主，这与云南鸡足山作为禅宗道场的教内定位也是相契合的。所幸的是有一些僧人的作品留存于世，从中可以窥见昔日云南鸡足山佛教圣地的盛况；不幸的是有些僧人的作品散失不存，可以肯定地说，明清时期云南鸡足山僧人的著述远远不止今天能够看到的这些。此外还有那些戒行谨严、述而不作的僧人，共同为鸡足山的兴盛营造了高远而深邃的人文圣境。从宗教文化学的角度来看，明清时期的云南鸡足山也是西南地区的一个文化中心。

第三节　苍雪《南来堂集》的鸡足山记忆

苍雪（1588—1656），法名读彻，字见晓，号苍雪，又号南来。苍雪幼年随父在妙湛寺出家，12 岁时到云南鸡足山拜水月禅师为师，后来离开鸡足山，云游江南，于古心律师受具足戒，又参学于晚明高僧雪浪，随之成为雪浪法嗣一雨禅师的入室弟子，住锡中峰寺，逝于南京宝华山。苍雪大师是从鸡足山去江南游学的僧人中的杰出者，明末清初的著名诗僧。苍雪学养深厚，著有《遗戒十章》《法华珠髻》等，可惜已失。苍雪还擅诗、画，常与江南名流吴梅村、钱谦益等人唱和，有《南来唐集》存世。苍雪一生时间大都是在江南度过的，他的成名也是在江南地区，但对于故乡和故人却难以忘怀。现根据杨为星的《苍雪大师〈南来堂诗集〉诗注》（云南出版集团 2011 年 11 月版）解析苍雪大师的鸡足情结。

《苍雪大师〈南来堂诗集〉诗注》中共收录苍雪诗 1156 首，主要内容有记录他孤筇万里、访师交友的行程，讲经说法、妙悟顿得的智慧，以及国变战乱、道路阻隔的乡愁等。下面是从苍雪千余首诗中挑拣出的有关鸡足山的部分，加以解析。

一是对途经铁索桥的记忆。苍雪在《度黔中铁索桥拟装师西游，有举烟招伴而过者》[①] 中记录下他年少出游时的惊险一幕。诗题中的铁索桥，是指在北盘江上的铁索桥，今桥已毁，故址在贵州关岭县（旧安南县）、晴隆县（旧永宁州）之间，地处云、贵交通要道，也是苍雪从鸡足山出发开始西游的必经之地。诗题中的"装师"应该是"奘师"，指的是玄奘大师。苍雪要以西行求法的玄奘为榜样，决心西行游学，可见苍雪当时壮志凌云，矢志求法的意志溢于言表。其中两句："虹影雷门过，江声铁锁悬"，描述了当时过危桥时惊心摄魄的情景，以至于五十年后，仍然历历在目：

---

① 杨为星：《苍雪大师〈南来堂诗集〉诗注》，云南出版集团 2011 年版，第 34 页。

盘江铁桥

自望黄尘每慨然，故乡卿相我无缘。

眼前见画思鸡足，梦里寻家渡铁莲。

苗庶尚潜诸葛洞，儒臣不去小西天。

料来难得今生见，先过此桥五十年。[①]

从内容来看，这首诗应该是写于苍雪晚年，虽然身为一方大德僧俗敬仰，但明清易代，兵荒马乱，交通受阻，乡音难达，此种乡愁，苍雪大师也难以释然。首联由日常所见勾起对故乡的回忆；颈联写苍雪睹物思乡，看见一幅山水画也会不由得想起年少时出家的云南鸡足山，甚至在梦里还会见到五十年前出游时经过的盘江铁索桥……这一联里，苍雪用了两个具有鲜明地域特征的意象——鸡足山和铁索桥，这是苍雪年少时的记忆中最重要的图景：在鸡足山上拜师求法，又经盘江铁索桥出游参学，其中的甘苦如鸭在水，冷暖自知。颔联中的"苗庶"是指云贵交界处的苗族，诸葛洞代指苗族居住之所；"小西天"是指云南鸡足山。这一联借土著居民尚且有个安身之所，而尘世中的读书人也不会去鸡足山，来表达自己许身佛法、一杖挑日月、孤筇万里行的卓尔不群；尾联以因缘前定的理由，释放胸中的思乡之情。全诗以铁索桥为线索，串联起对故乡的回忆，回忆的最终落脚点即是自己年少时出家生活过的鸡足山，诗人对鸡足山的拳拳之心跃然纸上。

二是与友人唐大来的深谊。唐大来，即担当和尚。苍雪和担当二人不仅仅是同乡，而且志趣相投，都曾游学于江南，后来唐大来返回云南，苍雪留在江南，二人远隔千里，但时有书信往来。《南来堂集》中苍雪写给唐大来的诗就有 5 首。在提及和唐大来之间的友谊时，苍雪写道："幸得一人识，不孤万里朋。"[②] 1626 年，唐大来去北京参加科考时经过南京，在送唐大来赴京应试的时候，苍雪表达了对同乡的祝福和激励："走马长安春雪遍，到时应换敝貂裘。"[③] 二十年后，即 1646 年（清顺治三年），

---

① 杨为星：《苍雪大师〈南来堂诗集〉诗注》，云南出版集团 2011 年版，第 191 页。

② 同上书，第 80 页。

③ 同上书，第 131 页。

此时清军已经平定中原，但云南尚为明永历帝及大西军残存势力所据，音信难通。有个叫王升如的人从云南来到江南，带来了唐大来写给苍雪的书信，在乱世尘烟中能收到故友的问候，一字千金，让苍雪格外感慨："数字随风传万里，两心相见只孤灯。"① 在述说二人友情的同时，苍雪仍不忘鸡足山：

送唐大来还滇

小艇难禁五两风，鸡山有路几时通。
殷勤为我传乡信，结个茅团在雪中。②

诗中的"五两风"之说，是因为古代的测风器是用鸡毛五两（或八两）结在高竿顶上，测风的方向。苍雪为唐大来送行的时候，由景生情，看这朋友乘船将要返回故乡，苍雪不由得又想起了鸡足山，不知道自己何时才能回到鸡足山，暂且请朋友为自己代传音信，并且结个茅草团藏在雪中……苍雪大师远离家乡，尽管名扬大江南北，但仍不能忘怀昔日生活过的鸡足山。苍雪对鸡足山的此种情结正如诗中所描述的雪中茅团一般，缠绕纠结，冰清中蕴藏着温暖。

第四节　释禅《依楞严究竟事忏》及其禅宗旨趣

释禅（1577—1632），字本无，昆明人，张氏子，早年失父，19 岁时剃度于通海秀山妙空和尚，受法于所庵法师，受具足戒于大方和尚。释禅于鸡足山放光寺阅经藏 20 余年，后与所庵共同注释《肇论》，所庵口授，释禅笔录，一字未安，当仁不让于师。万历丁巳（1617）年，丽江土知府木增在大龙潭上建悉檀寺，延请释禅开山，同时奏请朝廷颁赐藏经。明光宗特旨颁藏，赐额"祝国悉檀寺"，授释禅秩僧录左善世，兼赐紫衣。崇祯壬申年（1632）圆寂。③

<hr>

① 杨为星：《苍雪大师〈南来堂诗集〉诗注》，云南出版集团 2011 年版，第 171 页。
② 同上书，第 244 页。
③ 参见释圆鼎《滇释纪》卷二，《云南丛书》子部之二十九，中华书局 2011 年版，第 10388—10389 页。

《楞严经》叙述阿难受摩登伽女之幻术，戒体将毁之际，佛遥知之，遣文殊师利以神咒保护阿难免受摩登伽女诱惑破戒，并为其说修禅定，能断烦恼，以显常住真心性净明体。其后，阿难与摩登伽女同诣佛所，佛乃为说圆解、圆行、圆位，乃至详说七趣以辨阴魔，及三摩提之法、根尘同源与缚脱无二之理；一切世间诸所有物，皆即菩提妙明元心，心精遍圆，含裹十方。众生不明自心性净妙体，故流转生死，当修禅定，以破种种颠倒之见，通过十信、十住、十行、十回向、四加行、十地、等觉、妙觉等由低至高的种种修行阶次，达到方尽妙觉，成无上道。因此，《楞严经》是开示修禅、耳根圆通、五蕴魔境等禅法要义之经典，是一部"佛教修行大全"，习禅者更是奉之为圭臬。释禅依《楞严经》制作忏法是在中国佛教的大背景和云南地域佛教小背景两重因缘下的结果。中国佛教在唐会昌法难之后，整体上看，诸宗义学不彰，特别是在禅宗迅速发展和兴盛的引导下，宋代及其以后中国佛教转向了重视实践层面上来了。作为佛教实践的重要内容，礼忏之风应运而起了。而《楞严经》中本来没有成熟的忏法规制，只是在一处经文中提及楞严咒的功能时涉及忏悔：

> 阿难！若有众生，从无量无数劫来，所有一切轻重罪障，从前世来，未及忏悔。若能读诵、书写此咒，身上带持；若安住处、庄宅园馆，如是积业犹汤销雪，不久皆得悟无生忍。[1]

此段经文只是说读写楞严咒或将楞严咒带在身上、安置于住处等地方，可以有消除所有一切轻重罪障的功德，中国僧人在此基础上演绎出日益繁密的楞严忏法。依《楞严经》制作的忏法主要有三家：天台宗净觉仁岳的《楞严忏仪》、华严宗晋水净源的《首楞严坛场修证仪》和禅宗释禅的《依楞严究竟事忏》。释禅作《依楞严究竟事忏》与明代云南的阿吒力教盛行有关。明初朱元璋将佛教寺院分为禅、讲、教三类：

> 佛寺之设，历代分为三等：曰禅、曰讲、曰教。其禅不立文字，必见性者方是本宗；讲者务明诸经旨义；教者演佛利济之法，消一切

---

[1] 《首楞严经》卷七，《大正藏》第19册，第137页中栏。

现造之业，涤死者宿作之愆，以训世人。①

从上面的分类来看，云南的阿吒力教应该属于"教"，即依科仪设立道场，诵念真言秘咒等仪式，为人们祈福涤罪。明太祖曾派遣僧人到云南建寺传教，汉地佛教大规模传入云南，其中专门为满足世俗禳灾祈福需求的"教"随之传入云南，也是不争的事实。因此，明代云南的经忏佛事日渐盛行。而当时云南流行的是《梁皇忏》10卷，修忏一次，需"竭蹶四日，以属倦怠，中下之家，以费钜阻办"。其他存世的忏法如《华严忏仪》42卷，"卷帙富博，弥月方竟，不堪传布"；《三昧水忏》3卷"一日有拜三部者，似乎系简未中"；而《法华三昧忏仪》《金光明忏》等天台忏法并没有在云南地区流行。② 考虑到云南当时的忏法太烦琐或太简略，不利于人们的修忏实践，释禅依《楞严经》撰写了《依楞严究竟事忏》2卷，共410拜，一天之内即可修习完毕。修习《依楞严究竟事忏》时，只要虔诚诵读忏悔文，至诚礼拜诸佛名号，就会有感应，消除业障罪愆；不需要昂贵的坛场陈设，节约了修习的成本，适应了广大信众的实际需求。

《依楞严究竟事忏》体现了禅宗的旨趣。作为一个禅师，释禅在主张修习事忏的同时，也重视理忏，并将理忏与禅宗的修持结合在一起。佛教忏法有很多种，其中"事忏"，又称为"随事分别忏悔"。事，指事仪，即于事相上如实忏悔罪恶，以身礼拜瞻敬，口称唱赞诵，意存想圣容，披露过去、现在三业所作之罪，以消除罪愆。"理忏"是相对于"事忏"之称，又称为"观察实相忏悔"，观诸法实相皆空之理，明罪恶乃妄心所造，而妄心无体，罪恶是空，故若了知自心本性空寂，则一切罪福之相亦皆空寂，明了此实相之理以灭其罪。

《依楞严究竟事忏》上卷载：

佛说诸法，从因缘有，三世无体，无有业障。无业障处，现作诸行。亦无业障，一切诸法，空无有我。本性空寂，是则实际、无漏

---

① 大闻、幻轮：《释氏稽古略续集》卷2，《大正藏》第49册，第932页上栏。
② 释禅：《依楞严究竟事忏》，《卍新纂续藏经》第74册，第538页上栏一中栏。

际，能净一切法障而得寂静。①

释禅在这里认为，修忏者如果能通过观察诸法实相本性空寂，明了一切罪愆皆是妄心所造，亦是空寂，就能断除一切罪障；并且，释禅还认为理忏比事忏更精进，理忏能够忏除事忏难忏的罪恶：

> 向上参究理忏决透疑关，根尘识业已消除，现生后报俱清净，地狱粉碎，业海枯干，刀山剑树作香林，镬汤炉炭为池沼，阿旁生善道，刑措何施？狱主坐莲台，画地不入，转识情而成智境，变浊恶而化净方；俱沾十地光明，同听天鼓说法，鬼道绝饥渴，畜类免戕吞，尽此一报之微形，咸悟三乘之妙理，愧恶自责，悔祸内惭，放舍前世怨家，种植未来道果。今则礼忏众信并及有情等行难行之善，事忏难忏之恶，条服甘露之妙乐，入不死之寿邦，十障、二十二愚应念消落，刷结八十一使即时摒除。……转物即同如来，歇狂便登正觉。②

释禅描述了理忏时参透玄关，业障消除、尽显寂静之妙景，同时指出理忏可以涤除事忏难以消除的罪恶。在这里，释禅把理忏与禅宗的禅定修持结合在一起，理忏时亦有禅定之境、禅悟之果，甚至在理忏时即可证得禅定的正觉，打通了理忏和禅定的界限，圆融无别。因此，在释禅的笔下，《依楞严究竟事忏》的忏法体现了禅宗的旨趣。此外，《依楞严究竟事忏》也融合了净土和儒家伦理等思想，释禅在跋语中说：

> 释禅既获退居牟尼山，止观之际，觉其根尘之宿业偏重，思欲湔洗，乃依《楞严经》修次忏法二卷，四百余拜，终日可毕，持以澡雪罪垢。楷磨灵台，不敢辄以示人。已而幡然曰：此岂一人之私愿乎！遂听徒属抄写。夫有可废之人，无可废之言。诚能不贱近贵耳，试熏修之，未必不为净土、禅悟之助因也。③

---

① 释禅：《依楞严究竟事忏》，《卍新纂续藏经》第 74 册，第 530 页上栏。
② 同上书，第 537 页下栏。
③ 同上书，第 538 页中栏。

释禅《依楞严究竟事忏》亦载有：

> 愿佛法灵通，在会臣民，稽首虔诚，嵩呼忭跃，一心仰祝，当今皇帝（陛）下，万寿万安，万福万禄，万天保佑，万神护持，万机之暇，万法归一，以一统万，万事得理，万民安乐，万国来朝，本技万世，祚亭万亿，万里尘清，万方宁谧……①

以上两段引文可以说明释禅在《依楞严究竟事忏》中融入了禅宗、净土、儒家等思想，这也符合宋以来佛教禅净合流、儒释融合的整体趋势。释禅本人学贯儒、释、道三教（他曾作《老子玄览》），《依楞严究竟事忏》正是他这种贯通诸教、适世化俗的学理风格的体现。

第五节　释禅《风响集》的风生禅响

释禅《风响集》未入藏，现有云南省图书馆抄本一卷，尚未有人整理。《风响集》收录了释禅诗 34 篇和一篇《风响集偈赞颂引》，另有陈继儒、木增、陶珽和担当和尚各撰序一篇。关于《风响集》的名称，陈继儒在《鸡足山本无禅师风响集序》中对"风响"的理解是："余闻风自西南起者竟日不休，本公以风名集，岂即动即静，不可以示人，但以（已）响露其消息，快矣哉！可知诗以韵胜，胜以风也。夫惟有以风之始，得三百篇之旨趣，独是文中有响，此本公独得三昧，未可以章句择也。"② 陈继儒以为佛门禅风本身动静不居，恰似释禅的诗，在纵横捭阖之间已经透露出禅心响韵，可见，诗集的命名即饱含禅味。

《风响集》以禅为诗，禅韵氤氲。释禅在自己的《风响集偈赞颂引》中明确了这本集子的主题是以禅为诗："世尊拈花，满盘托出，不容动舌开唇。头陀微笑，一肩担荷，何异闻琴起舞？……参禅者流只当讨本寻源，政（正）不必雕冰镂雪，至于真作家相见机缘凑合，惟是信手拈来。初无情识，卜度然已，属糟粕不堪咀嚼。尤宜息阴默究灵光透彻处，顿了

① 释禅：《依楞严究竟事忏》，《卍新纂续藏经》第 74 册，第 536 页上栏。
② 释禅：《风响集》，云南省图书馆藏抄本。以下本节未注引文同此出处。

目前法尔，与先觉同一鼻孔。"释禅在开篇明义，用了一个精妙的比喻：以闻琴起舞来解读当年大迦叶的会心一笑，参禅者不必刻意雕琢事相，机缘成熟了，信手拈来皆是禅意。当然这样的境界是需要持久的磨炼，正像释禅本人的经历一样，没有开悟之前的见识都是糟粕一般，而在息阴轩里参禅时，灵光顿现，万法虚空，达到觉悟境界，之后即感觉与先觉一同呼吸了。《风响集》中的诗作即是释禅在禅境中信手拈来的智慧灵光，饱含自由呼吸的畅快与超脱。陈继儒在《鸡足山本无禅师风响集序》中说："吾于是知公能以诗为文，又能以诗禅为文禅，揔得灵山少室之秘密，即之无形，叩之有声也，从此吹万之功使大地山河各领无生一窍，是在公笔尖拨转须弥耳。"陈继儒称释禅"能以诗禅为文禅"，至于说释禅得"灵山少室之秘密"、有"吹万之功"①　"笔尖拨转须弥"等，是对友人的溢美之词，也是对释禅禅学学养的充分肯定。木增在《风响集序》中说："余与本大师有深契非一日矣，师不从文字悟入而能以文字阐宗风，故动笔在一毛头上，放熙天熙地许大光明……为师有铁脊梁，能爆脱无字，壳尝不欲以笔墨示诸方，恐人从含元殿里问长安也。……吾师得法难，然离却言诠，直超第一义谛，尚矣。"释禅与木增的因缘殊胜，万历四十五年（1617），丽江土知府木增为母亲罗氏祝寿，向朝廷奏请在鸡足山建寺，延请释禅开建悉檀寺；天启四年（1624），木增又命僧人入京求藏，明廷敕颁藏经，赐额"祝国悉檀禅寺"。释禅住持悉檀寺，虔恭护持，悉檀寺遂为鸡足山群寺之冠。由此因缘，木增对释禅的理解更为深入。禅宗不立文字，明心见性的特点在释禅身上体现的尤为明显，故此木增说释禅"不从文字悟入而能以文字阐宗风""离却言诠，直超第一义谛"。释禅秉承禅宗本旨，不喜卖弄文墨，"尝不欲以笔墨示诸方"。上文的《依楞严究竟事忏》完成后，也曾经"不敢辄以示人。已而幡然曰：此岂一人之私愿乎！遂听徒属抄写"。从《风响集》的几篇序文写作时间来看，陈继儒的序文撰于"崇祯丙子年（1636）"；担当的序文写于永历（1647—1662）年间；木增在序文中明确提到释禅的弟子法润、安仁持师《风响集》来雪山禅院乞序，写作时间是在释禅圆寂之后；故此四篇序文都是撰写于释禅圆寂（1632）之后。可见，释禅恪守禅宗不立文字的祖训，

---

① （明）明代吹万广真（1582—1639），四川忠县聚云寺僧，与陈继儒生活年代大致相同。

不以文字误人。无怪乎担当在序文中说自己在鸡足山结茅修行时，"欲求师（释禅）著作一见，数年未遂。"但毕竟释禅留下了诗集等著作，对此，担当在《风响集序》中的解释是："师固深于禅者，若云禅，一字也无，乌得有集？非也。惟其深于禅，无说无闻，禅也；横说竖说，亦禅也。"下文即从释禅的"横说竖说"的诗歌中品评其禅韵。

释禅《风响集》中三十余首诗中主体部分是他的山居、写意诗，兹从中挑出几首：

山　居

一

众窍无吹夜息机，气凉山静一披衣。
溪分竹笕泉声细，烟引松萝月色微。
身在定中难得领，道超象表莫知归。
可怜清致何人赏，敲断霜节自掩扉。

二

呼童旋拾涧边薪，扫雪烹茶别是春。
莫谓道人滞枯寂，再谁乐得此清贫。

三

昨夜寥寥天地冷，南枝忽尔绽新红。
无边春色难描写，却在幽人一笑中。

四

山深屋小傲王侯，树自开花水自流。
宴坐不知天早晚，起来夕照在松头。

第一首和第四首是描写释禅修持禅定时的情景。第一首诗中，释禅在夜晚禅修时，所见溪水、竹林、松萝、月色朦胧；听见细细如歌的泉水声……此中的禅趣真切清致，可惜的是无人分享，只能敲打着霜节，独自掩扉休息。诗中自然有禅风圣骨，究其诗境稍显凄清，而第四首诗中的诗境显然有了巨大的变化，同样是山居打坐，但深得妙悟的禅心圣境，岂能以物比之？深山小屋正是有了禅者的高风行止，纵然王侯的宫殿也会黯然失色。置身世外灵山，参禅修持，晨夕不分，从定中醒来已是夕照枝头……行走在时空之外，徜徉于禅韵之中，此般禅境，局外人焉能察知？

第二首诗写得轻松活泼，充盈着春色与喜悦。呼童拾薪，扫雪煮茗，情趣溢满纸上，特别提及不要误以为出家人都是枯木一样寂寥无趣，其间的自得之乐，如人饮水，冷暖甘苦，自在心间。

第三首诗用特写镜头的方式，放大了早春初绽的花蕊，一抹新红，瞬间点燃了诗僧的无边激情，放眼望去，原来已是春色满山，如此美景无须用语言描写，尽收眼底，得之于一心。

这四首山居诗近乎以白描的手法，摹写了释禅居鸡足山的饮食起居和参禅打坐的情境，所选取的诗歌意象皆是山中之物，眼前之境，看似在说日常山居生活，但在行云流水中攫住了瞬间的灵光，体悟禅家妙境，超然物外，会意而笑，一如当年佛祖拈花，迦叶破颜。

《风响集》中的写意诗如山水画一般，描所见之景，述景中之禅意：

写　意

一

青山笼翠霭，苍碧落飞泉。

松下楼台隐，溪边花鸟骈。

胡僧翻贝叶，词客检新篇。

曲径丛新竹，方池绽白莲。

二

凉夜生茅亭，山泉静可听。

小童捉鸣蟀，稚子扑流萤。

淡淡一轮月，疏疏几个星。

芸窗影灯火，僧舍颂残经。

三

浅水平于镜，长堤绕若环。

断桥横野波，小艇泊前湾。

远树苍茫里，孤村杳霭间。

云天飞雁字，队队入衡山。

四

枫林初著雨，梧叶已惊霜。

烟霭迷樵径，霏微暗草堂。

差池来宿鸟，荡漾下归航。

渔父与牧童，蓑衣扑夕阳。

　　这四首写意诗的共同点是写释禅视野所及之景、山僧生活片段以及鸡足山附近劳作者的剪影，诗句随意而成，如画山水，挥洒泼墨，任意勾勒，却有禅韵流淌。第一首诗中的雾霭青山、楼台飞泉、花鸟溪水、胡僧贝叶、曲径新竹、方塘白莲，一系列清新典雅的诗歌意象连缀成一段天籁之音，洗耳净心；第二首诗中的夏夜凉亭、儿童嬉戏、捉蝉扑萤、淡月疏星、青灯古卷，述说着尘世孩童的天真和山寺僧人的超然洒脱，这几个即景的事相组合成一幅灵动的画卷，昭示生活即禅，禅即生活；第三首诗中的长提绕水、断桥小艇、远树孤村、雁飞衡山，视野由近及远，有静有动，诗人心中的禅趣也随大雁凌空飞翔，洒满苍穹，境界顿开；第四首诗格外动人，除了经典的诗歌意象——枫林梧桐之外，诗人就鸡足山傍晚时分的独特景观：烟锁山径、雾失寺庵，此景已经令人望之息心了；更灵动的一幅图景是：鸟宿池边树，渔夫和牧童的蓑衣遮住了西下的夕阳……有禅心者方能描绘出此般禅境，释禅信手拈来，诗句禅熟韵圆。

　　释禅《风响集》中的诗歌数量不多，但古体、今体兼备，五言、七言俱佳。因为释禅《风响集》至今未有人整理，世人不识，曾打算全集录入，考虑到行文篇章结构问题，仅引其中一部分，足以见禅者神韵飘逸：《杂诗》从天地日月言及达摩祖师，最后落笔在自身，借松柏的坚贞以明心志；《古意》一首更有屈原《离骚》之遗风，借古人喻己身，或是勾起了对往昔故友的思念，从侧面反映出释禅内心柔软的一面；《秋蝉吟》和《鲲鹏行》两首诗向我们述说了释禅研读老庄作品的感悟，诗句意味深远、大气磅礴；这两首诗也佐证了释禅曾经作《老子玄览》的真实性，可惜此书不存于世。释禅游走于释、道两家，圆融无碍；"斋门售瑟徒尔为，归休安处虚无宅"。诗作的归宿点仍在佛教的性空本寂；《尧许吟》吟咏的不仅仅是尧舜、许由，而是借古贤禅让的高义节操，吟唱自己隐居山林禅院、了悟自得的人生境界；《牟尼开山》之一，诗中没有描写开山建寺的艰辛，而是满目青山、高山流水、鸟语花香的境界，感慨

的是知音难觅，矢志佛门的夙愿；《雪山歌》诗题中的"雪山"是指丽江
玉龙雪山，因为诗句中有"天际皑皑飞玉龙"；且在鸡足山顶可以眺望玉
龙雪山，"北观玉龙"是鸡足山上"四观八景"① 之一。诗句的气势慷慨
激昂、凌绝千山；于天地之间，诗人立足鸡足山顶，极目远眺，山高人为
峰，其实是在说诗人自己乃佛门一砥柱也。

杂诗八首之一

天地何有言，四序乃不忒。②
日月照无已，时每见亏缺。
山高路可跻，海深竟莫测。
畴昔寒山子，大笑惟缄默。
壁观婆罗门，九载坐岩侧。
俱胝竖一指，万古仰为式。
内心若无喘，外缘当止息。
请看桃李花，难免严霜逼。
松柏自坚贞，所以不变色。

古意

有美人兮湘之东，水肌绰约御长风。
殷勤许我老相守，我欲报之乏琼玖。
歧路茫茫雨雪深，思之不见空沉吟。
掩涕莫歌妄薄命，心非金石多短行。

秋蝉吟

劝君莫听秋蝉鸣，秋蝉鸣处百忧生。
劝君莫吹月下笛，笛声凄咽助悲戚。
劝君莫醉花前酒，酒醒之时恨愈有。
惟读一篇逍遥游，中心旷远销离愁。

---

① 鸡足山上"四观"是：东观日出、西观苍洱、南观祥云、北观玉龙；"八景"是：天柱
佛光、华首晴雷、苍山积雪、洱海回岚、万壑松涛、飞瀑穿云、悬岩夕照、塔院秋月。

② 此句中的"忒"疑为"贰"之误。

鲲鹏行

鲲鹏海运扛一怒，千载遭逢如旦暮。

六月寻常不裹粮，众雏遐弃诚大瓠。

叶公见龙惊遁走，卞和抱璞泣犹守。

识者从来何必多，那讨木李报琼玖。

宝刀光怪前无俦，减值无端欲易牛。

宁用黄金换朽骨，难将明月暗中投。

鹏兮鹏兮宣歛翮，彼其腐鼠劳恐嚇。

斋门售瑟徒尔为，归休安处虚无宅。

尧许吟

尧舜当年义至高，四海让人拔一毛。

由令辞去行太洁，此身况是眼中屑。

自然辞让解天弢，不欲惊群立异操。

小草远志何分别，后世砥砺矫名节。

空中浮云镜中花，得意归来莫用夸。

牟尼开山二首之一

石谷泉源九曲清，绿溪乔木翠森森。

炎天偶坐凉偏适，春月来游冷不禁。

鸟语籁声新案乐，高山流水旧知音。

可中自得谁同调，欲买黄金铸道林。

雪山歌

峣岌乎雪山之高，矗然直上摩苍穹。

天际皑皑飞玉龙，和璧为腹银为峰。

恍惚远近不可穷，如林剑戟排虚空。

水晶琅轩竞玲珑，层水太古霜鸿蒙。

俯视衡峨真蚁封，渺渺神州烟露中。

剥蚀日月生罡风，撑天拔地宇宙雄。

　　　　　　　　西南千古绝狼峰。①

---

① 这首七律的尾联少了一句，应是在传抄过程中遗漏了。

第六节　担当《橛庵草》的"风即禅"论

　　担当（1593—1673）名普荷，又名通荷，字担当；俗姓唐，名泰，字大来，云南晋宁人，明末清初云南杰出的名士、侠僧。据清乾隆年间唐治修辑《浙滇唐氏族谱》载，担当祖籍浙江淳安，始祖胜长，字宗善，明洪武初，谪戍云南晋宁州，未行而卒，其子代戍来滇，世居晋宁。担当祖父名尧官，字廷俊，号五龙山人，嘉靖辛酉（1561）乡试解元，数试春官不第，绝意仕途，闭门著书，有《五龙山人集》。担当父名懋德，字世修，号十海，万历癸卯（1603）举人，官陕西临洮同知，著《十海诗集》。担当生于万历二十一年（1593），自幼颖悟，13 岁补博士弟子员，随父北上，游历大江南北才华初露；19 岁起居家；22 岁娶妻生女；33 岁时即天启五年（1625），以明经（进士科）赴京应试，不第。于是再游南北，纵览名山大川，并学诗书画于董其昌、陈眉公、李本宁诸大家门下，学业精进，才华毕露，受到名家赞赏器重；崇祯三年（1630），担当 38 岁时至会稽，受戒于显圣寺湛然云门禅师，名通荷，嗣法而遵正眼；[①] 39 岁时归滇居家养母，至 44 岁时母终；崇祯十一年（1638）徐霞客入滇，殷勤款待，欢聚 20 日，互以诗文唱和，成为知交；顺治二年（1645），担当 53 岁时可能参与滇南土酋沙定洲驱逐明朝镇守云南的世袭黔国公沐天波的政变，[②] 大西军入滇，沙定洲败走，担当遁逃鸡足山，逡巡数年；

---

　　① 李伟卿先生认为，担当初次受戒是在天启六年（1626），理由是：担当受戒只能在其赴京应试（1625）之后南下，在湛然云门禅师圆寂（1626）之前。见李伟卿《一自为僧天放我——担当出家问题的再审思》，《云南民族大学学报》2011 年第 5 期。

　　② 担当是否参与沙定洲政变一事，尚无定论。有关担当的传记、塔铭等语焉不详。计六奇在《明季南略》说："沙定洲驱沐天波，踞会城。杀士绅，胁巡抚为之疏，请代沐氏镇滇。贡生唐泰实为谋主。唐泰即释普荷，所称担当和尚者也。"赵藩在《鹤巢识小录》中引用了这段话，并认为明末社会动荡，群豪并起，云南沐天波平庸无能，担当想借沙定洲之力，以成就一番事业，也是在情理中事。只是担当所依非人，沙定洲败死，担当也削发为僧，栖身于鸡足山。见余嘉华、杨开达点校：《担当诗文全集》，云南人民出版社、云南美术出版社 2003 年版，第 519 页。李伟卿先生却认为担当没有参与沙定洲叛乱事。见李伟卿《一自为僧天放我——担当出家问题的再审思》，《云南民族大学学报》2011 年第 5 期。如果担当参与了沙定洲叛乱事，则是他逃禅原因的最好的解释；当然，担当出家的原因应该是多方面的：有赴京应试不第的失意；有明清易代之际的社会动荡与绝望；有担当个人育"五女而无一子"的绝嗣之痛等。

顺治四年（1647）担当55岁时往水目山无住禅师染剃，遵戒而不嗣法；①
56—74岁常住鸡足山，重修宝莲庵，庵内有罔措斋、息机养静室，其间
往来于鸡足山与大理点苍山之间；75—81岁居于大理点苍山下的感通寺，
康熙十二年（1673）圆寂于感通寺。点苍山佛顶峰下建有担当塔，其徒
广厦到楚雄请府尹天台冯甦（再来）为撰塔铭。②

　　担当出身诗书世家，家学厚实，交游甚广，有朝廷显宦、佛门大德，
也有画家、地理学家、遗老等。主要有董其昌、李维祯、陈继儒、万耜庵、
冯甦、徐霞客、陈佐才、苍雪、大错、本无、无住、陶珽、何蔚文、何景
文、许鸿等。③ 渊远的家学与广泛的交游为担当的创作奠定了坚实的基础，
诗、书、画有"三绝"之誉；其人有"磊落奇男子""云中一鹤"等美称。
担当的著述有《翛园集》《橛庵草》《拈花颂百韵》《罔措斋联语》等，当
代有《担当诗文全集》（余嘉华、杨开达点校，云南人民出版社、云南美术
出版社2003年版），其中《翛园集》八卷收录担当14岁至50岁为儒生
时的作品，署名"滇中唐泰大来著"；《橛庵草》七卷收录他50岁至76
岁出世后的诗作，署名"鸡山僧通荷担当著"；《拈花颂百韵》一百首
作于担当生前最后一年；《罔措斋联语》是其门徒收集他出家后所作的
对联集，计438副。另外还有未收入《担当诗文全集》的存世的诗文，
比如前文中担当为广西僧如正所写的像赞就没有收入其中；仅就《担当
诗文全集》收集到担当的诗文就有2107篇（则），可见担当的诗作之
丰富。此外，担当还创作了大量的书法和绘画作品，当代出版的有《担
当书画集》（李昆声主编，云南人民出版社2001年版），其书法和绘画

---

　　① 《担当年谱》中有"崇祯十五年壬午（1642），五十岁……师《橛庵草》，署鸡山僧通荷
担当著。据此，则出家当在是岁"。后又有顺治二年（1645）担当遁逃鸡足山的记载，年谱中关
于担当出家的时间前后不一致。李伟卿先生认为担当祝发的时间是在崇祯十五年（1642）下半
年。见李伟卿《一自为僧天放我——担当出家问题的再审思》，《云南民族大学学报》2011年第
5期。另外，担当之所以于无住禅师（兼祧曹洞、临济二宗）处"遵戒而不嗣法"是因为担当此
前在会稽湛然禅师（云门宗）处已经"嗣法而遵正眼"。

　　② 担当生平，据方树梅《担当年谱》及《普荷传》、冯再来《担当禅师塔铭有序》整理，
见《担当诗文全集》，第472—544页。

　　③ 参见付晶《担当的诗论和诗歌研究》，云南民族大学硕士学位论文，2012年，第16—
26页。

的成就及其中的"禅韵"学界早有关注和评述。①

担当的诗题材广泛，有旅途见闻、民生疾苦、寄友赠答、题画抒情、描绘山水风物等，诗歌的主要类型有言志诗、题画诗、友谊诗、山水诗、咏花诗、禅趣诗、山居诗等。② 担当的诗歌创作主张多集中表达于为数不多的几篇序、跋和《诗禅篇》中，在此基础上展开讨论担当提出的"风即禅"论。

担当在《橛庵草序》中云：

> 诗以代言，重复古也。为世运关乎声歌者，代有明验。苟声歌流而趋下，世运可知。由是操觚者，复古洵为要务。……明季作家，大率重才轻养。犹学仙者，知有还丹，而不言火候。自误误人非小，可不慎哉！余滇人而布衣，而又衲子，而又亦在劫尘之中。处培塿而干霄汉，则吾岂敢？惟是匡扶运会，大夫皆有其责。聊就我所学，就我一家之言，除年来患难焚溺之外，又除有类偈颂者不入，有类香奁诗余者不入，有悲歌慷慨、触及时忌者不入，不啻十去其九矣。况年逾七十，方敢灾木。无他，专为复古计耳。③

担当继承家学，主张诗歌创作要"诗以代言，重复古"。类似的诗论主张还见他的《子夜歌二十首有引》④、诗歌《读先祖五龙山人集有感》⑤中。五龙山人即担当的祖父唐尧官，著有《五龙山人集》，诗歌创作力主复古，《滇南诗略》中收录有唐尧官的《子夜歌》《子夜四时歌》。方树梅在《担当年谱》中明确担当的复古主张继承了家学："师居家，有《子夜歌二十首》，有序畅发其意。师诗学，得力于其祖五龙山人。乐府五古，骎骎入汉魏之室。而词意翻新，自见本色。"⑥ 担当十四岁所作的乐

---

① 参见付晶《担当的诗论和诗歌研究》，云南民族大学硕士学位论文，2012年，第5—10页。

② 同上书，第41—65页。

③ 余嘉华、杨开达点校：《担当诗文全集》，云南人民出版社、云南美术出版社2003年版，第373页。

④ 同上书，第26页。

⑤ 同上书，第164页。

⑥ 同上书，第501页。

府诗《白云谣》："天何高兮？白云丽之。崇隆者德，万年戴之。"① 也是《儵园集》中的第一首诗，即可见担当少年时起笔即有乐府之余响，家学影响甚大。因此，追求古风余韵成了担当一生诗歌创作的基调，即使在出家后仍恪守如初，这为后面他提出的"风即禅"的诗论主张做好了前期的酝酿和铺垫。

出家是担当人生的一个最重要的转向，也是他诗歌艺术创作风格的一次嬗变。表现在诗歌上，由写白云丽天、轻舟明月转写败茅老树、枯松病竹。担当在水目山无住禅师剃染之前已于会稽湛然圆澄禅师那里受戒，可以说与佛教有夙缘，但真正出家之后，面对的又是一个全新的空间，也有一个熟悉、适应的过程。他在《为秘传作画书后》中说："余初入山，未知此山道路，亦不知此山佛刹有某某，僧耆有某某。"② 同样，出家之后的担当在诗歌创作中遇到一个很古老而又现实的问题，即诗与偈的区别问题。唐代僧人拾得曾感慨："我诗也是诗，有人唤作偈。诗偈总一般，读时须仔细。"③ 禅宗兴起后，诗与禅又嫁接在一起，金代元好问有过很好的诠释："诗为禅客添花锦，禅是诗家切玉刀。"④ 对于诗与禅的问题，担当也有自己的见解，他在《诗禅篇》中说：

> 太白子美皆俗子，知有神仙佛不齿。
>
> 千古诗中若无禅，雅颂无颜国风死。
>
> 惟我创知风即禅，今为绝代剖其传。
>
> 禅而无禅便是诗，诗而无诗禅俨然。
>
> 从此作诗莫草草，老僧要把诗魔扫。
>
> 哪怕眼枯须皓皓，一生操觚壮而老。
>
> 不知活句非至宝，吁嗟至宝声韵长。

---

① 余嘉华、杨开达点校：《担当诗文全集》，云南人民出版社、云南美术出版社 2003 年版，第 7 页。

② 同上书，第 380 页。

③ 项楚：《寒山诗注》，中华书局 2000 年版，第 844 页。

④ 元好问：《元遗山诗集》卷十之《答俊书记学诗》。

洪钟扣罢犹泱泱，君不见严沧浪。①

对于诗与禅的问题，担当不无自矜地说："惟我创知风即禅。"在此，担当提出"风即禅"的诗论主张。其中"风"是由"国风"之意而来，即"诗"也，可窥见担当一直以来恪守的复古的家训。"风即禅"亦即"诗即禅"。诗禅合一论，是这首诗所要表达的主旨。首联开口不凡，轻李杜而重佛门，小儒经而大禅理，自然有其门户偏见；但颔联很精彩，"禅而无禅便是诗，诗而无诗禅俨然。"是对"风即禅"的进一步展开，也是担当出入儒释两家之后悟得的结果。无禅相而有禅韵者即是诗；无诗语而有诗境者也是禅。诗与禅，无须刻意分之，惟在诗、禅皆在妙悟入神，诗、禅本在悟处通。严羽所谓"大抵禅道惟在妙悟，诗道亦在妙悟，且孟襄阳学历下韩退之远甚，而其诗独出退之之上者，一味妙悟而已。惟悟乃为当行，乃为本色"②。胡应麟也说："禅则一悟之后，万法皆空，棒喝怒呵，无非至理。诗则一悟之后，万象冥会，呻吟咳唾，动触天真。"③诗与禅的相通合一正如"水中盐""羚羊挂角""镜花水月"一般，不用分辨、不可寻迹、不可触摸，亦如佛家不可有分别心，只在妙悟之时，诗就是禅，禅就是诗，诗、禅，一也。颈联表达了担当要为世间诗风正道的担当精神，横扫诗魔，哪怕穷一生精力也无悔的老骥之志；尾联所谓"活句"，也就是在妙悟时候所写的诗句，亦诗亦禅，诗禅合一，才是诗道的"至宝"。最后点出自己的"风即禅"论与严羽《沧浪诗话》中"以禅喻诗"理论，有着穿越时空的神会，依然回归到自己追求的"重复古"的初衷上来了。

"风即禅"的诗禅合一论在担当的《橛庵草跋》和《风响集序》中也有阐释。在担当为数不多的论文中，反复论述诗禅合一的观点，可见他对"风即禅"诗论的重视和坚持。

《橛庵草跋》中说：

---

① 余嘉华、杨开达点校：《担当诗文全集》，云南人民出版社、云南美术出版社2003年版，第175页。

② 严羽：《沧浪诗话·诗辨》。

③ 胡应麟：《诗薮·内编》。

禅若分净秽，将干屎橛、布袋里猪头，置于何处？非禅也！僧诗若无姬酒，都是些豆腐渣，馒头气。名为偈颂，非诗也。此与王北中郎，有沙门不得为高士论，不可同年而语也。何也？沙门之中，有沙门而士者，洪觉范是也。观其《秋千》等诗，非出士口不能。有士而沙门者，佛印是也，著作尤多，不可尽举。观其口头俳诗，具见宗风。博学如东坡，开口即让一筹，但曰沙门单也。若夫沙门而士，士而沙门，则兼之矣。兼之者，非大力不能剿俗情而归空劫，又何怪中郎之著论耶？后世湛然云门和尚，偈颂中颇有风雅遗意。①

　　沿着诗禅合一的路径，担当进一步分析了诗和禅的内容，认为"禅无净秽、僧诗有姬酒"，意即是说，禅和诗都应该包含有真实的社会生活和丰富的情感。引文中的"干屎橛"和"布袋里猪头"是两个禅宗公案；②"姬酒"并不是实指女色，而是泛指激情、情感；"僧诗有姬酒"，看似有违佛门戒律的话语，其实是以"反常合道"的思维方式给人警醒：诗文创作应该关注现实的社会生活，应该饱含激情，不作无病呻吟。否则，禅有净秽，即有分别心；僧诗无"姬酒"，则所作尽是些"豆腐渣"和"馒头气"，毫无价值和内涵。担当仍然遵循复古的创作的理路下来，主张诗和禅都要有真实的内容，可见担当"重复古"的主张与"风即禅"论是一脉贯通的。接下来，担当连续列举了王北中郎、洪觉范、佛印、湛然云门和尚的诗文创作，无非是想说，真正能够做到诗禅合一是非常不易的！最后盛赞自己的先师湛然云门和尚的"偈颂中颇有风雅遗意"，真正臻至"风即禅"的境界。

---

① 余嘉华、杨开达点校：《担当诗文全集》，云南人民出版社、云南美术出版社 2003 年版，第 372 页。

② "干屎橛"公案：云门文偃禅师对某僧之问："如何是佛？"门云："干屎橛。"干屎橛指拭人粪之干橛片，乃污秽之物，而佛为清净身，云门以不净答清净身之问，乃示人当离净、不净二见，以纯一无杂之心参究，方能悟入佛道。又"干屎橛"亦含无用处之义，与其远处求佛，不如力求清净一己之心；旨在打破学人对于名字之执着。见《云门匡真禅师广录卷上》《五灯会元》卷 15 等。"布袋里猪头"公案：道场山明辨禅师答问："如何是一喝如探竿影草？"曰："石人拍手笑呵呵。""如何是一喝不作一喝用？"曰："布袋里猪头。"禅宗公案里往往答非所问，匪夷所思；究其原因大抵是用一些没有关联的答语，警示问禅者不要追问一些无关紧要的事情，重要的是反身自求于己心，才是正道。见《南宋元明禅林僧宝传》卷 4、《续灯正统》卷 4 等。

又《风响集序》中云：

> 凡僧诗皆以偈颂为能事，设使有句不禅，有等衲僧读之，不甚欣
> 快。此但知禅而不知诗者，难与言诗。惟文亦然，而师无此病。何
> 也？诗文而通禅，不过镜花水月，在若有若无之间，非是句句不离僧
> 相之谓诗文。①

在为释禅本无大师的《风响集》作序的时候（永历甲午年，即
1655），担当仍然不忘重申其"风即禅"的主张，并以这把尺子来衡量
释禅的诗文。担当首先批评了僧诗中专营偈颂的现象，刻意为禅句，却
未通禅理，读之不快。要做到"风即禅"的一个重要前提是既要"知
禅"，又要"知诗"，否则，无法沟通两端，也就无法达到诗禅合一的
境界。那么，诗禅合一的境界又是什么样子的呢？担当说："诗文而通
禅，不过镜花水月，在若有若无之间，非是句句不离僧相之谓诗文。"
诗禅相通的境界就好像"镜花水月"，是一种空灵的境界，是需要体悟和
神会的；镜花水月不可触摸，同理，诗文创作也不可依靠拨弄带有"僧
相"的字句就能通达禅理。诗禅合一的共同支点在于"妙悟"，一悟，则
诗道通禅道。

第七节　担当诗文中的鸡足山足迹

从《担当年谱》来看，顺治五年（1648）至康熙五年（1666），也就
是担当56—74岁时基本上常住鸡足山上，间或游走于鸡足山和点苍山之
间。反映在他的诗文中也有相同的足迹：出世前的诗集《翛园集》中很
少有诗人在鸡足山上的记录；出世后的诗集《橛庵草跋》《罔措斋联语》
中记录诗人在鸡足山上生活的足迹就多起来了。下文仅就担当诗中标明涉
足鸡足山的部分，追溯当年诗人在鸡足山上的足迹。

担当出家前，也曾上过鸡足山。在《翛园集》中有两首诗记载了他

---

① 余嘉华、杨开达点校：《担当诗文全集》，云南人民出版社、云南美术出版社2003年版，
第373页。

当年在鸡足山的足迹：

自鸡足山九重崖至石钟寺

路重难觅路，拐杖入云横。

撒手在何处，掀髯笑此生。

定中鱼子哑，悟后石头鸣。

唤醒痴梦人，寒猿了不惊。①

送先生游鸡山

有个插天峰，常待公策杖。

举足宜最高，不许云在上。②

　　第一首诗位于《翛园集》第四卷，从收录的位置来看，应该是担当出家之前游览鸡足山的记录。诗人从九重崖行至石钟寺，是描写下山途中的景致和感慨：鸡足山上道路纵横，登高可揽云入怀；灵山一游，境界顿开，大有鸟瞰尘世、彻悟人生之感。诗的后半部分，借石钟寺之名起兴，抒写此次有鸡足山的感悟，但给人的感觉似有一隔，没有后来《橛庵草》中诗歌那么透彻。第二首诗题中的"先生"，从诗集的前后内容来看，应该是指徐霞客，那么，可以确定此诗写于崇祯十一年（1638），此时，担当46岁，母丧已二年，居家守孝。前文已述，徐霞客在晋宁担当家中欢聚20天，互有诗歌酬答，《翛园集》中收有担当写给徐霞客的诗就有20余首。这首《送先生游鸡山》，短小精练，轻松活泼。因为担当之前已经游过鸡足山，所以预告徐霞客此山的妙处。"插天峰"显然是指鸡足山顶天柱峰，峰顶时常云雾缭绕，祥云缠足下，身在仙境中。对于徐霞客来说，担当的这首诗是一次游山前很好的鼓动。

　　《橛庵草跋》中记录担当在鸡足山上足迹最多的是陪游诗，按照在诗集中收录的先后，以序号编之：

---

　　① 余嘉华、杨开达点校：《担当诗文全集》，云南人民出版社、云南美术出版社2003年版，第72页。

　　② 同上书，第130页。

一、同客游鸡足山勖之

好山多更幽，一上一层秋。

但去莫回顾，何曾有尽头。

林间狮子吼，梯上猢狲愁。

欲问拈花意，霜钟吟石楼。①

二、同鹤阳太守张圣草登鸡足山绝顶

只为高难测，无人解共跻。

官闲真似鹤，僧定不闻鸡。

云自岫中出，天从杖下低。

才闲两三日，一上几千梯。②

三、有秦中友人避俗鸡山以诗见贻赋谢

紫盖笼云照碧空，骚人隐在梵王宫。

日星明灭三峰下，金石铿锵八咏中。

解带犹存秦塞雪，开尊不浅晋人风。

从今外岳非培塿，声振词坛气吐虹。③

四、叶榆司李楚武、杨又仁访余于鸡山，不值。
及余还山，公复他往。赋此寄怀

踏破鸡山雪几重，各分歧路是残冬。

枕高为避花骢影，楼远难寻古鹤踪。

我矮昆仑曾有足；君吐云梦岂无胸。

相思飘渺凭谁寄，望断苍苍十九峰。④

---

① 余嘉华、杨开达点校：《担当诗文全集》，云南人民出版社、云南美术出版社 2003 年版，第 188 页。

② 同上。

③ 同上书，第 207 页。

④ 同上书，第 212 页。

五、入鸡山同蒋林照知空禅兄

拨转枯藤一径微，山头负冻掉斜晖。

塔孤影瘦白虬舞，树老枝低黄叶飞。

愧我栖迟无半榻，阿谁裯阔有同衣。

蒋公不比攒眉者，酒禁新开莫放归。[①]

六、同蒋林照过狮子林不及访知空作

访旧再步狮林边，交肩有伴才翩翩。

衲弟买山得无为，老夫畏冷谁不然。

历遍千峰乃借径，相隔一涧如登天。

倒掉拐杖且归去，挛拳参个虾蟆禅。[②]

七、寄知空禅兄

别久休嗟路不通，九台高峙在空中。

怪来闻问无温语，独有凝寒可赠公。[③]

　　前四首陪游诗，陪同的客人分别是未名客，鹤阳太守张圣草，秦中友人，叶榆司李楚武、杨又仁。鹤阳在大理，今天大理市银桥镇仍有一个鹤阳村；叶榆即今大理；秦中指陕西。因为担当父唐懋德曾官陕西临洮同知，且担当17岁时"入秦省父"，在陕西生活过一段时间，自然结识了一些朋友，故此会有"秦中友人"寻担当而来到鸡足山，只说避俗，未言其事，但这位"秦中好友"应该不是一个凡俗之流，因为从担当的诗句"解带犹存秦塞雪，开尊不浅晋人风"来看，这位好友颇具晋人风度；特别是最后一句："从今外岳非培塿，声振词坛气吐虹。"给予这位好友极高的评价，以至于鸡足山这座"外岳"也因这位朋友的影响而声名大振。值得玩味的是担当用了一个很有意味的词——外岳，很明显，相对

---

　　①　余嘉华、杨开达点校：《担当诗文全集》，云南人民出版社、云南美术出版社2003年版，第234页。

　　②　同上书，第234页。

　　③　同上书，第328页。

于历史上早就成名的内地的四大佛教名山来说，鸡足山是后起之秀，且地处祖国的西南边陲，当属"外岳"；但由于有了高僧名士在此居住，这座"外岳"从此不再是以前被人忽视的"培塿"了。在《鸡足山联语》中亦有："万佛之先迦叶为世尊第一上首，五岳之外鸡山乃天下有数名山。"① 担当很中肯地指出鸡足山作为迦叶道场的特殊地位，同时又把鸡足山定位为五岳之外的"有数名山"。这也从一个侧面说明了云南鸡足山作为一个佛教圣地，是在内地的佛教名山之后兴起的。从担当交游的这几位朋友来看，有本地的官员名士，更有千里之遥的陕西的名士，足以说明担当在鸡足山上的影响力；从这几首诗中还可以窥见担当在鸡足山上的生活状态很不错：由儒入释，佛门卷帙浩繁的经典，禅宗的"一花五叶"，对于担当来说，无疑是个新的学术天地，从《橛庵草》中的诗篇看，担当入门很快。"欲问拈花意，霜钟吟石楼"，看似信手拈来，却已有浓浓的禅味；"官闲真似鹤，僧定不闻鸡"一句，表面上很羡慕太守的清闲，但话锋一转，比闲云野鹤更高的境界是自己出世后的觉悟和超然；"枕高为避花骢影，楼远难寻古鹤踪"，一方面是在说朋友来访而担当不在；另一方面也是担当在鸡足山上的飘逸、逍遥的生活状态的素描。

接下来的三首诗，提到同一个人，即学蕴知空禅师（下文有述），另有蒋照林，不知其人。从这三首诗的词汇上看，运用了"枯藤""孤""瘦""树老""黄叶""凝寒"等，很明显，都是一些色彩低沉、瘦骨伶仃的意象，一方面是鸡足山上的实景素描，更重要的一方面是因为担当出家后心境的改变，也自然流露在诗歌的创作上。世事多艰，身世飘零，栖身鸡足山，有不得已而为之的苦衷，但也有自得之乐，比如诗中不无童趣的细节：三人同游，晚上同榻，诗人睡得晚了一些，结果床上没有地方可睡了；再游狮子林，天寒路断时，诗人干脆扔掉了拐杖，伸展手脚，练习练习虾蟆禅……其中苦乐皆天真。

还有一些诗标明诗人是在鸡足山上所作，如《传衣寺古松》《游传衣寺》《宿迦叶殿》等，从这些诗中可以寻觅出担当在鸡足山上断断续续的

① 余嘉华、杨开达点校：《担当诗文全集》，云南人民出版社、云南美术出版社 2003 年版，第 443 页。

生活轨迹。担当在鸡足山上常住 18 年之久，而且担当性本好游，可以想见他的足迹遍及鸡足山的一峰一水，一草一木：为一棵古松沉吟，在夕阳中流连晚归，夜宿迦叶殿的孤寒与凄冷……在担当的诗歌中徜徉，我们可以借助文字的桥梁，回溯到当年的鸡足山上，重走担当当年的足迹，咀嚼其中的甘苦，感受其中的奥妙，领悟一把"一自为僧天放我"的豪迈洒脱与心底的一丝不甘。

传衣寺古松

法物何愁朽，千秋此一枝。

身癯因土瘦，色淡为春迟。

有骨才堪老，非枯不见奇。

活龙来与斗，牙爪两堪疑。[1]

游传衣寺

石门一缝路相通，曳杖能高达者风。

孤磬不鸣山色冷，浮云散尽世情空。

松如伏蟒形犹古，花必啼鹃血更红。

莫笑老僧归路晚，春光全在夕阳中。[2]

宿迦叶殿

幽深今日好，放下一枝藤。

小快有佳客，孤寒惟老僧。

近崖炉不暖，似铁被难胜。

况复风犹惨，吹残半夜灯。[3]

本节所选取的是担当诗文中与禅宗及鸡足山相关的部分，担当的诗文成就远远不止这些，另外，担当还有一些珍贵的书法、绘画作品存世，因

---

① 余嘉华、杨开达点校：《担当诗文全集》，云南人民出版社、云南美术出版社 2003 年版，第 191 页。

② 同上书，第 203 页。

③ 同上书，第 200 页。

此，担当艺术创作的整体风貌还有待进一步研究。

第八节 钱邦芑《大错和尚遗集》的逃禅心路

钱邦芑即大错和尚（1599—1673），字开少，江苏丹徒（今镇江）人。早年家饶于财，尚气节，工文章，诗文与张溥等齐名。南明福王立，史可法守扬州，钱邦芑曾一度入史可法幕中参与军事；1645年江南陷落后，钱邦芑"弃家走浙"；不久浙江又告沦陷，闻说闽中立唐王聿键为隆武帝，钱邦芑于是又奔向福州，以选贡中书上书言事，深得隆武帝（1645—1646）的称赏，授任监察御史，又升任四川巡按兼提学使。钱邦芑赴川途中，清兵入闽，隆武帝、后并没于难；钱邦芑入川后，联络川中将领，战守有功，被永历帝升为右佥都御史。此后，清兵攻克四川，张献忠战死，部将孙可望、李定国退走贵州；时云南发生沙定洲之乱，孙可望、李定国又长驱入滇。钱邦芑与王祥等趁机收复遵义，永历帝命钱邦芑兼贵州总兵。钱邦芑又谋划招安孙可望，因为永历小朝廷政见不一，孙可望自称秦王，复入贵州，王祥战死；孙可望强授钱邦芑官职，不受。永历四年庚寅（1650）八月，钱邦芑退隐于贵州余庆县蒲村开柳湖于他山下，结屋居住。从永历五年辛卯（1651年）至七年癸巳（1653年）两年多的时间里，孙可望派人逼召13次，甚至封刀行诛，钱邦芑坚如磐石，不为所动。恐以后再受逼，钱邦芑于顺治十一年甲午（1654）毅然削发为僧。① 孙可望听见邦芑为僧，怒骂不止，内心也觉惭愧，命人写信劝告，钱邦芑又拒。孙可望甚怒，命人押解钱邦芑至贵州，将杀之；恰遇安龙十八忠臣之变，群情激愤，孙可望怕引起民愤，又把他释放了。钱邦芑又移居湄水之阴，挂锡西来庵。1656年孙可望兵败，此时钱邦芑方得以逃脱，永历帝复授钱邦芑为左都御史兼掌巡抚云南。永历十二年（1658），清兵入滇，永历帝西走永昌，钱邦芑随

---

① 《甲午祝发记》中钱邦芑自述祝发的经过：自庚寅八月，孙可望入黔，逼勒王号，迫授予官，拒不受。退隐黔之蒲村，躬耕自给。历辛卯迄癸巳，可望遣官逼召一十有三次，余多方峻拒，甚至封刀行诛，余亦义命自安，不为动也。甲午春二月廿三日，为余初度之辰……乃说偈云：一杖横担日月行，山奔海立问前程。任他霹雳眉边过，谈笑依然不转睛。见《大错和尚遗集》卷3之《甲午祝发记》，《云南丛书》集部二编之六，中华书局2011年版，第25021页。

至腾越；十三年（1659）永历帝又由永昌奔腾越入缅甸，君臣失散，钱邦芑再着僧服，隐居于鸡足山。顺治十八年辛丑（1661）四月，永历帝被害于昆明，钱邦芑闻讯后痛哭出鸡足山，经贵州行至湖南衡山，终老。[①]康熙九年至十二年（1670—1673），先后应聘修永州、常庆两郡志，以病卒于馆。

大错和尚居鸡足山近三载（1659—1661），时间不长，却以滇僧自称，与鸡足山有夙缘。居鸡足山期间，大错和尚应邀纂修了《鸡足山志》。鸡足山被尊为迦叶道场，佛门圣地，若没有山志，则不能远播，深藏于西南边地而人不能识，即所谓"山水之在天地，非文而何能发挥若是哉？"[②]庚子年（1660）春，澜沧兵备道四川人曹延生游鸡足山，向寺僧索阅志书，却得知无山志，感慨鸡足山乃迦叶尊者道场，与中原四大佛教名山并称，却没有志书，实在是一件憾事。于是，曹延生力请钱邦芑撰修山志，使鸡足山圣地名扬宇内。钱邦芑"辞之再三不得，勉为纲罗散失，采集旧闻，与无尽及山中禅友参论笔削，积百四十日而稿始成"。[③] 大错在导引《指掌图记》中亦说："与眼藏、仙陀、把茅、中也、德音诸道友，攀危涉险，伐山窥穴，虽樵牧绝迹之巅，猿猱却步之处，莫不穷讨冥搜，把笔纪胜，从此鸡山胜迹，几无遁隐。"[④] 大错所修《鸡足山志》曾刊行即遭兵燹，所幸的是仍有残篇为范承勋所见，在此基础上，范承勋在"退食之暇聊为删其芜陋，补其缺略，付寺僧梓之。虽余以仓卒经行，未遑冥搜幽讨，备述其奇，然而斯山之胜，约具于此"。[⑤] 从范承勋的自序中说"仓卒经行，未遑冥搜幽讨，备述其奇"可知，范本《鸡足山志》基本保持了大错《鸡足山志》的原貌；高奣映也说范本《鸡足山志》是"悉取大错之志一字不移而刻之"，[⑥] 由是观之，大错纂修的《鸡足山志》

---

① 在途经贵州时，据李宗昉《黔记》记载："（吴）三桂子应熊省亲，遇之（钱邦芑）于贵州道中，出语不逊，应熊执之以见三桂，三桂笑曰：'是欲辱我以求死所耳，吾儿正堕其计矣！'命亟释之。"这件事亦见于刘健《庭闻录》卷4。

② 本元：《本元和尚序》，高奣映：《鸡足山志》，侯冲、段晓琳点校，中国书籍出版社2005年版，第8页。

③ 同上书，第4页。

④ 同上书，第17页。

⑤ 高奣映：《鸡足山志》，侯冲、段晓琳点校，中国书籍出版社2005年版，第7页。

⑥ 同上书，第9页。

是范本《鸡足山志》的蓝本。《鸡足山志》的流传是最上乘的宣传，向更多的世人展现了鸡足山圣地的神韵。灵山有魂，大错功德大焉！江左大儒与鸡足灵山的一段机缘佳话，令人唏嘘，亘古余香。

大错和尚的著述颇丰（见表9-2），逃禅鸡足山近三载的时间里，除纂修《鸡足山志》外，还留下了大量关于鸡足山的诗文作品，见于范本和高本《鸡足山志》、剑川赵联元辑录的《大错和尚遗集》四卷（其中前两卷为诗，后两卷为文）。两者收录的诗文内容大部分相同，或是赵联元抄录了《鸡足山志》中大错和尚的诗文，又加补遗而成。《云南丛书》中收录了《大错和尚遗集》和大错的另外一本诗集《梅柳诗合刻》。下文仅就大错这些作品中涉及鸡足山的部分，来分析大错和尚在鸡足山逃禅的心路历程。

首先是大错对鸡足山美景的纵情放歌。大错纂修山志期间考察鸡足山地貌，涉足"樵牧绝迹之巅，猿猱却步之处"，几乎踏遍鸡足山每一座山岭、每一条沟壑，对鸡足山的山水草木了如指掌；也写下了很多的诗赋、游记，为我们留下了丰富而珍贵的材料。初登鸡足山绝顶，大错惊讶于西南边外居然有此奇山美景，写下《鸡山绝顶放歌》《登鸡足绝顶》等激情澎湃的诗行：

鸡山绝顶放歌

呜呼！高哉！

鸡足之危峰，穿云阻日，不知几千仞。

削出天外青芙蓉，举手不觉摩苍穹。

日月两丸西复东，河漠声流泻我躬。

呜呼！高哉！

扪参历井不足道，我欲御风游太空。

寻得女娲补天处，足知造化须人工。

雪山连涌千万里，玉光晃耀开心胸。

阆风员峤窅可接，何烦跨白鹤、乘飞龙？

况复鞭石填海求相通，华首门外有大道。

阿僧祇劫俄顷中，后之来者何从容？

呜呼！高哉！

匪山之丰鬘，攀危陟险苦鸟道，昭昭白日门自封。[①]

登鸡足绝顶

悬空异境辟天开，岚气苍茫抱日来。

种玉山中人渐老，传书海上鹤应回。

雪峰西现支拳石，洱水东浮酌一杯。

莫道蛮荒幽兴尽，扶筇更上几层台。[②]

鸡足山三首之一

天遗外岳镇南山，岭削三支压点苍。

华首门高禅定久，曹溪一滴水流长。

宿躔东井明分野，势控西番接大荒。

奇胜千年探不尽，峰顶秋霁望飞光。[③]

第一首古体诗，极言鸡足山之高。第一小节借登顶而小日月如丸、手可触摸苍穹来形容鸡足山高耸云端；第二小节写诗人身凌绝顶，极目万里，玉龙雪山奔涌而来，激荡胸怀；思接千载，跨鹤乘龙可远游；最后小结，借山高鸟难飞，仍在极言鸡足山之高。这首诗笔触不凡，气势轩昂，激情澎湃，心底蕴积的块垒与豪情，借登临鸡足山绝顶而打开胸怀，狂泻千里！第二首诗是写在鸡足山顶上"四观"之景，东观日出、西观苍山洱海、南观祥云、北观玉龙雪山，尽在一首诗中矣！尾联点出诗人游兴正浓，情趣盎然。第三首诗仍然是登高鸟瞰，有实写：鸡足山山势磅礴，直压远处大理的点苍山，矗立在滇、藏边界；有虚写：迦叶禅定华首门，山有灵光，山上佛法流布，瑞泽绵长。诗以言志，从这三首诗可以看出钱邦芑登临鸡足山的那份激越与豪情，与鸡足山的崇山峻岭比肩齐辉，读来令人心空神逸。

---

① 大错：《鸡山绝顶放歌》，《大错和尚遗集》卷1，《云南丛书》集部二编之六，中华书局2011年版，第25009页下栏。

② 同上书，第25013页下栏。

③ 同上书，第25013页下栏。

"千古山水遇合，固亦自有因缘哉！"①世事变迁，因缘殊胜，一个江左大儒与西南佛教名山结缘，令钱邦芑文思泉涌，将鸡足山山水真趣描摹得淋漓尽致。在他的《鸡足山赋》中，也有登临鸡足山绝顶，极目四观的情景，较之上文的诗歌，《鸡足山赋》中描述得更为详尽，想象更为丰富，铺陈排叙，虚实相生，恣意汪洋：

> 若夫天柱山顶，四观峰头，浓阴既敛，宿雨初收；鸡鸣而东方影白，星没而朝旭光浮；明霞散绮于六合，高墩升彩于九州。西观洱海，勺水浮沤，褰裳可涉，衣带安流；岛屿螺点而出没，舴艇萍散而漂浮；惟点苍山环峙，展图画于春秋。回首北眺，西域雪山，连峰九叠，万仞莫攀；耸莹白于天半，耀银晶于云间；望高寒之危峻，怀古行之瞿昙；芦芽穿膝于趺座；鹊巢贯顶于茅庵。纵目南观，佛光隐现；白云布宽，五彩晕绚；上下太虚，光华变炫；虽照耀乎大千，实摄持于一念；集万众以同瞻，惟各身之自见；任礼拜而蹈舞，毕肖象于对面。是曰摄身之光，实坚善信之愿；又或白光弥漫，映若牟尼，周匝三界，普照四维，笼山河之影像，映大地于琉璃；时径寸而千里，现芥子之须弥。惟四观之奇异，征峰顶之［山＊吟］峗。②

类似上述歌咏鸡足山的诗赋，大错还写了很多关于鸡足山的游记，记录下他在鸡足山上醉心于山水的心迹，诸如《天柱山四观峰记》《华首门记》《放光寺谪星石记》《白石崖记》《河子孔记》《华藏洞记》《尊胜塔院记》《石洞上潭记》《石洞下潭记》《檀花箐记》，均载于《大错和尚遗集》卷4。除此之外，大错还把笔触落在鸡足山的山石草木之上，在细处工笔描画鸡足山美景。如五律《玉龙阁瀑》描绘了玉龙瀑布悬流千尺，掩映于森树之间，烟岚旋绕，远观玉龙飞舞，心荡神驰；近看水花飞溅，赏心悦目。大错和尚还吟咏过山上其他事物，如《华首门》《悉檀寺》《鸡足山古松歌》《春日游九重崖》《片云居海棠》《尊胜塔院秋月》《崖壁古碣歌》《迦叶殿留宿》《石

---

① 大错：《鸡山绝顶放歌》，《大错和尚遗集》卷1，《云南丛书》集部二编之六，中华书局2011年版，卷4，第25033页下栏。

② 大错：《鸡足山指掌图记》，《大错和尚遗集》卷4，《云南丛书》集部二编之六，中华书局2011年版，第25029页上栏。

钟寺》《晚步钵盂庵三首》《不知处》等诗歌。大处有大的气势；小处也自有其小的志趣。如《不知处》中的小处之禅味：

不知处

> 山径每回折，幽深别有天。
> 到门先报鹤，小坐便为禅。
> 水曲堪忘世，松高不计年。
> 往来经几遍，次第洗尘缘。①

　　鸡足山上几乎步步皆景，大错由景生情，发情为诗，灵山的绝美与才人的诗情，美美与共，相得益彰；山以人名，人因山传，即所谓："山水之灵，与人文相映发，不遇知己，沦没何限。"②

　　其次是大错蕴藏在山花落叶之下的逃禅隐痛。大错栖禅于鸡足山近三载，或"将以有为也"，因为永历帝西走入缅，生死未卜，仍有一线复明的微光。然而，当大错听闻永历帝死于昆明后，彻底绝望了，即恸哭下山。由此推之，大错隐居鸡足山，也有静观时变，相时而动的考量。纵然鸡足山有天外奇美，也涤荡不尽大错心底的块垒！寻着大错诗文中描摹的鸡足山山水之脉，我们可以窥见他在鸡足山栖禅的心理之脉。试举几例析之。

溪边晚眺

> 朝衣着破着僧衣，扶杖溪边送落晖。
> 鸥鸟也知机虑尽，随波往来不曾飞。③

山中送张、李两公归途有感

> 送别每多感，此番情更深。
> 归途尽惆怅，远望复沉吟。
> 不解因何故，忽然愁不禁。

---

　　①　大错：《大错和尚遗集》卷1，《云南丛书》集部二编之六，中华书局2011年版，第25010页下栏。

　　②　同上书，第25038页上栏。

　　③　同上书，第25015页上栏。

应知今夜梦，两地费招寻。①

鸡山除夕

绝域逢衰暮，羁危更可怜。

千山寥落夜，万里雪霜天。

日历难重看，孤灯不忍眠。

莫辞坚坐久，未晓是残年。②

《溪边晚眺》宛如诗人的自言自语，自表心绪。大错在溪水边，夕阳的余晖里，曳杖伫立，回想着自己朝臣而又山僧的坎坷经历，世事不可逆，明祚已尽，就像眼前的落日余晖，黯然消退。诗人不愿与新廷合作，唯一能做的就是栖身于鸡足山上，就像眼前溪水中的鸥鸟栖息于水波之上一样，不再起飞……大错心中的愁绪平日里消减在山川日月的风华里，隐藏在山花落叶的幻相之下，偶一触及便疯长，挥之不去，隐隐作痛。在《山中送张、李两公归途有感》中，诗人送别友人归去的时候，"不解因何故，忽然愁不禁"，其中的原因固然有离别的伤感，但正是这种伤感触动了诗人心底最敏感的神经，瞬间点燃了诗人埋藏在心底的隐痛，不能自禁……接下来的这首《鸡山除夕》，读之令人扼腕扪心，潸然泪下……前三联写诗人羁旅他乡又逢岁暮将临，已是老境沧桑，再加上时局艰危，四顾茫然，孤灯难眠，此情此景，令人神伤！在黯然抑郁的氛围里，最后一联增添了一丝亮点：残年即将过去，只要坚持禅坐，就会等到新年的到来！诗人未言新年的希望是什么，正因为这种新的希望若有若无，所以，最后这一丝亮光也脱不去黯然的底色。

大错逃禅鸡足山的隐痛还表现在对时局中跳梁小丑的讽刺上。志不同不可为友。在《鸡足山四友记》中，大错由衷地感慨说："余遍游海内，足迹所至，声气至焉。独来滇南三载，求一共语者不可得，每疑朋友一道，至此而穷。岁庚子，游鸡山，兼有修志之役，探访泉石，无隐不历，无奇不搜，自春徂夏，乃于兹山得四友焉。四友维何？华首门，吾奇友也。……玉龙瀑，则吾清友也。…… 又传衣寺前有古松焉，吾老友

①　大错：《大错和尚遗集》卷1，《云南丛书》集部二编之六，中华书局2011年版，第25010页上栏。

②　同上。

也。……乃最后得一奥友，则华藏洞是也。"① 大错以鸡足山中高洁的景物为友，是因为以表自己不愿与那些志不同道不合的人为伍，因为这些人"非名利相高，则声势互倚，甚至假道德以标榜，借文章为援引，是固吾四友之所羞也"。② 正因为有着松石一般高洁伟岸的性格，大错对时局中那些跳梁小丑极为蔑视和愤慨，他以乐府为题，写下了《反复子》《无赖贼》等诗，借古喻今，以抒发对孙可望及永历小朝廷的乱臣贼子的讽刺。如在《无赖贼》中，大错借唐朝事讽喻时局中人：

> 无赖贼，逢人便杀不可即，无赖岂可托。君国此家事，休问人。佳儿佳妇讵不闻，牝鸡一鸣唐祚移，唐家子孙靡孑遗。可惜为公轻剪鬏，先出后用何嫌疑。君臣父子恩可卖，犬马畜臣何足怪？莫云不负李密恩，此贼负国终无赖。③

最后，大错借梅柳诗高标风骨。《大错和尚遗集》最后两部分依次是《梅花诗序》和《秋柳诗序》，这两篇序文看似与鸡足山无关，但与《鸡足山四友记》的情志相似，从中我们就不难理解大错能于乱世高标风骨，乃本性使然。《梅花诗序》和《秋柳诗序》是大错为自己的两组诗歌撰写的序文。这两组诗歌后人合为《梅柳诗合刻》一卷，其中梅花诗计100首，秋柳诗计40首，署名"滇释大错著"。《梅花诗》和《秋柳诗》虽合在一集，但却不是同一时间的作品。《梅花诗》第一首中有："月明千里怀前约，春到三湘系远心。"④ 其中的"三湘"等关键词提示我们，这组梅花诗写于大错晚年居南岳衡山时期。考《秋柳诗序》中第一句"岁庚辰读书骥江之江峰阁"，查"庚辰"年，大错生活年代（1599—1673）及其前后有三个"庚辰"年，即1580年、1640年、1700年，因此，可以确定《秋柳诗》写于1640年；另外，根据写作的地点"骥江"，即今天江苏北部靖江的旧称，距大错故居镇江不远，由此可以断

---

① 大错：《鸡足山四友记》，《大错和尚遗集》卷4，《云南丛书》集部二编之六，中华书局2011年版，第25034页上栏。

② 同上书，第25034页下栏。

③ 大错：《大错和尚遗集》卷1，《云南丛书》集部二编之六，中华书局2011年版，第25011页上栏。

④ 同上书，第11841页下栏。

定大错的《秋柳诗》写于江南沦陷之前，此时大错还没有出家。这两组诗虽然写于大错出家前后两个时期，却有着相通的共性，即大错一生恪守的高洁品行，以梅柳明其心志。

《秋柳诗序》云：

> 岁庚辰读书骥江之江峰阁，阁宏敞，可四望。前有高柳数株，霏微掩映，翠色依人。及乎秋深，风霜欲下，枝叶渐凋，回念春阳，可胜凄恻。嗟乎！时多变易，物有荣枯，春华方盛，芳菲之态甚怜，秋露将零，惨淡之容，欲绝阳关。……盖大雅方兴，无非触意而陈词，敢曰玩物丧志。在昔夭桃郁李，咸见采于风谣，以至沅芷湘兰不遗于屈宋，兴怀既远。故不同于风云月露之音，寄志有章，或稍当于蟋蟀、草虫之咏云尔。①

《梅花诗序》云：

> 孟夫子云：《诗》亡，然后《春秋》作。则诗之为道，岂值时物迁感往来赠答而云？然乎。从来风人谣咏词旨多端，草木虫鱼，别有寄托，以故名流观玩，每托类以言情；高士兴怀，或借物以寄志。渊明爱菊，固隐士之高风；茂叔观莲，亦君子之雅况。但群花灿烂靡不借力于［日＊亘］阳，即百卉凋零，孰不归情于霜霰。至于严寒冰沍，转露芬芳，残腊雪飞，独苞新丽，冰心铁骨，既不合于时宜，素质清姿，复超绝乎凡俗，岂非天纵之逸品，物外之异材乎？②

如果说《秋柳诗》是大错出家之前的"触意而陈词"，那么，《梅花诗》则是大错出家之后心境的写照及形象的自喻。菊和莲固然高洁雅致，但相比之下，梅花更有不畏严寒的铮铮铁骨，有"不合于时宜"的孤傲的个性。大错在梅花上找到与自己身世及境遇的相似点，以梅自喻，风骨凛然。由江南、

---

① 大错：《大错和尚遗集》卷 1，《云南丛书》集部二编之六，中华书局 2011 年版，第 25041 页。

② 大错：《梅花诗序》，《大错和尚遗集》卷 4，《云南丛书》集部二编之六，中华书局 2011 年版，第 25040 页下栏—25041 页上栏。

鸡足山到衡山；由"秋柳""鸡足山四友"到"梅花"，这个意象链条，昭示着大错一生颠沛流离的生活轨迹和孤高芳馨的逃禅心路。

第九节　彻庸《曹溪一滴》的禅宗正味

彻庸禅师（1591—1647），名周理，初号彻融，因陶不退而易融为庸。[①]云南县人，俗姓杜，生于万历十九年（1591），[②]世代务农，不习儒业；九岁丧父，11岁上鸡足山大觉寺，拜遍周上人为师。后于密藏开公游鸡足

---

①　彻庸和尚《谷响集》之前有陶珽（陶不退）撰《妙峰山开山善知识彻庸禅师小传》首言："彻庸，旧号彻融，易融而庸，则自余始。往余读礼青莲兰若，汗漫华严大指，与吾儒中庸义互发而顿显。彼既彻而复融，正如儒友家谈切而磋，既琢而磨，愈进愈入，终生无我歇脚处。至于至庸而奇，近而远，小而大，入缠垂手，回脱凡情，岂浅根劣种？一肩担去，故以庸易之，乃彻于此深信不疑，世亦遂称妙峰山德云比丘彻公云。"民国喻谦《新续高僧传》亦载："释周理，出杜氏，莽甸人。初字彻融，后讲《华严》于青莲寺，释理微妙，与《中庸》多所发明，陶公不退乃请易融为庸。"见方广锠编《高僧传合集》，上海古籍出版社2011年版，第887页。

②　关于彻庸的出生年有异议：李建欣先生认为彻庸出生于万历八年（1580），卒于1636年。（见李建欣《妙峰山彻庸周理禅师论》，载于印顺主编《虚云法师与鸡足山佛教——中国宾川鸡足山佛教文化论文集》，宗教文化出版社2008年版，第222页。）此说有误。高奣映《鸡足山志》底本中有"师讳理，杜氏子，云南县人，于万历十九年，时师年十一岁，入鸡足山礼遍周上人"；而高奣映本《鸡足山志》之前的范承勋本《鸡足山志》有："彻庸禅师，名周理，云南县人，姓杜，生于万历十九年，白气出屋，乡人异之；才出襁褓啼不止，有二僧登门，赐名慧九，九岁丧父，十一岁入鸡足山大觉寺，礼遍周为师。"因此，侯冲点校本《鸡足山志》在"于万历十九年"前补一"生"字；清代释圆鼎《滇释纪》亦采用彻庸生于万历十九年之说；民国喻谦《新续高僧传》中没有提及彻庸的生年；以上诸本均说彻庸十一岁上鸡足山，年寿57年，僧腊46年。另外，诸本关于彻庸的传记中均有其于崇祯甲戌年（1634）赴南都请藏途中，得法于天童密云和尚，赍藏回滇，住妙峰山德云寺，宗风大振。若彻庸生于万历八年（1580），加上年寿57岁，则于1636年即已圆寂，也就是说彻庸在天童密云那里嗣法回滇后第二年就去世了，这与其回滇后在妙峰山大弘佛法，为盘龙、古庭之后又一个云南禅宗大师的行实不符；还有《徐霞客游记》中《滇游日记五》："（戊寅十二月）初十日……一里，至妙峰山德云寺。寺门向西，南望烟萝，后有梦庵亭，后五里，碧峰庵。十一日，待师未归，看藏。"（见《徐霞客游记》，朱惠荣整理，中华书局2009年版，第471页。）如果是不知名的僧人，徐霞客没有必要等待师归，这个师应该就是彻庸禅师。戊寅年即崇祯十一年（1638），说明这个时候彻庸还在世；再有，彻庸的方外交戈允礼在《曹溪一滴》中的《云山梦语摘要》卷首之《梦语引》中明确说："崇祯丙子，大士诞日，遇吾滇彻庸禅师于金陵之兴善寺。""崇祯丙子"即崇祯九年（1636），滇人戈允礼曾为官"南京吏科给事中"，此时，二人相遇于南京兴善寺是可信的。由此可见，1636年时彻庸并没有圆寂，尚在金陵交游。

山时，请益、参究"父母未生前，哪个是你本来面目？"话头，开悟。崇祯甲戌年（1634），偕印天童密云大师，嗣天童临济正宗三十五世。[①]1647 年入寂于大姚妙峰山，铸有金像，奉于山上的宝华禅寺。

　　彻庸禅师编有《曹溪一滴》，崇祯九年（1636）刊行。《曹溪一滴》原有八卷，卷一有无学居士陶珽之序、戈允礼之引，接下来是《禅宗》《应化》《云山梦语摘要》上下两卷，卷末附录周理所撰《纪业》；卷 2 至卷 5 为古庭善坚所撰《山云水石集》，收录时改名为《古庭禅师语录辑略》；卷 6 为大巍净伦所撰《竹室集》；卷 7 为朗目本智所撰《浮山法句》；卷 8 为彻庸所撰《谷响集》。全书内容顺序与目录次序有出入。《嘉兴藏》第 25 册 B164 号收录的《曹溪一滴》保留了原来的书名，内容只有无学居士陶珽的序文、戈允礼的引文、《禅宗》《应化》《云山梦语摘要》二卷和《纪业》。原书其他部分后来纷纷独立出来，古庭善坚的《古庭禅师语录辑略》、大巍净伦的《竹室集》、朗目本智的《浮山法句》和彻庸自撰的《谷响集》都单独成书，均收录在《嘉兴藏》第 25 册中。

　　与彻庸交游的"赐进士第、光禄寺寺丞、前南京吏科给事中"戈允礼在《引曹溪一滴》中说："此滴虽源曹溪，而自西自东，自南自北，华夷灵蠢，瓦砾秕糠，无不同具。如鱼种不同，同吃一水，只争知味。……吾滇知味，如蒙苴颂、妙观、盘龙、古庭、大巍、朗目诸禅师；近如妙峰彻公禅师、不退无学两居士及无住上人，皆接曹溪嫡派。可见人人能饮，处处曹溪，次而传之，期滴滴相承而已。不肖允礼，不知味者数十年。忽被彻公一喝，顿觉所谓知味不知味者如是。"[②]戈允礼进一步解释了"曹溪一滴"的深刻寓意：滇虽国隅，但其禅宗来自内地正源，法无二相，高僧辈出，代代相传，如曹溪之水，滴滴相承，源源不绝。因此在西南边地，观曹溪一滴水，同样可以品禅宗正味。下文就彻庸本人编、著的《禅宗》《应化》《谷响集》和《云山梦语摘要》展开分析。

　　首先看彻庸编撰《曹溪一滴》的目的。陶珽在《曹溪一滴缘起》中详细交代了《曹溪一滴》的编撰目的和过程：

---

① 　高奣映：《鸡足山志》，侯冲、段晓琳点校，中国书籍出版社 2005 年版，第 264 页。
② 　《引曹溪一滴》，载于《嘉兴大藏经》（新文丰版）第 25 册。

　　岁甲寅，从家不退先生、彻公和尚，礼盘龙、古庭两肉身大士于昆明池上、晋宁山中。既知盘龙得法中峰因缘，而古庭出世事仅存断简，闻有《山云水石遗集》为黄慎轩太守选订，朗目和尚校刻，散佚不传，怆恍者数年。迨辛酉，得之友人架子上，不啻夜光宝也。甲子偕计游明圣湖，谋之石梁、不退两兄，芟芜点定，梓于武林；见者得未曾有，谓我明楚石以来一人。昨年彻公与家不退南来如善财五十三参，语余曰：吾欲为吾滇从前大善知识出些子气。余唯唯否否，乃取所携《竹室集》《浮山法句》，摘其要者附焉，一为得法古庭高足大巍所著，一为朗目和尚所著，皆浮山派也。余题之曰：《曹溪一滴》。彻公谓余：吾滇故称佛国，迦叶抱金襕袈裟，入定华首，待弥勒下生补佛处，今鸡山是。……此一滴水从鹫岭来，从曹溪来，须向威音王那畔求之始得，遂集《禅宗》《应化》《诸圣贤崖略》冠之篇端。①

　　南诏时禅宗即已传入云南，但因为历史上云南没有僧传，佛教文献缺失，以前云南的高僧大德湮没无名，其著作亦散佚。因此彻庸发心："欲为吾滇从前大善知识出些子气。"引文中的"不退先生"即陶珽，石梁是济宁州守，作者自己是陶珙，号无学居士。陶珽与陶珙是兄弟俩，因此称陶珽为"家不退先生"。前文有述，陶珽曾为彻庸改号，三人经常在一起研读儒、释经典，互有启发，可见彻庸与陶氏兄弟交谊甚深。在编撰过程中，陶珙提供了《竹室集》《浮山法句》文本，为《曹溪一滴》一书命名，为彻庸校阅文稿等，因此，《曹溪一滴》是彻庸与陶氏兄弟三人共同完成的，也是三人友谊的结晶。尽管陈垣先生曾经评价《曹溪一滴》说："其取材多属方志稗史，神话连篇，且考证多疏，未足据为典要。"②但《曹溪一滴》保存了明清云南诸位高僧、善知识的语录、法语、诗词等，对于研究云南禅宗而言，无疑是难得的珍贵文献。

　　其次看《禅宗》《应化》中记载的人物。《禅宗》收录了二十四位僧人和居士的传说及事略；《应化》收录了十九位神异僧的传说及事略。与

———————————

①　《曹溪一滴缘起》，载于《嘉兴大藏经》（新文丰版）第25册。
②　陈垣：《〈明季滇黔佛教考〉外宗教史论著八种》，河北教育出版社2000年版，第238页。

《曹溪一滴》之前的《鸡足山志》和之后的《滇释纪》相比，我们可以看出三者之间的关联性。兹列表9—3。

表9—3　　　　《禅宗》《应化》中的人物与《鸡足山志》
和《滇释纪》对照简表

《禅宗》《应化》中的人物	高奣映《鸡足山志》	释圆鼎《滇释纪》
唐圣师李成眉贤者	-	+
唐大理崇圣买顺禅师	-	+
唐禅陀子	-	+
唐些岛师	-	+
晋弘修大师，即文经帝，禅位为僧也	-	+
宋水目山净妙德澄禅师	+	+
宋东山普济庆光禅师	-	+
宋水目山皎渊月禅师	-	+
宋水目山阿标头陀	+	+
宋苍山再光寺妙观普瑞禅师	-	+
元苍山念庵圆获禅师	-	+
元鸡足德存普通禅师	+	+
元太华智福讲主	-	+
苍山道元讲主	-	+
元盘龙莲峰崇照禅师	-	+
明洱水道庵居士	-	-
明感通无极禅师	-	+
明古庭善坚禅师	-	+
明大巍净伦禅师	-	+
明波罗禅师	-	+
明鸡足杨黼居士	+	-
中溪觉林居士	+	+
明鸡足定堂本帖禅师	+	+

续表

《禅宗》《应化》中的人物	高奣映《鸡足山志》	释圆鼎《滇释纪》
明朗目慧光本智禅师，以上禅宗类	+	+
有一老僧自西方来（观音大士），以下应化类	－	+
唐鸡足古和尚（小澄）	+	+
唐白猪高娘	+	+
唐莲冠老僧（南诏建国观音）	－	+
杨波远大士	+	+
唐僧道清和尚	+	+
唐赵迦罗师	+	+
唐杨都司	+	+
唐宗宝禅师（一作宗保）	－	+
师摩矣太后	－	+
唐赞陀高僧	+	+
周寿海法师（周溢）	+	+
宋无言和尚	+	+
元连精和尚	+	+
汉观音长者	－	+
唐合毗和尚	－	－
大义法师	－	+
梁智照法师	－	－
元左黎国师	－	+

说明："＋"表示书中有该僧人或居士的姓名和传记；"－"表示没有。

由表9—3可以看出，《禅宗》和《应化》中共列举出禅僧、神异僧和居士共43人，对比《禅宗》《应化》与高本《鸡足山志》，前两者中有而后者没有的僧人和居士，是被认为与鸡足山没有关联的；标明"宋水目山"的净妙德澄禅师、阿标头陀，在《曹溪一滴》的《禅宗》《应化》中的行实没有涉及鸡足山，而在高本《鸡足山志》中却找出二人都曾到过"鸡足山"（宋时此山应仍称九曲山），因此把水目山的此二僧也收录在《鸡足山志》中。从这一点来看，诸本《鸡足山志》在编撰的时候，收录人物的标准是：与鸡足山是否有关联，取舍分明。再看《禅宗》《应化》与《滇释纪》中人物对照，除了"唐大理崇圣买顺禅师""唐合毗和尚""梁智照法师""明洱水道庵居士""明鸡足杨黼居士"五人之外，《禅宗》《应化》中的其他人物都收在《滇释纪》中，对比两者的行文，《滇释纪》有明显的抄录前者的痕迹，这也从一个侧面说明彻庸编辑的《曹溪一滴》的确为云南佛教保存了不少其他文献中没有的材料。另外，圆鼎的《滇释纪》在诸本云南佛教志传中，是较晚出的，收集的内容相对来看是最完整的，但仍然有遗漏，比如，在《滇释纪》的卷4《杂科》中，圆鼎收录了李元阳（中溪觉林居士），却没有收录杨黼，令人费解。因为圆鼎身为大理苍山的僧人，不可能不知晓大理的名士杨黼，是遗漏还是另有原因？有待进一步探讨。

再看彻庸《谷响集》的临济禅法。彻庸《谷响集》原收在《曹溪一滴》第8卷，入藏时独立出来，现收在《嘉兴藏》（新文丰版）第25册，经号B167。"谷响"之名，或取自永明大师之《宗镜录》，其百卷之末有偈云："化人问幻士，谷响答泉声。欲达吾宗旨，泥牛水上行。"元代高僧善住著有《谷响集》，今人黄念祖居士亦有《谷响集》，可见"谷响"之意高远而深邃。彻庸《谷响集》卷首有陶珽作《妙峰山开山善知识彻庸禅师小传》和陶珙作《谷响集序》，从中可以了解彻庸求学的经历，明确《谷响集》中临济禅法的渊源。

陶珙《谷响集序》云：

> 吾滇自饮光入定华首门前……（彻庸）家世力农，不习儒业，幼岁出家，质钝语蹇，因礼观音号豁然开朗。十八岁见顿悟要论《维摩经》，知所用心处，又以空观习定，大有得力处；及读大慧、中峰诸书，乃知用无所用，得无所得处。①

陶珽《妙峰山开山善知识彻庸禅师小传》亦云：

---

① 彻庸：《谷响集》，载于《嘉兴藏》（新文丰版）第25册。下文引自彻庸《谷响集》时，不再详注。

是时师已从空观入定，又从定发慧，知见正而性光朗，疑情勃勃欲动，而话头时节逼拶上身矣。欲罢不能，佛力加被，密藏印证，赞叹久之，喜滇中佛法幢在兹，岂诬也哉？比得《古庭录》，心师之，恍若付嘱者。语言文字外卓有觑入，得大自在。一时道风旁畅，门庭耸峻，得法弟子则有无住名弘如者；又有法海名弘一者；一得髓、一得骨，声震鸡山。

从上述引文中可知，彻庸禅师十八岁时读《维摩经》悟入，知用心处，又以空观习定，大有精进；后又读大慧、中峰的著述，看话头、起疑情，慧光大放，佛力加被，以至密藏开公赞叹不已，给予极高的评价："滇中佛法幢在兹。"从彻庸读宋代大慧普觉和元代的天目中峰的著作来看，彻庸所学主要是临济禅法。这一点，比较集中地体现在他的《谷响集》中。

一是《谷响集》有"看话禅"的修持方法。前文有述，看话禅是临济宗修持实践的最主要特色，《大慧普觉禅师语录》中的几个著名的话头，像"狗子有无佛性"等在彻庸的《谷响集》中也有提及。

　　参禅参狗子，当门便打死。捉败老赵州，勘破这些子。

（《谷响集·参禅偈》）

　　参禅不是止，参禅不是观。一个疑团心，钻在话头上。

（《谷响集·参禅偈》）

　　修行若问参话头，须如失物去寻求。疑而莫怨莫停息，得见原珍始可休。

（《谷响集·工夫问答》）

　　话头初参不上时，多因杂念障所知。札住两头中莫放，目前勿论见功迟。

（《谷响集·工夫问答》）

　　话头着紧无杂念，工夫才放又涉缘。十二时中无缝隙，直透威音那畔前。

（《谷响集·工夫问答》）

　　师家只说参话头，其中消息难举示。雄哉丈夫须自强，莫讨他人口里是。

(《谷响集·工夫问答》)

从上述的偈颂中可以看出，彻庸对临济宗的看话禅有继承和自己的见解。看话头是一种修持法门，因此看话头时要有正确的实践方法。彻庸强调在看话头时，发疑情的重要性，"疑而莫怨莫停息"，这与大慧宗杲的"时时提撕"是一脉相承的；经久参究，忽然疑情顿开，就像终于看见了"原珍"一样。看话头，说到底，也只是一个悟道的工具而已，切不可执迷，因此，在参究"狗子有无佛性"话头的时候，不能执迷于有或无的字面意义，而是要"打死狗子"，跳出赵州禅师当年提出的这个问题之外，于己心中寻自性，明心见性而得彻悟。"丈夫须自强，莫讨他人口里是"亦即此意。

二是由《谷响集》看出彻庸的临济喝。"德山棒，临济喝"是禅宗史上著名的公案，"棒喝"之法，① 与禅宗"不立文字、直指人心"的宗旨是相一致的，是在参禅悟入方法上的创举，改变了汉魏以来佛教师徒口传心授的传统模式，可谓别开生面。彻庸秉承临济禅法，时常运用临济喝的方法。

时密云和尚佩祖心印，说法于天童。公往谒童……童拟取杖，公便喝，童打，公接住，送一送。童曰：你作什么？公曰：和尚要杖，便送还。童大喜，遂许入室，气吞诸方。咸称：吾道南矣。

(陶珽《谷响集序》)

不肖允礼，不知味者数十年。忽被彻公一喝，顿觉所谓知味不知味者如是。

(戈允礼《引曹溪一滴》)

余曰：公阅《五灯》，有王荆公入大相国寺，见诸方看经次，问曰：佛未出世时看什么经？众无语。吴山端云：相公周孔未出世时读

---

① 禅宗的棒喝中有许多讲究，棒打并不一定就是真打，叱喝就更得看对象、分场合了。《景德传灯录》卷15《宣鉴传》："师寻常遇僧到参，多以拄杖打。"据此推知禅宗棒喝用的是拄杖。拄杖即禅杖，用竹竿或木杆制成，一头包上软布。若是真打，三十棒下来，势必非死即伤，如何使参禅者开悟？

什么书？然则曹溪未出世时，这一滴水落在甚么处？彻公喝一喝。予
曰：木马嘶风春意闹，泥牛啸月百花香。

（陶珽《曹溪一滴缘起》）

彻庸年轻时学佛入道的法门主要是临济禅，棒喝之法深得于心。在
1634 年未出滇之前，从他与陶氏兄弟的交友过程中就可看出，彻庸运用
临济喝即已经得心应口了；待到彻庸参谒江南临济宿耆天童密云圆悟时，
一见面便"棒打唱喝"，大机大用，默契印证，从而得嗣于密云圆悟；在
与戈允立礼交游时，彻庸雷霆一喝，使其顿然醒悟，明了"知味不知味
者如是"。由此可见，彻庸的临济喝法运用得出神入化、酣畅淋漓。

三是《谷响集》中"你即是佛"的禅学命题。

我说恐你信不及，你即是佛。莫别思想这个会不来。

（《谷响集·示月面禅人法语》）

彻庸的"你即是佛"由"即心是佛"承接而来。初祖达摩大师说
"深信含生同一真性"，[①] 乃为"即心是佛"的滥觞；二祖慧可说"是心
是佛，是心是法"；[②] 六祖慧能《坛经》中说："吾今教汝识自心众生，
见自心是佛。……汝等自心是佛，更莫狐疑，外无一物而能建立，皆是本
心生万种法。"[③]《景德传灯录》曰："僧问：和尚为什么说即心即佛？师
（马祖）云：为止小儿啼。僧云：啼止时如何？师云非心非佛。"[④]《景德
传灯录》曰："（法常禅师）初参大寂，问：如何是佛？大寂云：即心是
佛。师即大悟。"[⑤]《碧严录》第 44 卷、《宗镜录》第 25 卷等均有关于
"即心是佛"的演绎和发挥。人的心灵本来就是清净无垢的，人的自性与
佛性没有差别；当人领悟到自心是佛而回归自己的本性时，心中便是一片

---

① （唐）道宣：《续高僧传》第 16 卷，方广锠主编《高僧传合集》，上海古籍出版社 2011
年版，第 231 页中栏—下栏。

② （宋）普济：《五灯会元》卷 1，海南出版社 2011 年版，第 60 页。

③ 《坛经》第十品，《佛教十三经》，中华书局 2011 年版，第 123 页。

④ （宋）普济：《五灯会元》卷 6，海南出版社 2011 年版，第 138 页。

⑤ 同上书，第 174 页。

澄澈空明，水月朗照，纤尘不生，即进入超越和解脱的境界。"即心即佛"简约而直接地表达了南禅顿悟说的独特思想，所以它成为中国禅宗南禅的一个标签。彻庸继承了"即心是佛"的思想，更加简便地向学人说"你即是佛"。众生皆有佛性，佛就在每个人的心里，你能明心见性，你自己就是佛。在《谷响集》中，彻庸沿着"你即是佛"的理路，开示学人如何参禅修持。

> 禅岂可是说得的？又岂是参得的？说得的是唇舌牙齿风息鼓播而成音声；参得的是意想交加钻研而成道理；都是戏论，都是法尘。禅岂是任么而然？教中谓：若以思惟心测度如来大寂灭海，如取萤火烧须弥山；又云：是法非思量分别之所能解。
>
> （《谷响集·示月面禅人法语》）

你即是佛，禅就在你心中。彻庸开示月面禅人参禅不必刻意强求别人说的什么话，写的什么道理，不要以分别思量之心去理解禅意，"应无所住而生其心"；禅就是要超越真俗二谛，走出迷失自心的困境，寻自心而悟入，自有心花顿放、眼界澄明的时刻。

> 法性遍在一切处，一切众生及国土三世，悉在无有余，亦无有形相而可得；又道：天上天下无如佛，十方世界亦无比，世间所有我尽见，一切无有如佛者，既道无形相而可得，又谓一切无有如佛者，汝等诸人作么生商量。
>
> （《谷响集·首段》）

你即是佛，参禅学佛不必骑驴觅驴，满世界盲求。彻庸在《谷响集》的开篇即告诉大众，佛性（法性）无处不在，但佛性又无形无相，不可触得，不可比拟，那么，众生怎么才能学佛呢？答案简单而明确：你即是佛。所以，众生不要执迷于佛性的形相而误入歧途，返身自观，原来自己就是佛，修心即可。

大众还会么？会则直下便是，莫于意根下，左思右想，才落思想便隔千万里。

（《谷响集·示月面禅人法语》）

参禅为不了，强立一个参，若是上上士，直下便承当。

（《谷响集·法元洪如禅人》）

参禅达至理，不离日用间；春夏秋冬佛，东西南北天。

（《谷响集·参禅偈》）

你即是佛，参禅修行就在你的日常生活中。彻庸告诫学人参禅悟道不是枯坐冥想，如果沉溺于意想思维，即使有所得，也与禅学真义相隔千万里。参禅就在你的日常生活中，随处皆可直下承当；若能通达至理，禅境顿开，则一年四季皆是好时节。

四是《谷响集》中的禅净合一倾向。宋代以后，中国佛教发展的特点之一是禅净合一。禅与净能够合一的理论基础是两者关于成佛根据、解脱途径等学说有重合交集的地方，① 这是禅净合一的内在的根本原因。禅净融合，最早在东晋慧远倡导的念佛禅中就已初露端倪；宋初永明延寿是最重要的禅净土合一的倡导者和实践者，他的《万善同归集》是调和禅净分歧，论述禅净一致，强调禅净双修的代表作；除永明以外，宋代倡导禅净合一的还有契嵩、义怀、宗颐、宗杲及居士杨杰、苏东坡、王日休等。宋以后禅净合一，乃至三教合一，成为中华文化发展的主流。彻庸也不例外，他继承宋元禅宗的传统，把参禅与念佛结合起来。在《谷响集》中也融入了禅净合一的倾向，其中有近百首《净土偈》，挑拣几首附录，足以见禅净合一的大潮在彻庸作品中的痕迹。

---

① 禅净两宗基本理论的交集表现在：一是目的一致，都是以成佛解脱为目的。二是自力与他力的相互依存。净土宗仰仗他力，却不是无条件地坐享其成，需自己具备信、愿、行的资粮。禅宗号称自性自度，但如果没有祖师的接引与印证，其开悟就没了着落。三是念佛与修禅两种修习方法有相通之处，禅宗参禅要发疑情，于一刹那间截断妄念，悟入实相；净土持名念佛的修行关键在于以一念代万念，一心不乱本身就是一种禅的境界。

西方生地果奇哉，尘心净处觉华开。不似此中情欲本，臭皮囊里
出头来。

（《谷响集·净土偈》）

眼见眼为真净土，耳闻耳是活弥陀，父母本生明历历，不识何缘
隔住他。

（《谷响集·净土偈》）

逢人劝念阿弥陀，自利利他功行多。劝得十人生净土，我身自证
六波罗。

（《谷响集·净土偈》）

父教子勤修净土，夫劝妻急念弥陀。大家团圆归佛国，休使流落
在娑婆。

（《谷响集·净土偈》）

净土永无三恶道，亦无善恶及阴阳。受用胜过天万种，故曰极乐
无有上。

（《谷响集·净土偈》）

十方诸佛广长舌，赞叹西方净土人。释迦折服弥陀摄，几番劳碎
老婆心。

（《谷响集·净土偈》）

五是《云山梦语摘要》中"梦即佛法"的见解。汉明帝一梦，佛法
流布中原，梦与佛法即形影相随。在早期的佛教经典里，经常以梦为喻，
《金刚经》有名的四句偈："一切有为法，如梦幻泡影，如露亦如电，应
作如是观。"这里的"梦"，指现象界空虚不实，使人了知诸法之如幻如
化，以证入空性。而彻庸周理在《云山梦语摘要》中却明确说"梦即佛
法"，乍看起来，好像有点"离经背道"，细细读来，有其自圆融通的逻
辑思路和独特的见解。且看他的解释：

问：梦是佛法不？
答：梦即佛法。
问：经中说梦只将以喻法，使人明了。今言即梦是法，全以虚幻
不实之理以为佛法，可乎？

答：经云：念念中以梦自在法门，开悟世界海微尘众生，岂不是梦即法乎？以执着目前境界为实故，以梦为虚幻，殊不知目前有为之物，全体不实，而梦者当体觉性也。岂可反谓虚妄不实乎？

问：梦既佛法，如何修持？

答：大慧教人，先以目前景界都作梦观，然后以梦中光景，移来觉时，如此会得，自然梦觉恒一。

（《云山梦语摘要下·问答章》）

仔细品读这三组问答，彻庸在回答"梦即佛法"之后并没有接着给予解释；第二个问题中，预设了梦是"虚幻不实之理"，彻庸的回答是说，梦中的自在万法，与开悟后看见的万千微尘，两者之间并没有发生变化，从这个意义上可以说，梦即佛法；接下来彻庸要反驳梦是"虚幻不实之理"，理由是"目前有为之物，全体不实"，即本来就没有实在之物，怎么可以在虚幻中找到实在的梦呢？至此，我们还不能完全理解彻庸的"梦即佛法"之说。在梦与佛法之间，有无沟通的桥梁和融合的交集？从第三个问答中，我们找到答案：要待到觉悟时，梦才是佛法。联系彻庸在此文中关于"至人无梦"的论述：

至人无梦，非有无之无梦也，乃无无之无梦也。谓梦觉恒一，念想俱忘，犹如晴天无云，万象昭朗，物物头头，纤毫不昧，鱼之游，鸟之语，皆是本色天然圆明虚活。

（《云山梦语摘要下·元起章》）

人说至人无梦，予谓不谓无梦，谓至人知梦，知梦则无梦也。不知，则梦也。

（《云山梦语摘要下·意生章》）

彻庸提出"至人无梦"之说，这里的"无梦"并不是没有梦，而是说"至人知梦"，梦也就不存在了。换言之，觉悟了的人能够把梦看得透彻分明，因而"无梦"了。至人的梦与觉是同一的，此时，可以说"梦者当体觉性也"，梦者即觉者，当然"梦即佛法"了。由此可见，彻庸的"梦即佛法"说，有一个必不可少的前提：至人知梦。至此，彻庸的"梦即佛法"可以理解为：只有觉者的梦才是佛法。

此外，彻庸的《云山梦语摘要》虽是从佛教立场来解梦，但同时征引儒道两家关于梦的典故，思维天马行空，语言精致华丽，不啻一篇哲理美文。《云山梦语摘要》还有很多内容，诸如梦的起因、梦的构成、梦的类型、梦的吉凶、梦境显示的意义、梦与死亡、梦与无梦、梦作为修行法门等，徐圣心已作过详细的解析①，兹不重述。

第十节　学蕴《知空蕴禅师语录》的临济特色

学蕴（1613—1689），②字知空，洱海人，俗姓王；③十岁即入鸡足山，投水月和尚祝发，住寂光寺，精修戒律，三十年胁不沾席；从大力、野愚、彻庸处参学，各领其教，参"万法归一，一归何处"话头四五年，但疑情不发；后遇亮如和尚，听讲法华诸经，又参"不是心，不是佛，不是物"话头十余年，苦无入处；后礼《万佛名经》至第3卷"南无"二字时开悟。学蕴曾在旃檀林老僧崖下建玉霖轩，闭关习静数年，后又参谒无住，受器重，未嗣法而去。明永历帝入滇，命晋王李定国平定楚雄、永昌叛军，凯旋时路遇学蕴，学蕴即邀请晋王览鸡足山，要求免除山中赋役，得到允许，并有晋王令谕。④学蕴又随晋王至昆明，向永历帝贡献山果，受到嘉奖，赐寂光寺为护国兴明寺。明亡后，出鸡足山，在楚雄九台山开堂讲经，听众常数百人。康熙九年（1670）在祥云水目山大寺为众受戒。⑤康熙辛亥年（1671）三月十五日，嗣法"湖广衡州府开峰山南云

---

① 参见徐圣心《梦即佛法——彻庸周理〈云山梦语摘要〉研究》，《台大佛学研究》2009年第18期。

② 诸本《鸡足山志》和《滇释纪》中均未言学蕴的生卒年月，查《知空蕴禅师语录》上卷末有记："师生于万历癸丑年九月朔一日，世寿七十七春，僧腊六十有五。六诏皆仰师德，嗣法开堂三十余年，入灭于皇清康熙己巳年五月廿八日午时。"参见《嘉兴藏》（新文丰版）第37册，经号B400。下文出自《知空蕴禅师语录》的文字时，不再详注。

③ 诸本《鸡足山志》中说学蕴俗姓张；圆鼎《滇释纪》和《知空蕴禅师语录》中说学蕴俗姓王。

④ 参见李根源、赵藩《鸡足山志补》卷4。

⑤ 《知空蕴禅师语录》上卷。

禅院密行老和尚"，为临济正宗第三十三世。① 圆寂时年 77 岁，建塔于鸡足山。

学蕴一生的大半时间是在鸡足山上度过的，身在名山，自然与名僧多有交友，除了向野愚、彻庸等宿僧请示参学外，与担当、大错、广称等人来往也颇多，前文已提及担当写给学蕴的几首诗；广称也在《琼楼山记》中说："庚子春，大错和尚纂修《鸡山志》，命余偕道友知空遍探山水名胜。凡兹山之峰峦崖壁、涧壑溪潭、树石洞泉、断桥古碑、荒亭废阁，无不搜讨。"② 学蕴善诗文、能书画，高奣映《鸡足山志》中收有学蕴的诗文有和《山中偶作》《晚步钵盂庵》和《栴檀林记》《重建华严寺碑记》等，另有《知空蕴禅师语录》，入《嘉兴藏》。下文就《知空蕴禅师语录》展开分析。

一是《知空蕴禅师语录》的临济宗风。学蕴 10 岁即于鸡足山寂光寺水月和尚祝发，水月和尚即儒全禅师，传临济宗法脉。与学蕴交好的野愚禅师也是水月和尚的弟子，学蕴参学的长者彻庸兼祧临济、曹洞二宗，可见，学蕴的师承和学习的环境，都是以临济为宗；晚年（1671）嗣法密行禅师，为临济正宗第三十三世。在《知空蕴禅师语录》中，临济宗风最突出的表现是"看话禅"和棒喝之法。学蕴求学时曾经参"万法归一，一归何处"话头四五年，又参"不是心，不是佛，不是物"话头十余年；棒喝之法则是学蕴平日最常用的方法，在《知空蕴禅师语录》的法语和偈颂中有十余处之多，举一例观之。

学蕴在《知空蕴禅师语录》上卷中，自述行脚经历时说：

> 一日尚（洪如无住和尚）上堂，我出问曰：和尚作么？尚竖起拂子。我曰：怜儿不觉丑。尚便打，我一喝，尚又打，我又喝。尚下座，归方丈，我随上问讯，尚曰：适来喝老僧是你？我曰：唤作喝

---

① 《知空蕴禅师语录》上卷。学蕴在云南楚雄九台山，密行和尚在湖南衡州府开峰山，两者相距千里，怎么相识和嗣法呢？查《新续高僧传》卷 21 有《明云南竹林寺沙门释密行传》云：释密行，字寂忍，姓谷氏，宜良人。……14 岁即舍入竹子山竹林寺从顺语剃度。……参破山……后驻锡衡州南云寺，更弘法于云南会城妙音、慈云诸刹。寂年五十八，有《语录》数卷。由此推之，此二人在云南曾相遇过。且嗣法的仪式是以密行和尚的书信和画像代替其人进行的。

② 高奣映：《鸡足山志》，侯冲、段晓琳点校，中国书籍出版社 2005 年版，第 418 页。

那？尚又打，我礼拜曰：多谢和尚重重相为。尚又打，我便出。尚示我一偈曰：子之道业已成，清福已具，顺时保养，随机而利。

洪如无住和尚，即彻庸的弟子，前文在看话禅里有述。无住曾随彻庸游学江南，后随彻庸请藏回滇。无住协助其师开建大姚妙峰山，次开祥云水目山宝华禅寺。引文中学蕴与无住的这场棒喝之交，即在水目山。从二人的这番棒打、唱喝之中，我们很难看出其中的奥妙之处，或许是我们身在其外，不解其妙。从客观的角度来看，禅宗棒喝之法，固然能使学人跳出繁缛艰涩的佛教义理之学，简单便捷，令人茅塞大开而顿悟；但究竟有没有开悟，没有像佛教义理之学中的文字阐述，而是凭禅师的印证，主观性很强，很难有一个判断的标准；其中的弊端也导致后来禅宗的棒喝之法往往流于形式，蜕化成没有实学的禅师们掩饰搪塞、装饰门面的遮羞布而已。这也是禅宗后来式微的一个重要内在原因。

二是《知空蕴禅师语录》中"呵佛骂祖"的余音。在学蕴禅师即将圆寂前，他的一个叫通照的弟子问："和尚向来说禅说道，诃佛诃祖，正恁么时作么生？""师震威一喝（照）。礼拜，师复一掌（照）。拟问，师翘一足而逝。"[1] 学蕴的弟子说他向来"说禅说道，诃佛诃祖"，其实正是对其师一生禅法的最好总结。《知空蕴禅师语录》中有多处"呵佛骂祖"的记录：

此道本无言说处，物即真，不离日用。寻常会，则盖天盖地，无古无今，运水搬柴，尽是神通妙用；不会，则礼佛看经都成业识，茫茫无本可据。

（《知空蕴禅师语录》上卷）

此事迥别尊贵，绵密不落言诠。祇许没量汉，直下承当，撩起便行。遇佛杀佛，遇祖杀祖，不顾危亡，才是吾家种草禅人。

（《知空蕴禅师语录》下卷之《示宗镜昭昭》）

日南午，浩浩尘中谁作主？人塵托钵沿家乞，酬施道个云门普。须仔细，莫莽卤，倔僵风流自合古。此时若谓打三更，百草头边晒佛祖。

（《知空蕴禅师语录》下卷之《机缘》）

---

① 《知空蕴禅师语录》上卷末。

净裸裸底没可把，脱体潇洒才是潇洒。下无锤地，上无瓦，佛来也打，魔来也打。道者相逢口似哑，知之尚寡，达之更寡。金毛狮子吼大野，风也权且，雨也权且。

（《知空蕴禅师语录》下卷之《台山吟》十首之九）

禅宗"呵佛骂祖"始于临济义玄，后来宣鉴又推波助澜，把"呵佛骂祖"的思想加以放大，蔚然成为一种潮流。宣鉴禅师（782—865）。宣鉴俗姓周，简州（今四川省简阳市）人。在四川时，宣鉴精通律藏，经常讲授《金刚般若》，时人称之为"周金刚"。当他听说南方有禅宗提出"直指人心"的顿悟成佛主张时，不服，决心要"剿灭"禅宗。① 于是，宣鉴带着自己注释《金刚经》的著述《青龙疏钞》，来到澧州（今湖南省澧县）挑战龙潭崇信，不想自己反被禅宗"剿灭"了，接了崇信的禅法。② 可见禅宗在刚刚兴起的时候，具有非常强大的革新力和生命力。禅宗提倡"不立文字，直指人心，明心见性"，不必向外求佛，转向自心，顿悟即可成佛；修持实践上，主张不读经、不念佛，参禅不离日用，所谓"吃饭屙屎"皆是禅，这是对传统佛教"离经叛道"式的巨大变革。禅宗沿着变革的趋势发展，到了宣鉴那里，即开始"大骂特骂"佛祖了。③ 究其原因，张松辉先生认为，禅宗是采取了佛教的一些术语作框架，其中所填充的内容却是庄子思想；麻天祥先生在其博士论文中早有详述。禅者像庄子一样，追求绝对的精神自由，不受任何事物的约束，自然也就不愿在自己的头顶上还放着一个佛祖，受佛祖的管束；另一方面，"呵佛骂祖"

---

① 宣鉴说："出家儿千劫学佛威仪，万劫学佛细行，不得成佛。南方魔子敢言直指人心，见性成佛？我当搂其窟穴，灭其种类，以报佛恩。"参见普济《五灯会元》卷7，海南出版社2011年版，第500页。

② 宣鉴皈依崇信的记载：一夕侍立次，潭（龙潭崇信）曰："更深，何不下去？"师（宣鉴）珍重便出。却回曰："外面黑。"潭点纸烛度与师。师拟接，潭复吹灭。师于此大悟，便礼拜。潭曰："子见个甚么？"师曰："从今向去，更不疑天下老和尚舌头也。"参见普济《五灯会元》卷7，海南出版社2011年版，第500页。

③ 宣鉴说："我先祖见处即不然，这里无祖无佛，达摩是老臊胡，释迦老子是干屎橛，文殊、普贤是担屎汉。等觉妙觉是破执凡夫，菩提涅槃是系驴橛，十二分教是鬼神簿、拭疮疣纸。四果三贤、初心十地是守古冢鬼，自救不了。"参见普济《五灯会元》卷7，海南出版社2011年版，第503页。

不是一般意义上的完全否定，而是一种"顺向性"的否定，是以另一种更激烈的形式对老师的超越与尊重。① 笔者认为，禅宗"呵佛骂祖"的现象，是禅宗改革思想内驱力发展的必然逻辑结果，是唐宋宗教界的一场声势浩大、经久不息的"人本主义"运动。行为是思想的外壳。禅宗"呵佛骂祖"的极端行为，是与禅宗"离经叛道"的改革思想相一致的。禅宗一开始的出发点就是"不立文字，教外别传"，既然是"别传"，就不可能走传统的老路。如果要坚持"不立文字"，那么它的逻辑结果就是不读经、不念佛；如果可以"明心见性"，顿悟可以成佛，那么，它的逻辑结果就是不假外求，不必崇佛。因此，禅宗"呵佛骂祖""杀佛杀祖"，看似荒诞，实则与禅宗的内在思想是相适应的，只是在禅宗内在思想的驱动下，走得更远了，到了极端。从禅宗"直指人心，见性成佛"的思想来看，它一方面破除了佛祖崇拜；另一方面客观上把禅者从"他信"上拉回到"自信"上，要想解脱成佛，只能靠自己的努力，认识到个人智慧的力量，承认个人的价值与意义，就此而言，禅宗"呵佛骂祖"现象，不啻一场"人本主义"运动。

对照上述引文，学蕴在表达他"呵佛骂祖"意思的时候，总是与禅宗的主旨相关联的，主要的目的不是骂佛，而是借"呵佛骂祖"的极端形式，以强烈的外在刺激，让问禅人震撼、惊醒。"此道本无言说处，物即真，不离日用。"这是对禅宗主旨的高度概括，然后才说"不会，则礼佛看经都成业识"；同样地，在抛出"遇佛杀佛，遇祖杀祖"的言论之前，学蕴是有铺垫的："此事迥别尊贵，绵密不落言诠"，参禅学佛，与尊卑无关，不落言诠；并且进一步指出，禅家能够做到"呵佛骂祖"是需要勇气和担当精神的，正因为禅人有这样一份勇气和担当，才能彻底抛却尘世羁绊和别人的误解和恶语，做到通体潇洒，正道精进；为了自利利他，普度众生，一切阻碍修行的传统的陈词滥调都可祛除，哪怕是把佛祖抬出来，也阻止不了禅人精进的脚步。这才是学蕴"呵佛骂祖"的真境界和良苦用心。

三是《知空蕴禅师语录》中的偈颂、诗歌中的禅趣。《知空蕴禅师语录》中还收录了学蕴的偈颂和诗歌计有 60 余首，其中不乏禅理和风趣。

---

① 张松辉：《论德山宣鉴禅师呵佛骂祖思想》，《湖南科技学院学报》2005 年第 1 期。

拟寒山诗六首之四

常思往哲言，一一膏肓药。至道本非难，却因拣择缚。进退拟思量，动之便成疟。转急复转迟，纵之而绰约。若要得相应，一切都放却。离心意识参，出凡圣路学。擘面挥一掌，休道我发恶。不见西国人，穿耳复袒膊。

（《知空蕴禅师语录》下卷）

开峰本师密老和尚

此老无状，走在纸上。漏逗不少，好与痛棒。吐舌低声曰：吁，者是开峰密和尚的模样：狮象丛中出一头，龙蛇阵上谁敢撞。佛祖见而含羞天，魔闻之胆丧。穿人鼻孔不用纯，倒岳倾湫一条棒。今日遇着灭眼之逆儿，明月清风为供养。

（《知空蕴禅师语录》下卷之《像赞》）

丈雪和尚

以手指像，曰：这员老秃，西川古佛，昭觉重开，圆悟再出。脑后见腮，顶门无骨，口似血盆，牙如剑树。恶辣汪洋，臭烟蓬勃，正好活埋。

（《知空蕴禅师语录》下卷之《像赞》）

自赞

这个粗汉，描他作么？名唤学蕴，一无所蕴。道号知空，一无所空。每每诳惑同流，狂言不少。说大海水深不过膝，道太虚空高不过顶；不解机用，指东说西，恼人念佛，参禅笑人，建德立功。这般行径，辄颠辄风，修长老，承你画他来，只好掷在火炉中。

（《知空蕴禅师语录》下卷之《像赞》）

学蕴在偈颂、诗歌中仍不忘禅宗宗旨。"常思往哲言，一一膏肓药。"此句承"呵佛骂祖"之否定精神，主张若要参禅觉悟，就得一切都放却，于自心求解脱；"擘面挥一掌，休道我发恶"。学蕴很风趣地说明禅宗棒喝并非出于恶意，直教人醒悟而已。接下来的三首像赞诗，语言更是诙谐幽默，在看似打趣、调侃之际，却道出了僧人的个性特点，给人迎面一股清新之风。

第十章　清代以降云南鸡足山圣地的变迁

　　山是静止的，但佛教圣地却是变动的。动态的描述是佛教圣地学的主要叙述方式之一。托尼·胡贝尔在《圣地的重生》一书中认为，"有多种可能路径去划定佛陀在印度佛教中的活动范围，并且随着时间的流逝，这个活动范围也在变化。另外，从历史的发展和佛教在亚洲的传播过程来看，佛陀活动范围的变化仍在继续着。"① 大卫·奇德斯特和爱德华·T. 林赛尔在论及圣地是有争议的空间时说："既然在这个世界里没有一个圣地是纯粹神启的，那么，它的物主将始终处在险境之中。从这个意义上说，一个圣地不仅仅是被发现的或被创建的或被建造的，而且也是被那些追求特殊兴趣的人们所宣称的、拥有的和经营的。"② 正因为如此，一个佛教圣地形成以后，它的生存与发展状态不是静止的，而是动态变迁的。其兴衰起落与世俗社会的发展变革密切相关；与教内的权力关系和利益纷争也是紧密相连。首先，不同时期的政府宗教政策对佛教圣地兴衰命运的决定作用。东晋道安即感慨"不依国主，则法事难立"，佛教的兴衰与统治者的宗教政策走向密切相关。鸡足山圣地鼎盛于明季，与明末皇室的敕封，特别是万历年间明皇室对鸡足山圣地的优遇有着直接的因果关系；清一代忽视了远在西南边地鸡足山圣地的存在，尽管清王室有人崇佛，但或因清代鸡足山佛法不彰，鸡足山圣地是被人遗忘的角落。其次，经济基础对于佛教圣地的生存与发展的支撑作用。明季鸡足山拥有大量的寺田，是支撑起明末鸡足山圣地鼎盛局面的

---

① Toni Huber：*the holy land reborn*，*chapter*1，*The Shifting Terrain of the Buddha*. The University of Chicago Press，2008，p. 23.

② David Chidester and Edward T. Linenthal，*Amercian Sacred Space*，Introduction，Indian University Press，1995，p. 15.

坚实支柱，没有大量的寺田收入，很难维持数以千计的僧尼的饮食起居和宗教活动；鸡足山圣地在清代整体性的衰落与其寺田的大量流失有着直接的因果关系。一部云南鸡足山佛教圣地兴衰变迁史，也是同步的一段社会发展变迁史的剪影。从云南鸡足山的兴衰变迁史来看，佛教圣地的起起落落，无不与当时的社会大环境息息相关。

第一节　清代云南鸡足山圣地衰落的原因及表现

清代云南鸡足山圣地逐渐衰落。在《鸡足山志》《滇释纪》《新续高僧传》和其他云南方志文献中，清初至民国初期鸡足山名僧越来越少，以至于无迹可寻了。光绪十五年（1889），虚云第一次上鸡足山时，看到的景象是：

> 今则全山不足十寺，僧伽与俗人无殊，子孙相承，各据产业，非本山子孙，不准在山中住，并不留单。予念往昔法会之盛，今日人事之衰，叹息不已。思欲有为，而不知机缘之何在也。①

张璞在《优昙钵华记》中亦说：

> 滇西鸡足山，为大迦叶守衣入定之所。山周数百里，诸大菩萨灵迹显化，所在多有。唐宋元明清初诸大德高僧小澄、慈济、源空、见月、宗峦、大错、担当，一时龙象，固常胜矣。历世劫乱，寺毁于兵，咸同以后，滇之佛法衰极。至道场地半化灰烬，寺之存者亦无好住持，名虽出家，不闻三学。且全失僧伽仪表，丛林败坏，颇难尽述。清末，虚公德清禅师来礼初祖，彼时全山无一留单之处。②

清末，鸡足山全山寺庵不到 10 个了，与明季鼎盛时的"大寺八，小

---

① 岑学吕：《虚云和尚年谱》之"光绪十五年己丑五十岁"条。
② 张璞：《优昙钵华记》，附于岑学吕《虚云和尚年谱》之"宣统二年庚戌七十一岁"条。

寺三十有四，庵院六十有五，静室一百七十余所"的盛况相比，零落何堪！不仅仅是寺庵凋零破败，更可悲的是此时鸡足山上残寺破庵中的僧人皆穿俗服，不读经，不修持，不烧香，也无早晚课；蓄发，娶妻生子，砍柴种田，吃荤吃酒，与山下俗人没什么两样，并且把常住寺产据为己有，不允许外来的行脚僧人挂单，甚至用钱买党派龙头大哥以为受用，全然没有昔日梵刹林立、众僧云集、晨钟暮鼓、香雾弥漫的踪迹了。从虚云的描述来看，清末鸡足山上的这些平日不穿僧衣、蓄发、娶妻生子的僧人，与云南的阿吒力僧类似。清康熙年间政府取缔阿吒力教，许多阿吒力僧纷纷藏匿于山林，此时的鸡足山道场衰落，僧走寺空，阿吒力僧人栖身于此，鸠占鹊巢，成为鸡足山寺庵的主人。当代云南鸡足山虚云禅寺方丈惟升法师也认为清末的鸡足山已经变成了阿吒力教的道场了。[①] 短短 200 年左右的时间里，云南鸡足山上到底发生了哪些事？为什么会有如此天壤之别？由于史料的缺失，特别是不为史家所重视的佛教"方外史"，更是湮没无闻，我们无法找到直接的史实来验证，这也是学界对于清代鸡足山衰落的现象一直无人问津的原因。下文尝试从若干侧面来解读清代鸡足山圣地衰落的原因。

第一，从清代律例来看清政府对佛教的严格限制。《大清律例》卷 8《户律·户役·私创庵院及私度僧道》中规定："凡寺、观、庵、院，除见在处所外，不许私自创建增置，违者杖一百；僧道还俗，发边卫充军；尼僧、女冠入官为奴。若僧道不给度牒，私自簪剃者，杖八十；若由家长，家长当罪。寺观住持及授业师私度者，与同罪，并还俗。"[②] 其他的规定还有：家中不足三丁，或已超过十六岁者均不准出家；僧人作奸犯科，与平民罪；民间创建寺观需要申请，政府批准方可；应赴僧和火居道士不许收徒，僧人年满四十才准招收门徒一人，等等。从上述律例来看，清代的佛教政策基本上承续明代，从中央到地方都仿照明代设置了僧官衙门，管理佛教事务。后来清代的佛教政策有所变化，但总体上的政策走向仍然是利用加控制相结合，最终的目的还是加强思想控制，辅助清朝统治。就清一代佛教而言，诸宗归净，间或有禅宗的显发；尽管清代有王室

---

① 惟升：《虚云老和尚的足迹》，宗教文化出版社 2003 年版，第 96 页。
② 马建石、杨育裳编：《大清律例通考校注》，中国政法大学出版社 1992 年版，第 406 页。

贵族崇奉佛教，但佛教整体上式微。这样的大环境，无疑会对鸡足山佛教带来不利的影响。清代鸡足山圣地的衰落，也只是佛教整体上下行的一个个案而已。

第二，清政府对"鸡足山大乘教"等民间宗教的严厉打击，恶化了鸡足山圣地的小环境。清代对于佛道等宗教外在的挤压，迫使宗教向民间下移，衍生出五花八门的民间宗教。康熙二十年间（1681），云南大理府太和县贡生张保太在鸡足山下开堂倡立大乘教，称之为"鸡足山大乘教"。该教自称是陕西泾阳县八宝山无生高老祖开派，又称其大乘教为鸡足山达摩开派，盛行于康乾年间，传播近百年，以云、贵、川为基地，波及长江两岸等十省。乾隆皇帝将其定性为"邪教之尤"，有时一天之内连续下达四五道谕旨，督促各地封疆大吏大范围地严厉镇压"鸡足山大乘教"。乾隆十一年（1746），云南总督张允随大规模镇压"鸡足山大乘教"，先后共抓获1473人；张保太死于狱中，后被戮尸焚骨；骨干成员张晓、刘钧被凌迟处死。其他各地的"鸡足山大乘教"仍有活动，前后历时近30年方平息。"鸡足山大乘教"崇拜无极圣祖、玉皇大帝和弥勒佛，佛教禅宗经典有迦叶传衣弥勒佛的说法，而鸡足山被尊为迦叶道场，故两者纠葛在一起；另外，鸡足山上的龙华寺、西来寺、燃灯寺、大乘寺，都被认为与"鸡足山大乘教"有关，并且鸡足山上的确有很多陕西籍僧人。[①] 有以上这些关联，无疑使云南鸡足山佛教在这次残酷镇压"鸡足山大乘教"的过程中受到牵连和削弱。

民间宗教往往与具有反社会情结的领袖人物联姻，成为滋生宗教起义的温床。清代的宗教起义此起彼伏，其中影响较大的有乾隆三十九年（1774）八月，山东王伦领导的清水教起义；嘉庆十八年（1813）秋，林清和李文成在冀、鲁、豫三省掀起的天理教起义；嘉庆元年（1796）二月，风起云涌的白莲教起义等。考察白莲教系统历次起义的核心人物的职业，以王伦领导的清水教起义为例来看，王伦是民间医生；梵伟是和尚；孟炉是因斗殴而杀人的逃犯；乌三娘是街头艺人；其他则分别是经营豆腐干、盐果、木匠、商店掌柜、县署衙役、书吏等职员及勤杂人员等。这些

---

① 参见马西沙、韩秉方著《中栏国民间宗教史》，中国社会科学出版社 2004 年版，第 872—916 页。

人大多数是背井离乡、流浪各地、辗转从事各种职业的。① 因此，清政府
对于社会上具有结社性质的团体、流动性大的群体倍加防范，僧人的行脚
游学因此也受到牵连。清政府对于民间宗教的打击，无疑打破了云南原有
的宗教生态环境，在民间营造了一种恐教的情绪。此外，清雍正年间，将
丁税与地税合一，"摊丁入亩"，僧户与丁税无关了，"于是度牒之制，遂
无形而废弛"。② "甚至犯罪者，亦借寺庙为藏匿之地；古人所谓出家乃大
丈夫之事者，至是浸失其本意矣。"③ 明及清初的试经给牒的制度，虽然目
的在于控制僧人的数量，但在客观上提高了僧人的素质和修养。而度牒制
度的废除直接导致僧才素质低下，寺院甚至成为藏污纳垢之所。再者，清
代儒学在云南的进一步普及和深化，更少有人愿意遁入空门，云南鸡足山
圣地的僧才日益匮乏。

　　第三，清代云南彻底的改土归流改革，使鸡足山佛教失去了原来大檀
越的护持。土司制度是元明时期封建王朝在西南、西北少数民族地区设置
的一种地方行政制度，是汉唐以来羁縻府州制的延续。④ 土司由少数民族
首领充任并世袭，有文职和武职之分，按等级以土知府、土知州、土知县
等官隶吏部，以宣慰使、宣抚使、安抚使等官隶兵部。土司制度的历史作
用表现在维持了边疆民族地区的经济社会秩序，有效地维护了祖国统一；
另外，由于土司依靠封建王朝，册封世袭，划疆分治，掌握着领地内的
军、政、财大权，造成土司之间、民族之间的争利与隔阂，战争频发，不
利于边疆民族的安定团结，土司制度的弊端日益明显。因此，在明中后期
即开始改土归流，改土司制度为流官制度。刚开始时，直接取消了那些反
抗中原政权的少数地方的土司，改用流官来治理；或是提拔那些忠于中原
政权的土司为流官的方法间接地取消了土司制度。明代改土归流的重点在

---

　　① S. Naquin, *Millenarian Rebellionin China*. The Eight Trigramsi Uprising of 1813, YaleU. P, 1976.

　　② 蒋维乔：《中国佛教史》，上海古籍出版社 2007 年版，第 236 页。

　　③ 同上。

　　④ 所谓羁縻，《史记·司马相如·索引》云："羁，马络头也；縻，牛纼也。"《汉宫仪》则一语破的，其云："马之羁，牛之纼，言制四夷如牛马之受羁縻也。"这就是说在维护国家统一的前提下，保持和基本保持少数民族原有的社会组织形式和统治机构，承认其酋长、首领在本民族和本地区中的政治地位和统治权力，并封授一定的官职，由少数民族酋长、首领自己管理本民族内部的事务，其对中央政府一般只有朝贡的义务，而无赋税的义务。

贵州；清代雍正年间，云贵总督鄂尔泰推行大规模的、彻底的改土归流改革，要求土司交出世袭领地及土司印信，归政中央。此后云南的土司基本消失了。上文已有论及，明代鸡足山的兴起，很大程度上缘于土司官宦家族的支持；改土归流以后，原来作为鸡足山佛教大檀越的这些土司官宦家族衰微了，即使有心，也无财力为鸡足山上的寺院捐资助建了。

　　第四，清代云南鸡足山寺田大量流失，严重削弱了鸡足山圣地的经济基础。前文已述明季鸡足山寺田规模大约在 4 万—5 万亩，为鸡足山圣地的兴盛提供了充足的经济来源。明清易代，世事变迁，鸡足山寺田逐渐流失，鸡足山圣地赖以生存和发展的经济基础日益萎缩，具体的数据无从查证，但我们可以对比明末和清代鸡足山所缴纳的寺田租税总额的变化，窥见一斑。

　　万历十五年（1587），《神宗皇帝奉慈圣太后懿命免条编杂赋敕》："兹恭承圣母慈圣宣大明肃皇太后懿训，命将云南鸡足山年纳大理府直隶北胜州粮税一千二百八十四石，所有条编、丁差、杂款，悉行豁免。"[1]清初高奣映撰写《鸡足山志》时感慨说："考昔之鸡山，约三州共计税粮一千二百余石，今考之，去其过半矣。非豪右之占侵，必游惰之僧贱值典卖。盖僧之迁徙弗常，视不以为子孙之常业，以故听其颓废，贻累后之僧人，有然矣。"[2]高奣映之所以说"去其过半"，是有其根据的：康熙年间鸡足山"纳宾川州粮税共计三百一十七石零，僧户人丁九十七丁，允宜豁免。纳邓川州粮税，共计二百九十六石零。纳北胜州（今改永北府）粮税共计 50 石零"。[3]把这三个数字加起来才有 663 石。同一时期鸡足山所纳的寺田租额，在范承勋《鸡足山志》卷 9 中的记载还要少一些。《邓川道奉府道厅明文碑》载："详看得鸡足山僧常住田地，原额税粮共一百七十五石，四斗三升零。……新收税粮一十七石有零。"[4]《豁免鸡山杂差碑》载："至康熙四年，本州（邓川州）刘父母官，奉文清丈田地，于额外新加税粮八十三石。"[5] 则康熙年间鸡足山年纳邓川州租粮合计共

---

① 高奣映：《鸡足山志》，侯冲、段晓琳点校，中国书籍出版社 2005 年版，第 366 页。

② 同上书，第 316 页。

③ 同上书，第 317 页。

④ 范承勋：《鸡足山志》，常慧戊戌年（1988）翻印本，第 182—183 页。

⑤ 同上书，第 186 页。

275.43 石；《详允鸡山直隶僧户碑》载："共计本州（宾川州）税秋贰佰余石。"[1] 则康熙间鸡足山年纳邓川、宾川两州租粮合计 475 石左右；再加上高奣映《鸡足山志》中所载鸡足山年纳北胜州（永北府）的租粮 50 石，总计为 525 石左右。相比较而言，范承勋《鸡足山志》中抄录了政府官员立碑存证，可信度更高，换句话说，清初鸡足山寺田的流失情况更为严重。

以上诸多原因，再加自然灾害、战火兵燹和苛税等天灾人祸的影响，导致清初至民国初期的鸡足山圣地日益萧条，末法之相不绝于书。高奣映在写鸡足山沿革的时候，记载了当时鸡足山衰落的境况：

> 鸡山之寺，始石钟、那烂陀、接待、罗汉等，其院庵则弥勒、大士阁等，皆兴废至再。重建焕新者，合计寺十七，庵院轩斋凡二十一；其继兴者，合计寺院二十有三；其风雨飘摇，圮废几尽、迨尽无存者，合寺庵共百一十有六。此鸡足寺院之沿革也。[2]

高奣映在《鸡足山志》卷 5《建置》的末尾，感慨时变中亦见鸡足山的衰败之象：

> 今稽是山之寺、院、殿、阁，废者凡十九，而庵、轩、亭、室、居、坊之废者九十七，新之无其人，废之莫能举，以此知滇之贫，实有救衣食之不给，又何盈余为僧作檀施以创复乎？愈以知鸡山之僧，日趋办赋税之不暇，又宁能怀一以修其禅定乎？观于名山，可以察南中之困惫极矣。[3]

蔡学勤根据高奣映《鸡足山志》卷 5《建置》统计：废弃的寺院有十所，重修的庵院只有两所，兴建的阁楼只有三座，八十所庵院中有三十

---

① 范承勋：《鸡足山志》，常慧戊戌年（1988）翻印本，第 184 页。
② 高奣映：《鸡足山志》，侯冲、段晓琳点校；中国书籍出版社 2005 年版，第 72—73 页。
③ 同上书，第 227 页。

四所已经废弃，占庵院总数的近一半。① 此外，幸存的寺院规模也开始减小，拥有的器物开始流失。高奣映记载了当时鸡足山古镜阁的僧人竟然卖镜谋利："贵胄之所经游，以新镜易古镜，开僧人以利窦，则僧往往趋镜为奇货，阁转如脱痘痂。趋其利而失其明，并新镜亦且罹作伪古之祸。今镜仅存一二，阁之丧其明，为尘埃之所蔽，非一朝一夕之故矣。"② 古镜阁里的古镜源于皇家内院的捐赠，数以千计，到了清代，僧人竟然允许游人以新镜易古镜，从中获利。这个细节也正是清代鸡足山佛教圣地整体下滑趋势的一个真实写照。

此外，范《志》还保存有高《志》中没有收录的五篇碑文（其中有两篇碑文题目相同，内容不同），集中反映出清代鸡足山衰落的历史痕迹。

《邓川州奉道府厅明文碑》载：

> 鸡山各寺院，所有常住，俱皆十方檀越捐资置舍，奈因接年钱粮各僧户完纳不清……寺中之产，不过以供香火、瞻僧众。兵燹之后，佃民寥落不致，尽成荆棘者，几希矣。③

《详允鸡山直隶僧户碑》载：

> 情缘鸡足山常住田亩，俱系远年檀越施舍，非粮重，即荒芜，正供难输；兼以夫马杂差粮丁之苦，僧家远逃，一山荆莽，炉烟寒冷，佛面生尘。……鸡足山虽不比他处名山，乃滇中之巨观也。承平之日每有高贤贵客，往来游览，多捐资金修葺，以致全山僧众，易于支撑，毫不以钱粮差役为累。奈近因遭兵火之后，粮差之外更加召买，僧人逃窜，田地荒芜，寺宇倾颓，神颜败坏，真所谓十寺九空，人烟寂绝者也。……鸡足山滇中称为名胜，往往有奉佛僧真之士栖于此。近因粮重僧逃，以致山门荒废，不足惜者。今宾川州将僧户另立，免

---

① 蔡学勤：《明及清前期鸡足山寺院经济研究》，云南大学硕士学位论文，2010 年，第17 页。

② 高奣映：《鸡足山志》，侯冲、段晓琳点校，中国书籍出版社 2005 年版，第 188 页。

③ 范承勋：《鸡足山志》，常慧戊戌年（1988）翻印本，第 182 页。

其杂差，既无误于国赋，复有裨于山门，诚为两便之道。①

《豁免鸡山杂差碑》载：

> 自逆政以来，万苦难言，赋税百倍，敛征杂役，千层科派，佛炉殆尽，十寺九空，佃逃田荒，凋残至极。古佛道场，悉为荒山冷庙；州前店房，尽成罗刹地狱。……今年以来，正款有额，杂务浩繁，僧弱民刁，扳扯有之；且租少粮重，正供输措不前，再加杂泛随征，僧焉得不逃，田焉得不慌？②

《豁免鸡足山杂差门户采买碑》载：

> 据普宜供称，鸡足山旧有八寺，今只有五寺了。玉皇阁被火烧毁，当家僧海聚已故，下剩的逃窜；寂光寺已为钱粮有累，也逃窜了；迦叶殿也逃窜了。因是当日佛弟子古刹，我们众寺里僧人现慕化修理，剩的只有五寺，其香火土田，俱系众檀越施舍的，好田未必肯舍在寺里，都是荒芜薄田，舍在寺上，其差徭俱随田转，俱照民例，一例当差。……该本府查看得鸡足一山，原滇南名境，其山中花椒蜂蜜木植等物，向来该地方官或别采取办于彼，情亦有之。然曩时僧多寺广，可以众撑易举；若今日寺废僧逃，艰于应办，自应悉除。③

以上四篇碑文都是康熙年间鸡足山上寺院的住持僧联名申诉后，邓川州、宾川州、大理府等部门给予的官方回复。鸡足山寺院住持多次联名申诉的原因有"兵燹""逆政""租少粮重""粮重僧逃""佃逃田荒"等，以至于鸡足山各寺难以维持。其落魄境况的描述或许有僧人诉苦的色彩，但整体凸显了康熙年间鸡足山圣地的一派凄惨景象。从上述引文中可知，明清易代之后，清朝废除了前朝赋予鸡足山寺田可以免杂役的优待，寺田

---

① 范承勋：《鸡足山志》，常慧戊戌年（1988）翻印本，第184页。
② 同上书，第186页。
③ 同上书，第189页。

"差徭俱随田转，俱照民例，一例当差"。各种苛捐杂税纷至沓来，赋役负担十分沉重，寺院的经济实体也日益萎缩，有些寺院则难以为继，出现了生存危机。于是，鸡足山上寺院住持多次联合起来申诉，请求政府遵照前例，设立直隶僧户，直接缴纳正税，减免寺院田产的各项杂差，并立碑为凭。尽管官府满足了鸡足山住持僧人的申诉要求，但清初以后鸡足山寺田的大量流失，寺院经济受到世俗社会更多的威胁，生存环境日益艰难。明季经济实力雄厚的寂光寺，康熙年间也要为"钱粮所累"了，可以想见其他寺院的处境之艰了。

　　另外，张璞在《重建碧鸡山华亭峰靖国云栖禅寺碑记》中提及晚清新学等因素对云南佛教的影响，他的论述对清末云南佛教的整体衰落情况作了一个很好的总结：

　　　　咸同以降，滇中佛法渐衰。末运兵火之余，新学潮流甚激。清净禅林，咸化劫灰；十方香积，阐提侵盗；常住子孙，不闻三学，习染恶俗；殿宇倾颓，钟鱼绝响；刁佃流棍，盘踞山庄，林木寺田，尽变民业。①

　　综上，由于政治、经济、文化等各方面的原因，清代云南鸡足山圣地整体性下滑，日趋衰落了。庙宇倾废，寺田庙产严重流失，再加上苛捐杂税，很多寺院难以维持下去。康熙年间，鸡足山住持僧们多次申诉，争取鸡足山圣地的生存空间，但时过境迁，积重难返，云南鸡足山佛教圣地已呈末法相，以至于清末时鸡足山上很难看到一个真正修行的僧人了。

第二节　虚云与云南鸡足山圣地的中兴

　　云南鸡足山圣地的中兴缘于虚云。虚云（1840—1959），讳古岩，字德清，又名演彻，后来自号虚云。祖籍湖南湘乡，生于福建泉州，俗姓萧。虚云一生住持十五个道场，重兴六大名刹，兼祧禅门五宗，百年传

奇，僧俗共仰。虚云从光绪十五年（1889）初次入滇，至民国十九年
（1930）离滇后，就没有再回过云南，涉足云南的时间跨度有 41 年之久；
其中，从 1904 年正式入住鸡足山钵盂庵，至 1918 年离山，应唐继尧之邀
赴昆明，虚云驻锡鸡足山先后有 14 年的时间，在虚云所驻锡过的名刹中，
是时间最长的一个。虚云在鸡足山上修葺寺庵、开单接众、整肃戒律、建
十方丛林制；开坛受戒、讲经办学等，鸡足山道风一新，迦叶道场重振，
鸡足山圣地灵光重现。云南鸡足山圣地的中兴，功在斯人。

　　虚云到云南鸡足山的初衷是礼迦叶道场。虚云第一次上鸡足山是在光
绪十五年（1889），前文已述虚云当时在鸡足山上的见闻和不许挂单的遭
遇；十三年之后，即光绪二十八年（1902）虚云第二次上鸡足山。这一
次虚云和戒尘相伴朝鸡足山，重睹鸡足山圣地的末法之相，他们发愿在鸡
足山结茅，以接十方大众。但这一次又被鸡足山上子孙庙里的僧人强行禁
止。因缘未聚，虚云和戒尘只好下山，到达昆明，得到居士岑宽慈的接
待，住福兴寺。虚云在福兴寺内闭关三年，其间戒尘为虚云护关。第三年
（1904）春，昆明僧人契敏请虚云出关，到归化寺讲经，皈依者三千余
人；同年秋，梦佛上人请虚云到筇竹寺讲经，开坛传戒，声名远播。大理
提督张松林、李福兴迎请虚云至崇圣寺讲经，皈依者又数千人。后来李福
兴力挽虚云住持崇圣寺，但虚云婉拒并表达了自己的愿望：

　　　　吾不住城市。早有愿在鸡山挂单，而山上子孙不许。今诸位护
　　法，能为图一片地，愿开单接众，以挽救滇中僧众，恢复迦叶道场。
　　此衲所愿也。[1]

　　李福兴令宾川县知县办理，最终在鸡足山上找到一座无人住、几乎倾
废的钵盂庵（又名迎祥寺），请虚云住持。光绪三十年（1904），虚云在
大理府和宾川县护法官绅的护送下，第三次上鸡足山。自此，虚云开始了
重振鸡足山迦叶道场的艰苦卓绝的行程。

　　首先，虚云在鸡足山重建十方丛林规制。虚云以钵盂庵为立足点，开
始了恢复迦叶道场旧制的步伐。刚开始，虚云和戒尘砍竹以挡风寒，挑土

－－－－－－－－－－

① 　岑学吕：《虚云和尚年谱》之"光绪三十年甲辰六十五岁"条。

搬石加固房屋，就在这个过程中仍然受到生命的威胁：夜里有人在钵盂庵门口纵火，企图烧死他们。李福兴闻讯带兵上山欲捉拿凶手，虚云制止。接下来，虚云亲自上山，以自己的德行和学识感化、说服了当时鸡足山上最有影响力的大觉寺道成长老，道成拜虚云为师，迎请虚云和戒尘入住大觉寺，携手共建十方丛林规制。① 虚云在大觉寺给僧人剃度受戒、教早晚课诵；整肃寺规僧纪、要求素食僧装、早晚上殿、钟鸣板响、诵经参禅；重新开单接众、如法传戒等。虚云把大觉寺建成鸡足山上的一个示范点，起到潜移默化的熏染作用，从而影响到全山的其他寺庵，全山道风为之一新。《虚云和尚年谱》记载当时的变化：

> （1904 年在腾冲募化）于是回山备粮，建造房屋，立定规约，坐香讲经，重振律仪，传受戒法，是年四众求戒者七百余人。至是山中诸寺，亦渐改革，著僧衣，吃素菜，且上殿挂单矣。②
>
> 光绪三十一年（1905）春，石钟寺宝林老和尚，请在该寺传戒，求戒者八百余人。③

此外，在道成长老、李福兴、张松林等人的鼎力相助下，虚云于1904 年在鸡足山大觉寺内创办了"滇西宏誓佛教学堂"，培养僧才，提振僧纲，除浊树新。民国二年（1913），学堂升格为"滇西宏誓佛学院"，规模逐步扩大，并设有尼众班。开设的课程主要有：敲打唱念、早晚课诵、戒律清规、禅修等比较基础的修行常识。学僧跟常住僧人一起上殿诵经、坐香参禅，参加每半个月一次的布萨诵戒、初一、十五佛前上供等。另外，学僧还必须与常住僧人一起种菜、打柴、烤竹笋干、打核桃等劳动。首任院长为虚云；民国七年（1918）虚云离开鸡足山后，道成长老继任；第三任院长是佛耀法师；第四任院长是金万法师；第五任院长是贞相法师。1939 年太虚法师上鸡足山时还参观了滇西宏誓佛学院，题诗赞颂；1956 年学院还有 3 个班；1960 年前后学院停办；1966 年大觉寺被

---

① 参见惟升《虚云老和尚的足迹》，宗教文化出版社 2003 年版，第 93—94 页。
② 岑学吕：《虚云和尚年谱》之"光绪三十年甲辰六十五岁"条。
③ 岑学吕：《虚云和尚年谱》之"光绪三十一年乙巳六十六岁"条。

毁，滇西宏誓佛学院也就不存在了。但虚云在鸡足山开办佛教学院的创举，致力于僧才培养的远见卓识，为重建鸡足山十方丛林规制起到重要的辅助作用。①

其次，虚云远涉重洋，为重振鸡足山迦叶道场募集大量的资金。虚云于光绪三十年（1904）驻锡鸡足山的当年，在初步完成鸡足山十方丛林的建制之后，留戒尘师料理内务，独自一人往腾冲募化，刚好遇到腾冲一个叫吴太史的善人去世，虚云应邀到其家诵经、放施食七日，城内官绅士庶咸来随喜，皈依者千余人，募得巨款旋即回山。光绪三十一年（1905），虚云前往南洋募化。至南甸，在太平寺讲《弥陀经》，皈依者数百人；经仰光乘船到槟榔屿，在极乐寺讲《法华经》；在马六甲青云亭讲《药师经》；在吉隆坡灵山寺讲《楞伽经》；前后皈依者万余人。虚云在去南洋的途中经历了两次生死的考验：一次是在野人山染瘴毒，重病垂危，幸遇一中国僧人定如施救康复；另一次是从仰光去槟榔屿的船中有人患瘟疫，一船千余人被隔离在山上，七天后人死了一半，十天后只剩下虚云一人。幸有一个泉州老人从中斡旋，才得以脱身，逃过被剖尸的厄运。② 光绪三十三年（1907），虚云请藏由海路回鸡足山的途中，在暹罗遇一个英国人，话投机缘，遂捐三千元。同年，虚云在泰国京城一定九日，哄动全国。国王请至宫中诵经，百般供养，肃诚皈依，官绅士庶皈依者数千人。临行时，暹罗宫内及诸王大臣、护法居士男女善信都来送行赠资，得款甚巨；暹王送洞里地三百顷，虚云转送给极乐寺。宣统元年（1909），虚云从槟榔屿抵仰光，又得到高万邦居士的盛情接待，施财施力。同一年，虚云一行携巨资和《龙藏》等物品三百余驮经腾冲、下关回到鸡足山。

再次，虚云平息教难、请回龙藏，获赐"佛慈洪法大师"，祝圣寺遂为鸡足山群寺之首。继中国历史上的"三武一宗"的"法难"之后，对近代中国佛教的直接冲击莫过于"庙产兴学"的风潮了。所谓庙产，主要是指寺院房舍和寺田等寺庙的财产。"庙产兴学"是把寺庙改为学校，以寺田等寺产作为教育的经费来源等。最早提出"庙产兴学"的是张之洞的《劝学篇》："大率每一县之寺观，取十之七以改学堂，留十之三以

---

① 参见惟升《虚云老和尚的足迹》，宗教文化出版社 2003 年版，第 147—149 页。
② 岑学吕：《虚云和尚年谱》之"光绪三十一年乙巳六十六岁"条。

处僧道。"得到光绪皇帝的首肯。① 此后，"庙产兴学"之风时有发生。光绪三十一年（1905）"庙产兴学"之风又起的时候，虚云正远在南洋募化，闻讯后即返程。光绪三十二年（1906），虚云抵沪，与敬安等进京请愿。在肃亲王、僧录司法安等人斡旋下，光绪帝颁旨："凡有大小寺院，及一切僧众产业，一律由地方官保护，不准刁绅蠹役，藉端滋扰。至地方要政，也不得勒捐庙产，以端政体。"② 此谕颁发后，云南省"庙产兴学"也告平息。1913 年，"庙产兴学"之风再起时，虚云与尘空、莲洲等僧人积极斡旋，成立了"中华佛教总会云南支部"，当时的军政府允诺保护庙产，凡有借"庙产兴学"为名驱僧霸产者，均由民政司责令该处地方官查复核办。③ 在虚云的努力下，云南各寺院免于一劫。

光绪三十二年（1906），虚云在京为保护寺产请愿之后，又为鸡足山请藏。在肃亲王帮助下，获得光绪帝批准，改云南鸡足山钵盂峰迎祥寺为"护国祝圣禅寺"，赐《龙藏》一部、銮驾全副、钦命方丈、紫衣、钵具、玉印、锡杖、如意，并赐虚云封号"佛慈洪法大师"。④ 1907 年正月，虚云请藏出京，由海路经南洋，抵泰国，最后从腾冲入境回到鸡足山。此行程上文已述。1909 年虚云请藏回到鸡足山时，正值腊月三十日香会，万众欢腾，可谓清末鸡足山上一大盛事；请藏途中募化到的巨资为祝圣寺的建设提供了经济支持，祝圣寺在虚云的经营下，成为鸡足山群寺之冠。民国三年（1914），虚云重修兴云寺及下洋萝荃寺；同年虚云应鹤庆诸山长老之请赴龙华山讲经；应正修和尚之请往丽江金山寺讲经。民国六年（1917）春，虚云又把泰国高万邦居士赠送的玉佛运回鸡足山。虚云艰苦卓绝的行实给沉寂了百年的鸡足山带来了勃勃生机，迦叶道场重现圣地辉煌。《虚云和尚年谱》中的点滴记载，可见当时鸡足山的中兴之景：

> 自从前年奉上谕禁止提取寺产后，及藏经到山，全省僧伽，暂得安居。滇督李帅派员来山慰问，并令其家眷来寺皈依，及赠礼物。函

---

① 法缘：《虚云老和尚在云南》，载于印顺主编《虚云法师与鸡足山佛教——中国宾川鸡足山佛教文化论坛论文集》，宗教文化出版社 2008 年版，第 110 页。

② 岑学吕：《虚云和尚年谱》之"光绪三十二年丙午六十七岁"条。

③ 参见释东初《中国佛教近代史》上册，台湾东初出版社 1991 年版，第 105 页。

④ 岑学吕：《虚云和尚年谱》之"光绪三十二年丙午六十七岁"条。

谢之。请戒尘师出关，劝诫诸山同遵戒律，提倡教育青年，革除陋习，鸡山道风为之一振。①

（1911 年）春，传戒期后，结禅七，四十九日。提倡坐香，结夏安居，一切法式。②

张璞《优昙钵华记》中亦记载：

> 清末，虚公德清禅师，来礼初祖。彼时全山无一留单之处，师叹初祖道场，宗风沦坠，律教无闻。乃发愿振兴十方丛林，为全山模范。爰就钵盂峰下，旧钵盂庵遗址，辟山启土，肇建护国祝圣禅寺，数年而成，僧规以整。是年入京请藏，蒙赐紫衣，敕题匾额，奉旨回山。是年师升座为大众讲《楞严经》，庭前古栗，忽涌优昙钵华数十朵，大如盆，形若芙蕖，色似黄金，含裹香蕊，中虚体洁，数月不萎。见者称异，鸡山多不闻佛法，今忽得闻，亦如优昙一时现耳。其灵瑞不可思议。③

以上三则材料均反映的是虚云 1909 年回鸡足山以后的情况。《虚云和尚年谱》近乎是一部虚云的自传，在虚云的记忆里，反复出现"戒"字，"劝诫诸山同遵戒律""传戒期后，结禅七"等，可见虚云在重建鸡足山十方丛林的过程中，非常重视戒律。"戒为无上菩提本。"戒律是佛法之根本，虚云在整肃鸡足山僧纪时，要求僧人以戒为师，一切如法行事，彻底扭转了鸡足山百年以来的陈规陋习，全山道风焕然一新。张璞在《优昙钵华记》中说祝圣寺"僧规以整"，就是对虚云在鸡足山上开展的佛教复兴运动的最好肯定。

最后，虚云为民解难，为国分忧，为鸡足山守住一方圣地净土。民国初年是个风云突变的年代，辛亥革命，清帝退位，各地军阀蜂拥而起；身逢多事之秋，虚云并没有置身度外、遁居鸡足山上，而是心系百姓疾苦，

---

① 岑学吕：《虚云和尚年谱》之"宣统二年庚戌七十一岁"条。
② 同上。
③ 张璞：《优昙钵华记》，附于岑学吕编《虚云和尚年谱》之"宣统二年庚戌七十一岁"条。

多次成功调解冲突与战争，为云南的黎民苍生避免了几次战争的戕害，也守护着鸡足山佛教圣地的一份安宁。《虚云和尚年谱》中记载了以下三件事：

第一件事，虚云解宾川之围，百姓免遭屠戮。宣统三年（1911），辛亥革命爆发，全国各地闻声而动，宾川县的盗贼乘机煽动群众围攻县署。冲突的起因是：

> 宾川县知县张某长沙人，精悍喜事。宾川多盗，张穷治之，杀戮甚众，而焰益张，且结党会。士绅为保家计，时挂名会籍求免，张亦穷治之。鸡山僧不法者，亦系捕数十人。①

宾川县这个张知县因为平日的苛政，树敌太多，盗贼借机起事。此时张知县坚守孤城，一场血战一触即发。虚老闻讯立刻下山赶到宾川县城，对盗首晓之以理：

> 杀张某不难，但边地谣传，大事未安。汝等围城戕官，倘有一支救兵来，汝等虀粉矣。②

虚云向盗首建议，与其自己冒生命之险去杀张某，还不如去大理府状告他，让官府治他死罪。盗首稍安。虚云又进城晤张知县，给他出谋划策，请出当地士绅张静轩，出城斡旋，群众退走，只有盗贼围守县衙。张静轩又夜驰大理搬来救兵，盗贼方散去。虚云又建议张知县随救兵去大理脱身。后来蔡锷宣布云南省独立，张知县的儿子是蔡锷的同学，被任命外交司长。如果盗贼杀了张知县，则张知县之子定会报杀父之仇。正因为虚云的成功调解，才使得宾川的百姓避免一场浩劫。

第二件事，虚云促西藏归顺民国政府，维护了国家统一。民国初年，西藏王公活佛在英帝国主义的支持下，不肯归顺。民国政府命滇军配合川军伐藏，蔡锷以殷叔桓为总司令，出兵两个师前往讨伐，前锋兵已达宾

① 岑学吕：《虚云和尚年谱》之"宣统三年辛亥七十二岁"条下"编者按"。
② 同上。

川。虚云心系百姓疾苦，战火一起，生灵涂炭，百姓遭殃。虚云立即决定
与前锋军队同至大理调解，见殷叔桓，建议他派"腊高有德、藏人敬信、
曾授四宝法王"的丽江桑纳迦卓林寺东宝喇嘛前去西藏游说，免动干戈。
殷叔桓采纳了虚云的建议。于是，虚云又去游说东宝喇嘛。开始，东宝喇
嘛以年老体衰而推辞，但虚云的一番话最终打动了他：

> 赵尔丰用兵之祸，藏人至今寒心。公宁惜三寸舌，而残数千万人
> 生命财产乎？[①]

东宝喇嘛受命，虚云又挑出精明能干的鸡足山法悟法师陪同一起入
藏，最终达成和平统一的协议，民国政府完成统一的大局。正因虚云的主
动调解，从而避免了一场血腥的战争，维护了国家统一和民族团结。

第三件事，虚云感化李根源，鸡足山免遭兵燹。宣统三年（1911），
清帝逊位，地方大乱，人心惶惶，各地逐僧毁寺之风又起。云南新军协统
李根源，平日憎恶那些不守戒律的僧人，带着军队进驻鸡足山悉檀寺，捣
毁了鸡足山上部分寺院，而且指名要拘捕虚云问罪。诸寺僧皆逃窜，此时
虚云在祝圣寺领众打禅七，百余僧众也惊恐不安，有人劝虚云逃避，虚云
临危不惧，直诣军门，同李根源展开精彩的论辩：

> 时李怒形于色，厉声问曰：佛教何用？有何益？公曰：圣人设
> 教，总以济世利民，语其初基，则为善去恶……佛教教人治心，心为
> 万物之本，本得其正，万物得以宁，而天下太平。李色稍霁。又问
> 曰：要这泥塑木雕作么？空费钱财。公曰：佛言法相，相以表法；不
> 以相表，于法不张，令人起敬畏之心耳。人心若无敬畏，将无恶不
> 作；无作不恶，祸乱以成。……李略现悦容，呼左右具茶点来。李又
> 曰：奚如和尚勿能作好事，反作许多怪事，成为国家废物？公曰：和
> 尚是通称，有圣凡之别，不能见一二不肖僧，而弃全僧。岂因一二不
> 肖秀才，而骂孔子？……李色喜，与公再谈，俄而笑逐频开；俄而府

---

① 岑学吕：《虚云和尚年谱》之"宣统三年辛亥七十二岁"条下"编者按"。

首致敬。①

李根源（1879—1965），字印泉，又字养溪、雪生，号高黎贡山人，生于腾冲。李根源幼习儒学，1904 年赴日留学，1905 年在日本加入中国同盟会，成为首批会员。1909 年回滇，任云南陆军讲武堂监督兼步兵教官，次年升任总办。1911 年武昌起义爆发后，李根源与蔡锷等发动"昆明重九起义"，成立"大汉云南军政府"，李根源任云南军政府军政部长兼参议院议长。李根源此前所学主要是儒学和新学，对佛教不甚了解。经过几番问答交锋之后，心神相契，虚云和李根源秉烛长谈，由因果分明，说到业网交织；由业果因缘，说到世界相续……李根源幡然悔悟，执弟子礼，请虚云为鸡足山总住持，引兵而去。后来虚云离开鸡足山去昆明重兴华亭寺，筹办佛学院，组织佛教团体等事业时，都得到李根源的周旋与赞助，用力至多，成为滇中法门外护。李根源由一个杀僧毁寺的军人转身变成了一个虔诚的护法居士，因缘殊胜，更是源于虚云的大义凛然、渊博的素养和杰出的辩才，演绎出世间一段传奇故事。李根源此后说教谈禅，时有妙谛，并与赵藩合作编辑《鸡足山志补》四卷。

民国七年（1918），虚云离开鸡足山，应唐督继尧之邀赴昆明。途经楚雄时，遇杨天福、吴学显两军阀，虚云说服二人归顺唐继尧，又免去纷争。接下来的两年时间里，虚云主持两场水陆道场，超荐阵亡将士的亡灵。唐继尧又请其虚云至公馆念经荐亲。1920 年起，虚云又开始住持重建昆明碧鸡山华亭寺，改名"靖国云栖禅寺"，占地六万平方米，大小殿堂二百余间，成为云南有史以来最大的十方丛林。此外，虚云在昆明又建胜因寺、松隐寺，等等。在虚云的影响下，各地纷纷效尤，民国时期昆明掀起了修葺寺庙的热潮：戒尘主持修复了筇竹寺；平光住持修复了圆通寺；定庵修复了普贤寺；映空修复了昙华寺；莲洲新建竹园寺，又新建圆通寺接引殿；居士陈荣昌修双塔寺；陈古逸修妙湛寺；张学智修太华寺，等等。各州、县也有纷纷响应。② 虚云在云南期间，除了中兴鸡足山祝圣寺和碧鸡山云栖

---

① 岑学吕：《虚云和尚年谱》之"宣统三年辛亥七十二岁"条下"编者按"。
② 参见法缘《虚云老和尚在云南》，载于印顺主编《虚云法师与鸡足山佛教——中国宾川鸡足山佛教文化论坛论文集》，宗教文化出版社 2008 年版，第 103—104 页。

寺两大古刹建筑群之外，更重要的是重塑了云南佛教风气，整肃寺规僧纲，如法传戒，带给人们正信和希冀，树立了佛教的良好形象。此外，虚云在云南还成立滇西宏誓佛教学院、中华佛教总会云南支部、佛学研究社等组织，为弘扬佛法而不遗余力，愈老弥坚，为振兴民国时期的云南佛教作出了卓越的贡献。从 1904 年虚云住持鸡足山钵盂庵，至 1930 年离开昆明云栖寺，前后共二十六年，虚云对云南这片红土地情有独钟，为云南佛教的复兴殚心竭力，舍生忘躯，利益群生，不图己利，一笠一钵，飘然而去。二十六年弹指间，却有说不尽、道不完的虚云云南缘。

第三节　1929 —1949 年云南鸡足山圣地的低谷余波

1928 年虚云离开鸡足山以后，住持祝圣寺的依次是宝三、法印、佛耀、怀空、自性。虽然祝圣寺的历任住持秉承虚云的传统，但影响力远不及虚云。鸡足山上其他的子孙庙与十方丛林之间仍然有矛盾冲突，时常为寺产而起纷争。虚云离山以后，鸡足山上僧人旧病复发，贪图享受之风又起，戒律松弛，生活腐化……虚云在山时的清新道风也渐行渐止。虚云离开鸡足山以后至新中国成立前，鸡足山佛教的发展跌入低谷，但仍有余波未断。由于资料缺乏，仅从反映民国时期的三份材料可以看出当时鸡足山佛教的概况（见表 10 – 1 ~ 表 10 – 3）。

表 10—1　　　　　　清末民国时期鸡足山寺院住持宗派支系

宗派支系	寺院名称	住 持 僧 人
沩仰宗	金顶寺	含章、含亮、静禅、灵善
	大悲阁	圣清、印鑫
	铜佛殿	慈峰、圣清、登山、佛缘
	太子阁	圣清、佛光
	迦叶殿	含泽、普道、净极
	弥勒院	慈峰、宽厚
	华严寺	仁光、宽德
	圣峰寺	圣清、常园

续表

宗派支系	寺院名称	住 持 僧 人
曹洞宗	寂光寺	沛然、古德、佛耀、贞静
	水月庵	沛然
	大觉寺	金万、贞相、园空、佳树
	极乐庵	贞绪、常泰、圣和、顿超
	牟尼庵	素乐、金万、园空
	龙华寺	传藏、德臣、德慧
	石钟寺	古义、贞心、卢满、义周、亚西、智知
	慧灯庵	素礼、素崇
	观音寺	性崇、性真、净常
临济宗	万寿庵	果杰、果玉、常乐、果庆
	大智庵	登科、贞满、义周
	万峰寺	贞心
	圣峰寺	圣清
	华严寺	仁光、普光、宏戒
	余金庵	法玉
	祝圣寺	虚云、宝三、法印、佛耀、怀空、自性
	悉檀寺	阿新、永庆、永智、永秀
	五华庵	登科、见广、云轩
	大士阁	圣清、传心、成义、仁化
	九莲寺	登村、觉贤、光辉
	雷音寺	雷和、慈莲
	碧云寺	宏宗
	八角庵	果玉、圣清、圣和、圣智、常园
	传衣寺	轮和、轮管、传音、传戒
	塔盘寺	阿僧、永镜
	会灯寺	贞勒
	瑞泉寺	祖祥、慈光

宗派支系	寺院名称	住持僧人
临济宗	崇福寺	宽厚
	大庙	素辉
	法云寺	证真
	观音阁	如明、广法
	津梁寺	寂教、通法

资料来源：宾川县地方志编纂委员会办公室编：《鸡足山志》，云南出版集团、云南人民出版社 2012 年版，第 81—82 页。

表 10—2　　　　　　1931 年鸡足山寺庙住持和尚人数财产表

寺名	住持	和尚人数	财产（万元）	
			不动产	动产
石钟寺	古义	51	60	0.5
大觉寺	金万	28	20	0.4
华严寺	普光	24	25	0.4
悉檀寺	阿新	24	46	0.4
传衣寺	轮和	19	20	0.5
金顶寺	灵善	17	20	0.4
雷音寺	轮和	15	12	0.3
祝圣寺	怀空	54	60	0.5
龙华寺	德臣	14	3	0.05
九莲寺	登树	8	1	0.04
慧灯庵	真勤	20	24	0.4
万寿庵	果杰	7	10	0.3
万松庵	真心	4	6	0.06
牟尼庵	金万	17	18	0.08
五华庵	登科	11	10	0.03
极乐庵	圣和	8	1	0.02
八角庵	圣和	6	3	0.03

续表

寺名	住持	和尚人数	财产（万元）	
			不动产	动产
余金庵	法玉	5	1	0.02
大寺阁	威仪	20	25	0.2
太子阁	圣清	18	6	0.06
大悲阁	圣清	5	1	0.05
迦叶殿	普道	14	15	0.05
铜佛殿	圣清	22	40	0.4
弥勒院	慈峰	10	9	0.09
尊胜塔院	阿僧	4	1	0.02
大智庵	义周	8	1.3	0.02
总计 26（座）	22（人）	433	438.3	5.32

注：表格统计仍遗漏：寂光寺、水月庵、圣峰寺、法云院、圆净庵、碧云寺、土主庙等。

资料来源：宾川县志编纂委员会：《宾川县志》，云南人民出版社 1997 年版，第799—800 页。

表 10—3　　　　　　　　　1942 年鸡足山寺产一览表

寺名	住持	田地（亩）	年收租谷（石）
水月庵	沛然	374.57	160.00
弥勒院	宽候		40.20
圣峰寺	常圆	26.20	11.00
大觉寺	真相	2177.38	403.45
万寿庵	常乐	334.80	80.00
龙华寺	德慧	252.32	83.00
五华庵	云轩	292.73	40.70
大智庵	义周	528.91	148.46
悉檀寺	永秀	2417.42	530.00
尊胜塔院	永镜	241.50	76.51
牟尼庵	元空	162.88	32.00

续表

寺名	住持	田地（亩）	年收租谷（石）
大士阁	传心	292.86	120.96
八角庵	常圆	117.68	41.00
传衣寺	轮和	450.73	160.30
九莲寺	光辉	149.54	40.00
雷音寺	轮和	487.75	367.70
迦叶殿	灵书	373.31	117.00
寂光寺	贞静	1277.22	365.00
石钟寺	亚晞	1096.20	496.94
华严寺	宏戒	1351.50	375.00
慧灯庵	素崇	456.50	250.00
极乐庵	顿超	226.60	81.80
瑞泉寺	慈光	312.35	129.24
祝圣寺	怀空	674.49	364.00
铜佛殿	永严	47.34	49.60
合计 25（座）	24（人）	14122.48	4563.86

资料来源：宾川县志编纂委员会：《宾川县志》，云南人民出版社 1997 年版，第 801 页。

第二份表是民国二十年（1931）宾川县长张立仁上报云南省厅的报表。此表还遗漏了寂光寺、水月庵、圣峰寺、法云院、圆净庵、碧云寺、土主庙等寺院的僧尼人数和财产情况，其中，寂光寺、碧云寺是鸡足山上的大寺，僧人和财产的数字不会太少，因此，民国二十年鸡足山上的僧人和财产数字应多于表中所列。表格中的不动产数字包括寺院的寺田、庙宇、器物等的折价；动产数字是指寺院的马匹等交通工具的折价。把第一份表中的数字和遗漏的部分加起来，可以得知民国二十年鸡足山上尚有 33 座寺庵阁院，僧尼 430 多人，寺产共计 440 多万元。第三份表是民国三十一年（1942）宾川县对鸡足山寺田面积和税粮的统计表。由此表可知到 1942 年，鸡足山尚有寺庵 25 座，全山寺田有 14122.48 亩，年收租谷 4563.86 石。上文已述，明季鸡足山拥有大量的寺田，清代鸡足山寺田逐渐流失，民国二十八年（1939）鸡足山寺田仍有被僧尼出卖的记载：宾川县第四区区公所呈报，在区属五星镇、龙泉乡、炼洞乡、钟山乡4个乡（镇）范围内，鸡足山石钟寺、华严寺、传衣寺、雷音寺、八角庵的住持僧尼出卖寺田281.12亩。[①] 但至民国三十一年仍然还有10000多亩，主要分布在今天的宾川、邓川和鹤庆等县，其中以宾川最多，一些田庄的名称还带有浓重的佛教色彩。以"和尚庄"命名的就有3个村子，分别位于金牛镇、宾居镇和大营镇。以寺院命名的有：大觉庄、铜佛殿、南京庄（明嘉靖年间真圆和尚自南京来建庵，称南京庵，后扩为华严寺）。以佛教术语命名的有：佛田庄、三宝庄、功德庄、弘护（现称洪福）庄、大慧庄（现称大会）。[②]

　　上面两份表内容具有可比性的只有鸡足山寺院名称和数量，由此可看出，鸡足山上的寺庵数量由33座减少到25座，呈下降趋势。尽管已是强弩之末，但1942年鸡足山全山寺田仍有14000多亩，以此推知，新中国成立之前，鸡足山上寺庵群尚有一定的规模，鸡足山圣地还有一定的经济基础；尽管此时鸡足山圣地发展处于低谷，但余波潺潺，法流不断。

第四节　1949年至今云南鸡足山圣地的起落变迁

　　新中国成立后，中共西南局于1951年9月拨款35000万元（旧币）用于修复鸡足山的寺庵。这是新中国成立后对鸡足山寺庙群进行的第一次大规模的修葺，其中包括重点寺院5座，一般寺院26座，按从上到下的顺序，依次是金顶寺、观音阁、大悲阁、太子阁、铜瓦殿、迦叶殿、慧灯庵、弥勒院、华严寺、圣峰寺、寂光寺、大觉寺、龙华寺、极乐庵、万寿庵、牟尼庵、大智庵、圆净庵、石钟寺、祝圣寺、五华庵、碧云寺、法云庵、悉檀寺、尊胜塔院、大寺阁、雷音阁、传衣寺、八角庵、九莲寺、大庙。1951年鸡足山上有和尚84人，尼姑14人，共计98人，[③] 佛事活动恢复正常。1952年土地改革后，鸡足山寺田归还农民，鸡足山僧尼靠劳

---

　　① 宾川县地方志编纂委员会办公室编：《鸡足山志》，云南出版集团、云南人民出版社2012年版，第87—88页。

　　② 同上书，第86页。

　　③ 同上书，第34—35页。

动和功德收入自养。1963 年，国家拨款第二次对鸡足山全山寺院进行修葺，修缮破损的寺庵，完成油漆、彩绘工程，鸡足山寺庙群旧貌换新颜。

1966 年"文化大革命"开始，鸡足山也未能幸免。鸡足山上 28 座寺庙的全部铜铸、泥塑佛像被毁；金顶金殿被砸；尊胜塔被炸；山上所藏的经藏、法器、匾额楹联、文物等被洗劫一空，大多数寺庙被夷为平地，成为废墟。事后据统计，仅废铜就卖了 5 万公斤。① 笔者在鸡足山上调查时，听年长者回忆说，全山大多数寺庵都不在了，就连祝圣寺也只剩下一部分建筑了；金顶寺上唯一留下的是楞严塔，据说是作为航标而被保留下来的。鸡足山上的僧人也都被赶下山，其中有 4 名僧人被批斗而死。"文革"十年浩劫后，鸡足山圣地空留残垣断壁，有些寺院的废墟也逐渐被丛生的林木掩盖了。

中共十一届三中全会以后，党的宗教政策得以贯彻落实，修复鸡足山圣地的工作逐步展开。1979 年 12 月，"宾川县鸡足山修复领导组"成立。1980 年 4 月，恢复成立鸡足山佛教协会。1983 年，国务院将祝圣寺和铜瓦殿确定为汉族地区佛教全国重点寺院。在国家文物局、国家宗教事务局、云南省、州、县各级政府多次拨款以及鸡足山佛教协会的募化努力下，到 1986 年，先后修复了金顶寺、传灯寺（铜瓦殿）、太子阁、慧灯庵、祝圣寺、九莲寺、大庙、饮光寺、观音阁、灵山一坊等。1987 年 11 月，云南省佛教协会在祝圣寺举办盛大的传戒法会；1988 年，"宾川县鸡足山修复领导组"撤销，修复工作改由鸡足山佛教协会组织。1990 年 7 月，台湾蓝吉富教授率领的"云南大理佛教文化考察团"专程到鸡足山礼佛，后来与云南学者合作，出版《云南大理佛教论文集》。1993 年，鸡足山祝圣寺被认定为省级文物保护单位。1994 年，台湾道兴法师在尊胜塔原址重建佛塔寺。1999 年，鸡足山被列为"99 昆明世博会"重点接待景区。2000 年，鸡足山被评定为中国面向世界推出的 11 条国家级精品旅游线及云南省面向世界推出的 5 条精品旅游线之一。2003 年，鸡足山被评定为国家"AAAA"级景区。2003 年 4 月，宾川县与中国社会科学院世界宗教研究所主办"鸡足山佛教文化论坛"，并出版了《虚云法师与鸡足

---

① 宾川县地方志编纂委员会办公室编：《鸡足山志》，云南出版集团、云南人民出版社 2012 年版，第 35 页。

山佛教》论文集，确立鸡足山在中国佛教文化史上的重要地位，提升了鸡足山圣地的知名度。2007 年，鸡足山被中国城市竞争力研究会、亚太环境保护协会等多家机构联合评价为"中华十大名山"之一。2008 年，鸡足山接待海内外游客已经超百万大关。

在修复鸡足山寺庙、开发鸡足山旅游资源的同时，云南各级政府切实贯彻党的宗教政策，为在"文化大革命"中受迫害致死的 4 名僧人平反昭雪，1980 年，被赶下山的僧尼有 26 人回山，新增 13 人，常住僧人也逐年增加。随着鸡足山寺院的修复和重建，各项宗教活动正常开展，1987 年至 2008 年，鸡足山共举办过 15 场次传戒法会、开光庆典和方丈升座法会，国内外高僧大德云集鸡足山，灵山圣地佛光重现。到 2008 年，全山共有重建和在建寺庵等 26 座、僧人 200 多人，见表 10—4。

表 10— 4　　　　　2008 年鸡足山寺院、僧尼、房产统计表

寺名	住持	僧尼人数	占地面积（平方米）	寺院房屋总面积（平方米）	1978—2008 年资金总投入（万元）	2008 年资金总收入（元）	2008 年资金总支出（元）	轿车
金顶寺	惟圣	26	9000	4500	3000	5152283	2795623	2
大悲阁	惟圣	1	1000	40	10			
华首门	惟圣	1	5000	80	20			
铜瓦殿	惟圣	1	3000	216	50			
迦叶殿	宏宝	7	4612	2581	900	307042	626663	1
慧灯庵	惟净	6	2771	1502	50	48389	21075	
放光寺	大雄	33	5800	1300	320			
恒阳庵	大雄	9	2600	120	20			
寂光寺	演诚	2	6400	150	30			
虚云寺	惟升	1	10560	4560	960	400000	600000	
万寿庵	海福	6	2156	1816	1697	299222	342283	
牟尼庵	常引	7	3230	1513	866	29308	28001	
兴云寺	演吉	2	2110	192	30			

续表

寺名	住持	僧尼人数	占地面积（平方米）	寺院房屋总面积（平方米）	1978—2008年资金总投入（万元）	2008年资金总收入（元）	2008年资金总支出（元）	轿车
碧云寺	惟圣	1	13000	1080	800			
华严寺	满诚		4800	120	5			
石钟寺	宏亮	32	2938	5669	1680	730836	534305	2
祝圣寺	宏盛	17	14241	5848	3500	3883756	4161059	2
五华庵	演诚	12	2247	2384	500	811494	149466	2
佛塔寺	道兴	37	9312	8102	5000	4500	1488122	2
静闻精舍	道兴		460	200	100			
九莲寺	常应	20	1828	1247	1800	5827501	3819384	1
饮光堂	演智	1	841	789	30	36529	37487	
圆觉寺	宏德	1	3212	871	223	69451	69915	
观音阁	了尘	2	2424	279	348	45628	90678	1
瑞泉寺	清善	1	3300	140	25			
大庙	常应	1	2200	741	50			
合计		227	119042	46067	23014	17645948	17464061	14

资料来源：宾川县地方志编纂委员会办公室编：《鸡足山志》，云南出版集团、云南人民出版社2012年版，第89页。

从表10—4可看出，经过30多年的恢复重建，鸡足山的寺庵基本达到了"文革"前的数量和规模，各寺庵均有僧尼住持、营建。自1952年土地改革以后，寺院没有了寺田的经济基础，但通过僧尼的募化、信众的捐赠、功德收入以及鸡足山景区的门票收入分红等途径，2008年全山寺庵总收入有1700多万元，奠定鸡足山圣地在当代社会生存和发展的经济基础。宾川县宗教事务管理部门依法对鸡足山寺庵等宗教场所进行管理和指导的同时，也认真做好服务工作，逐步审批重建鸡足山佛教寺院，暂时未批准重建的重点佛教寺院，也对其遗址的四至进行界定，见表10—5。

表 10—5　　　　　　　　鸡足山重点佛教遗址四至界定表　　　　（单位：米）

名称	东	西	南	北	备注
石钟寺	76	73	96	102	恢复建设中
寂光寺	8	82	48	56	现已建成
圣峰寺	4	27	12	31	
传衣寺	56	53	40	22	
悉檀寺	62	68	22	135	
龙华寺	12	72	31	42	
雷音寺	42	22	18	22	
碧云寺	24	43	38	15	现已建成
放光寺	30	40	20	60	恢复建设中
兰陀寺	8	62	58	22	
祝国寺	8	19	10	10	
报恩寺	28	31	22	15	
华严寺	34	64	42	98	拟恢复建设
兴云寺	48	45	43	22	恢复建设中
曹溪寺	8	7	2	6	
弥勒院	22	41	36	15	
圆净庵	28	14	15	20	
法云庵	10	27	15	32	
大智庵	42	34	11	24	
八角庵	65	42	24	40	
水月庵	14	32	22	23	
大士阁	35	46	27	15	现已建成
极乐庵	25	30	15	23	
开化庵	12	17	25	24	
皇姑坟	7	22	35	23	
兜率庵	3	8	42	15	
金顶茅棚	7	12	29	15	

　　资料来源：宾川县地方志编纂委员会办公室编：《鸡足山志》，云南出版集团、云南人民出版社 2012 年版，第 161 页。

近年来，政府旅游部门在开发鸡足山景区资源的同时，改善和提升了鸡足山的基础设施和服务水平，已建成从宾川县城通往鸡足山的水泥公路等多条交通路线、上山公路、停车场和旅游索道；架设电线、配置 IC 电话、自来水工程和污水排放工程；成立了鸡足山公安分局、森林派出所、卫生所和游客急救中心等。鸡足山上生态环境也得到了很好的保护，万壑松涛，云蒸霞蔚，移步换景，目不暇接。2012 年笔者在鸡足山调查时，见闻晨钟暮鼓在山间回荡，僧人早晚课诵等宗教活动和仪式正常进行；山上游人如织，善男信女，虔诚膜拜，香烟缭绕，木鱼声声；碧云寺、慧灯庵等处的修建工程如火如荼……云南鸡足山圣地于今朝又见盛世盛况。

结语　佛教圣地学对于地域
佛教史研究的意义

　　运用佛教圣地学的方法，同样可以分析中国传统四大佛教圣地的成因。

　　五台山和峨眉山佛教圣地的成因缘于佛教经典，是自然与人文的巧合。五台山佛教圣地形成的一个重要原因是佛教经典中多次记述了五台山是文殊菩萨的演法之地。

　　于阗国三藏实叉难陀译《大方广佛华严经卷》第四十五：

　　　　东北方有处，名清凉山，从昔已来，诸菩萨众于中止住；现有菩萨，名文殊师利，与其眷属、诸菩萨众一万人俱，常在其中而演说法。①

　　　　西南方有处，名光明山，从昔已来，诸菩萨众于中止住；现有菩萨，名曰贤胜，与其眷属、诸菩萨众三千人俱，常在其中而演说法。②

　　五台山古称清凉山，与《华严经》中所说的"清凉山"同名，有此因缘巧合，在信仰力量的推动下，中国山西省的五台山就慢慢演变成为文殊菩萨的道场。四川的峨眉山本来于佛经所说的"光明山"并无关联，但峨眉山的"金顶三相"，即三种自然奇观：佛光、圣灯、兜罗绵云，被

---

　　① （唐）实叉难陀译：《大方广佛华严经卷》第四十五，《大正藏》第 10 册，第 241 页中栏。

　　② 同上书，第 241 页下栏。

人们联想成《华严经》中的"光明山"，经中的"贤胜"也被换成"普贤"，于是峨眉山也就变成了普贤菩萨的道场了。

九华山和普陀山佛教圣地的成因主要与名僧名山有关。九华山成为地藏菩萨道场的因缘来自新罗高僧金乔觉。新罗国王子金乔觉，又名释地藏，俗称金地藏。公元719年，金乔觉渡海来华，卓锡并圆寂于九华山。根据唐代九华山人费冠卿的《九华山化城寺记》：

> （金地藏）时年九十九，贞元十年夏，忽召众徒告别，罔知攸适。惟闻山鸣石陨，感动无情；将示灭，有尼侍者来，未及语，寺中扣钟。无声坠地；尼来人室，堂椽三坏，吾师其神欤？跌坐函中，经三周星，开将入塔，颜亦如活时；异动骨节，若撼金锁。经云：菩萨钩锁，百骸鸣矣！①

这段记载的价值在于它的实录性：费冠卿就是九华山人，记载的是同时代的事。金乔觉与地藏菩萨本无关联，而佛经中"菩萨钩锁，百骸鸣矣"的说法，② 与金乔觉圆寂后的瑞相相似，再加上金乔觉的法名释地藏，这些足以撑起金乔觉是地藏菩萨应化身的信仰。姑且不论故事本身的真伪，至少说明了九华山成为地藏菩萨道场的主要原因。

同样，普陀山成为观音道场的原因也与名僧有关。《佛祖统纪》记载：

> 日本国沙门慧锷，礼五台山得观音像，道四明将归国，舟过普陀山附著石上不得进。众疑惧祷之曰："若尊像于海东机缘未熟，请留此山！"舟即浮动。锷哀慕不能去，乃结庐海上以奉之。鄞人闻之，请其像归安开元寺。其后有异僧持嘉木至寺，仿其制刻之。扃户施功，弥月成像，忽失僧所在，乃迎至普陀山。③

日本僧人慧锷从五台山请观音像回国，船至普陀山则不前。众人祷之

---

① 参见焦得水：《金地藏"菩萨钩锁"考》，《池州学院学报》2012年第1期。
② 同上。
③ （宋）沙门志磐撰：《佛祖统纪》卷42，《大正藏》第49册，第388页中栏。

留于此山，则舟行矣。故事中行船搁浅，旋而复行，其中的原因虽无从考察，但逃不脱天气海况的变化。但在信仰的驱使下，人间总会有神迹出现。普陀山成为观音道场就是这样的神迹。

佛教圣地学的第三个主题，改道教仙山为佛教圣地，同样适用于传统的四大佛教名山。佛教传入之前，四大名山上都有道教活动的痕迹，或已经是道教的名山了。

《古清凉传》卷上云：

> 晋永嘉三年，雁门郡祄人县百余家避乱入此山，见山人为之步驱而不返，遂宁居岩野。往还之士时有望其居者，至诣寻访，莫知所在，故人以是山为仙者之都矣。《仙经》云：五台山，名为紫府。常有紫气，仙人居之。①

《魏书·释老志》载：

> 道家之原，出于老子。其自言也，先天地生，以资万类。上处玉京，为神王之宗；下在紫微，为飞仙之主。千变万化，有德不德，随感应物，厥迹无常。授轩辕于峨嵋，教帝哨营于牧德，大禹闻长生之诀，尹喜受道德之旨。②

五台山原名清凉山，又名紫府，原为道教仙山，明代释镇澄著《清凉山志》等方志均有记载。峨眉山亦如此，僧人来到峨眉山之前，峨眉山完全是道教名山，《云笈七籤》中列为"第七洞天"。东汉永平年间天竺僧人摄摩腾、竺法兰涉足五台山，东晋隆安年间，高僧慧持（337—412）上峨眉山开始，佛道两家就展开了争夺地盘的拉锯战。争夺的主要形式是公开论战。峨眉山佛道之间的公开论战，有过三次规模较大的交锋。第一次是晋代，第二次是唐代，第三次是明代。其结局是由佛道并存

---

① （唐）释慧祥著：《古清凉传》卷上一"立名标化一"，百度阅读（http://yuedu.baidu.com/ebook/1f9b7ae95022aaea998f0f65？fr＝aladdin&key＝古清凉传）。

② 北齐魏收撰：《魏书》释老志二。

到道融于佛。①

《福地考》载，九华山位列道教的"七十二福地"之第三十九。西汉中叶的道教人物窦伯玉、三国时期道教人物赵广信、晋代著名道教人物葛洪、唐朝高道赵知微等都曾在九华山上留下活动痕迹；据普陀山志史记载，晋代著名道教人物葛洪也曾游历此山。今普济寺慈云石东侧，有葛洪井。另据鄞县志记载，元朝道士王天助，曾修炼于普陀山。② 云南鸡足山同样也曾是道士的修炼之所，至今仍留有玄武洞、玉皇阁（今改建为玉佛寺）等。佛教传入之后，几乎如出一辙，都上演了佛道之争的历史剧。

回顾近代以来中国佛教史研究，可以更加清晰地看到佛教圣地学对于地域佛教史研究的创新意义。摒弃了传统上那种信徒为本宗撰写光荣历史的佛教史研究路径，近代意义上的中国佛教史研究肇始于 20 世纪初期。梁启超开启了中国佛教史研究之门，他曾计划撰写一本中国佛教通史，后未成书，辑有《佛学研究十八篇》。完成梁启超宏愿的是蒋维乔和黄忏华，他们分别于 1929 年和 1940 年出版了一部《中国佛教史》，尽管二著或多或少受到了日本佛教学者的影响，③ 但他们的筚路蓝缕之功不可磨灭。此外，20 世纪上半叶，还有一些杰出的人文学者也加入到中国佛教史的研究队伍之中。例如，胡适、印顺对禅宗史的研究、陈寅恪对中古佛教史的研究、汤用彤对汉唐佛教史的研究、陈垣对明清佛教史的研究以及李翊灼、妙舟、法尊对藏传佛教史的研究等，出现了中国近代第一个佛教史研究的高潮。佛教史的研究者开始从中国传统的考据学走出来，吸收了实证主义理论及以语言学、文献学等西方学术理论与方法，于是中国佛教史学的学术范式在 20 世纪上半叶出现了重大的变革：在研究目的上，不再以护教阐教为中心，而是以探寻真理、获得历史的真实为追求目标；在研究态度上，站在"他者"的立场，采取理性客观的态度；在研究方法

---

① 骆坤琪：《峨眉山佛、道关系试探》，《宗教学研究》1997 年第 2 期。

② 参见李桂红《佛教四大名山中的道教文化现象》，《天津市社会主义学院学报》2007 年第 1 期。

③ 蒋维乔的《中国佛教史》大部分是由日本学者境野哲的《支那佛教史纲》编译而成，此外，蒋维乔还增加了北魏石窟造像、北京房山石经以及清代至民国时期的佛教史，是我国近代第一部体系比较完整的中国佛教通史。黄忏华的《中国佛教史》是我国学者独立撰写的第一部汉传佛教通史，在章节结构和叙述重点上，受到日本佛教学者宇井伯寿的《支那佛教史》的影响。

上，采用西方近代的学术方法，以实证、逻辑、归纳的方法为出发点；在历史观上，基本上摒除了各种迷信、神话和传说，以进化论为根本的指导思想①，开拓了近代中国佛教史研究的新局面。

1949 年至 1978 年，国内关于佛教史研究逐渐展开；中国共产党十一届三中全会以后，随着宗教学学科的恢复与发展，中国佛教史研究有了新的进展。这种新进展仍然以中国佛教通史的研究为主，包括佛教各宗派的通史。②近 30 年中国佛教通史的研究范围从佛教起源、发展、传播、变迁的历史描述辐射到佛教哲学、佛教义理等思想史层面的阐释，凸显了鲜明的时代特征，即把佛教作为一种文化现象来研究，讨论佛教文化本身的思想特质及其与中国社会各个阶层的互动关系等，可谓花满竹密，蔚为大观。

当代中国佛教通史的编纂已经比较完备，很难再出新的体系和框架。

---

① 周霞：《中国近代佛教史学名家评述》上海社会科学院出版社 2006 年版，第 2—3 页。

② 此 30 年中，关于中国佛教史研究的通史类著作主要有：任继愈主编：《中国佛教史》（八卷本，已出三卷，中国社会科学出版社 1981—1988 年版）；邱明洲：《中国佛教史略》（四川省社会科学院出版社 1986 年版）；杜继文主编：《佛教史》（中国社会科学出版社 1991 年版）；郭朋著：《中国佛教思想史》（福建人民出版社 1994、1995 年版）；曹仕邦：《中国佛教史学史》（法鼓文化 1999 年版）；方立天著：《中国佛教哲学要义》（中国人民大学出版社 2002 年版）；刘长久著：《中国佛教》（广西师范大学出版社 2006 年版）；南怀瑾著：《中国佛教发展史略》（复旦大学出版社 2007 年版）；佛光星云著：《佛教历史》（上海辞书出版社 2008 年版）；潘桂明著：《中国佛教思想史稿》（江苏人民出版社 2009 年版）；赖永海主编：《中国佛教通史》（江苏人民出版社 2010 年版）；孙昌武著：《中国佛教文化史》（中华书局 2010 年版）；刘克苏著：《中国佛教史话》（河北大学出版社 2010 年版）；魏道儒著：《佛教史话》（社会科学文献出版社 2011 年版）。关于中国佛教史简史类的著作主要有：郭朋著：《中国佛教简史》（福建人民出版社 1990 年版）；邓殿臣著：《南传佛教史简编》（中国佛教协会 1991 年版）；方立天主编：《中国佛教简史》（宗教文化出版社 2001 年版）；弘学著：《中国佛教简史》（四川出版集团巴蜀书社 2008 年版）；李尚全著：《简明中国佛教史》（辽宁教育出版社 2011 年版）；另外还有日本学者的著作：竺沙雅章著：《中国佛教社会史研究》（增订版）（同朋舍出版社 1982 年版）；中村元主编：《中国佛教发展史》（天华出版事业股份有限公司 1984 年版）；谦田茂雄：《简明中国佛教》（郑彭年译，上海译文出版社 1986 年版）；镰田茂雄：《中国佛教通史》（关世谦译，上海佛学书局 2005 年版）。关于中国佛教各宗派通史类的著作主要有：吕建福著：《中国密教史》（中国社会科学出版社 1995 年版）；潘桂明著：《中国佛教居士史》（中国社会科学出版社 2000 年版）；毛忠贤著：《中国曹洞宗通史》（江西人民出版社 2006 年版）；麻天祥著：《中国禅宗思想史略》（中国人民大学出版社 2007 年版）；董群著：《中国三论宗通史》（凤凰出版传媒集团、凤凰出版社 2008 年版）；王建光著：《中国律宗通史》（凤凰出版传媒集团、凤凰出版社 2008 年版）；杨维中著：《中国唯识宗通史》（凤凰出版传媒集团、凤凰出版社 2008 年版）等。

中国佛教断代史的研究在通史的笼罩下，也缺少新的拓展。那么，中国佛教史研究路径如何转向？笔者以为，地域佛教史研究将是未来一段时间内中国佛教史研究的可能路径之一，特别是对于佛教圣地的研究尚有很大的空间。近30多年来，中国地域佛教史研究也有长足的发展，以省级单位为地域范围的佛教史已有十余部，① 但有关中国佛教圣地佛教史的研究寥寥无几，目前仅有崔正森著：《五台山佛教史》（山西人民出版社 2000 年版）和朱封鳌著：《天台山佛教史》（宗教文化出版社 2012 年版）两部专著问世。从这两部关于中国佛教圣地的佛教史研究范式来看，仍然是以传统的佛教通史体系，即以时间先后为序，叙写每个历史时段的佛教人物和事件，所用材料大都以佛教文献为主，展现出这两个佛教圣地"如是"的历史面貌，较少涉及这两个佛教圣地为什么"如是"的广泛而复杂的社会背景，或者说其重点不在佛教圣地的形成原因及其过程上。

佛教圣地学可以为解读佛教圣地为什么"如是"提供一种研究视角。

---

① 近年以省级单位为地域的佛教史著作：固始噶居巴·洛桑泽培著，陈庆英、乌力吉译注：《蒙古佛教史》（天津古籍出版社 1990 年版）；韩溥著：《江西佛教史》（光明日报出版社 1995 年版）；王荣国：《福建佛教史》（厦门大学出版社 1997 年版）；何建明著：《澳门佛教：澳门与内地佛教文化关系史》（宗教文化出版社 1999 年版）；王海涛著：《云南佛教史》（云南美术出版社 2001 年版）；陈荣富著：《浙江佛教史》（华夏出版社 2001 年版）；王路平著：《贵州佛教史》（贵州人民出版社 2001 年版）；蒲文成著：《青海佛教史》（青海人民出版社 2001 年版）；徐孙铭、王传宗主编：《湖南佛教史》（湖南人民出版社 2002 年版）；克珠群佩著：《西藏佛教史》（宗教文化出版社 2009 年版）；赵德兴、蒋少华编著：《南京佛教小史》（东南大学出版社 2009 年版）；徐威著：《北京汉传佛教史》（宗教文化出版社 2010 年版）；王森著：《西藏佛教发展史略》（中国藏学出版社 2010 年版）；于洪著：《北京藏传佛教史》（宗教文化出版社 2011 年版）。此外还有：魏长洪等：《西域佛教史》（新疆美术摄影出版社 1998 年版）；严耀中著：《江南佛教史》（上海人民出版社 2000 年版）；江心力著：《齐鲁佛教史话》（山东文艺出版社 2004 年版）；胡日查、乔吉、乌云著：《藏传佛教在蒙古地区的传播研究》（民族出版社 2004 年版）；严耀中著：《中国东南佛教史》（上海人民出版社 2005 年版）；果玄著：《台湾佛教天台宗传播史》（南天书局 2006 年版）；吴涛著：《龟兹佛教与区域文化变迁研究》（中央民族大学出版社 2006 年版）；顿珠拉杰著：《西藏本教简史》（西藏人民出版社 2007 年版）；陈金凤、赖国根、邓伟等著：《宜丰禅史》（宗教文化出版社 2011 年版）；阚正宗著：《台湾佛教史论》（宗教文化出版社 2008 年版）；潘怡为著：《崂山佛教》（青岛出版社 2009 年版）；崔红芬、郑炳林、樊锦诗著：《西夏河西佛教研究》（民族出版社 2010 年版）；何绵山著：《闽台佛教亲缘》（海峡出版发行集团、福建人民出版社 2010 年版）；冯金忠著：《燕赵佛教》（中国社会科学出版社 2009 年版）；黄明信著：《吐蕃佛教》（中国藏学出版社 2010 年版）；陈文亚著：《姜堰佛教》（宗教文化出版社 2012 年版）等。

佛教圣地学的主要研究任务即解读一个"非圣"的地方，如何演变成一个佛教的"圣地"。佛教圣地学运用动态变迁的视角来审视历史与现实，以考察佛陀、诸菩萨和名僧与佛教圣地的相关性为主线，贯穿宗教学、地理学、传播学、历史学、社会学和民族学等学科领域，在佛教圣地所处的地理环境、历史文化、民族传统、政治制度、经济生活等背景资料中，综合解读佛教圣地的成因和发展，而不仅仅限于佛教的典籍文献。这也决定了佛教圣地学不是以纵向的时间为主线，陈述每个时段的圣地佛教历史；而是以横向的空间为平面，辐射佛教、经济、政治、民族等各社会领域，结合其他交叉学科的背景资料来展开研究；同时辐射社会人文、自然地理等诸方面，在流动的历史时空里考察佛教圣地的变迁。

佛教圣地学的研究范式，突破了传统的佛教史研究的路径，更多地采用非佛教的材料来解读佛教历史，这对于中国地域佛教史的研究具有借鉴意义。首先，两者的研究对象有很大一部分交集。佛教圣地既是佛教圣地学的研究对象，同时也是地域佛教史研究的主要对象之一，且中国地域佛教史的研究已有转向佛教圣地的倾向，相同的研究对象为两者之间的结合提供一个平台。其次，佛教圣地学关注的问题弥补了传统地域佛教史研究的不足。我们不仅要陈述佛教圣地的历史，而且要追问佛教圣地历史的根源。这种追问，可以使地域佛教史的研究领域延伸到地理学、传播学、社会学等交叉学科，从更多的侧面和角度来叙述佛教圣地的历史。最后，佛教圣地学的研究范式为地域佛教史的研究发掘了更多的研究材料，比如传统佛教史较少涉及的山川地理、口述史、民族调查资料、社会访谈资料、民间传说、人口迁徙、官宦流寓、教育科举、军事战争、田产租税、经济社会发展数据等，都可以纳入地域佛教史的研究中来。

在中国佛教史研究可能转向地域佛教史研究的趋势下，佛教圣地学为地域佛教史研究提供了一种新的视角。以此视角，可以考察中国乃至东亚等其他地方佛教圣地的成因及其变迁过程。中国及东亚等其他地方拥有众多的佛教圣地，而专论某一个佛教圣地的地域佛教史寥若晨星，因此佛教圣地学的学术空间非常广阔。

附　　录

序号	有关印度鸡足山的文献	出处	撰者或译者	成书或译出时间
1	尊者摩诃迦叶亦中前着衣持钵入城乞食。作是念：阿阇世王本与我有要，若涅槃时必当语我，我今当往……于是尊者迦叶至鸡脚山三岳中，坐草敷上，跏趺而坐。……时阿阇世王梦大梁折坏，觉已，心生惊怖。……于是，王即诣竹园礼阿难足，白言：尊者迦叶今日欲入涅槃。阿难答言：已入涅槃。王复问言：示我尊者身处，我欲供养。于是，阿难将王向鸡足山，王既至已，山自开张，王与阿难即见尊者，天曼陀罗花天末香牛头栴檀覆其身上。	《阿育王传》第 4 卷，《大正藏》第 50 册，第 114—115 页上。	（西晋）安法钦译	281—306 年
2	（阿育王）常至贝多树下悔过自责，受八戒斋。……从此南三里行到一山名鸡足，大迦叶今在此山中。擘山下入，入处不容人。下入极远有旁孔，迦叶全身在此中住。孔外有迦叶本洗手土，彼方人若头痛者，以此土涂之即差。此山中即日故有诸罗汉住彼，诸国道人年年往供养迦叶。心浓至者，夜即有罗汉来，共言论，释其疑已，忽然不见。此山榛木茂盛，又多狮子、虎、狼，不可妄行。法显还向巴连弗邑，顺恒水西下十由延，得一精舍，名旷野，佛所住处，今现有僧。	《法显传》，《大正藏》第 51 册，第 863—864 页上。	法显撰	416 年

序号	有关印度鸡足山的文献	出处	撰者或译者	成书或译出时间
3	于是迦叶至鸡足山，于草敷上，跏趺而坐。作是愿言：今我此身着佛所与粪扫之衣，自持己钵乃至弥勒令不朽坏，使彼弟子皆见我身而生厌恶。复作是念：阿阇世王若不见我，沸血必当从面而出，命不全济。若使彼王与阿难来，山当为开，令其得入，若还去者，复当还合。便舍命行，唯留少寿。应时大地六种震动，释提桓因与诸天子以曼陀罗花天诸末香供养舍利，生大悲恼。	《付法藏因缘传》第1卷，《大正藏》第50册，第300页下。	（北魏）吉迦夜、昙曜共译	472年
4	乃至迦叶入涅槃时，共阿阇世王至鸡足山，烧香散华，赞叹供养。王言：仁者如来、迦叶入般涅槃，自我多殃，悉不睹见，尊若灭度，唯愿垂告。阿难曰：善，敬承来教。于是游行宣畅妙法，化诸众生，皆令度脱。	《付法藏因缘传》第2卷，《大正藏》第50册，第302页中—下。	（北魏）吉迦夜、昙曜共译	472年
5	是时，迦叶入城乞食。乞食竟，入鸡足山。破山三分，于山中铺草布地。即自思惟，而语身言：如来昔以粪扫之衣覆蔽于汝，至于弥勒法藏应住。复说偈言：我以神通力，当持于此身。以粪扫衣覆，至弥勒佛出。以此故弥勒教化诸弟子。尔时迦叶起三三昧：一者如入涅槃竟，被粪扫衣，以三山覆身，如子入母腹而不失坏，乃至弥勒法藏应住；二者若阿阇世王来，山应开。迦叶思惟，若阿阇世王不见我，身当吐热血死；三者若阿难来，山当开。是时从三昧起，舍命入涅槃。涅槃竟，地六种震动，帝释等无数天人以天诸花供养迦叶身，三山还合以覆其身。	《阿育王经》第7卷，《大正藏》第50册，第153页下。	（梁）僧伽婆罗译	506—520年

序号	有关印度鸡足山的文献	出处	撰者或译者	成书或译出时间
6	迦叶结法藏竟，入鸡足山，破为三分，于中铺草布地。即自思维，而语身言：如来昔以粪扫衣覆蔽于汝，乃至为弥勒法藏应住于此。因说偈言：我以神通力，当知于此身。以粪扫衣覆，至弥勒出世。时我为弥勒，教化诸弟子。即起三三昧：如一入涅槃，以三山覆身，如子入母腹而自不失坏；二若阿阇世王来，先约相见，来者山应当开，阿阇世若不见我，当吐热血死；三阿难来，山开。弥勒与九十六千万弟子来此，取迦叶身以示眷属，令悉学我，持戒功德（出《阿育王经》第7卷）。	《经律异相》第13卷，《大正藏》第53册，第65页下。	（梁）僧旻宝唱等集	516年
7	经说摩诃迦叶在鸡足山待弥勒出，从山而起，礼觐弥勒，现十八变，然后灭身。彼今在山，为般涅槃？为入灭定？释有两义。若依成实，彼入灭定，正受持身，故后能出，礼佛现化。若依毗昙，彼入涅槃，非是灭定。若是灭定，出即身坏，何能诣佛礼事供养，广现神化？又复依如《阿育王经》宣说，迦叶欲涅槃时往辞世王，云入涅槃，定知所入非是灭定。又复世尊《付法藏》中说，佛灭后迦叶持法，经二十年；摩诃迦叶般涅槃后，阿难持法复二十年。如是次第，故知彼今入般涅槃。问曰：若彼入涅槃者，后时何能诣佛礼觐，广现神变？释言：彼是留化神力，故能如是。如佛世尊般涅槃时，摩诃摩耶来至佛所，佛为起坐；亦如舍利目犍连等化火烧身，此等皆是留化力也。	《大乘义章》第9卷，《大正藏》第44册，第646页下—647页上。	（隋）净影寺慧远撰	生卒年（523—592），晚年时期著述

续表

序号	有关印度鸡足山的文献	出处	撰者或译者	成书或译出时间
8	迦叶在日，常与如来对坐说法。佛灭度后，所有法藏悉付迦叶。迦叶后时结集三藏竟，至鸡足山入灭心定，全身不散。后弥勒佛出世之时，以足案山而出，在大众中作十八变，度人无量。然后灭身，未来成佛，号曰光明。	《维摩经疏》第3卷，《大正藏》第85册，第382页上。	（隋）智颛撰，弟子灌顶补作完成	597年
9	又如大迦叶，于鸡足山入灭尽定，留身待弥勒佛。经五十六亿万岁，弥勒下生与佛相见，中间不死，定力持身，香饭功力亦尔。如《智度论》说也。	《维摩经疏》第6卷，《大正藏》第85册，第407页上。	（隋）智颛撰，弟子灌顶补作完成	597年
10	鹫头之状非美，岫列三珠；鸡足之形可陋，洞穴循风。生和雅之曲，圆珠积水，流清妙之音。	《广弘明集》第28卷，《大正藏》第52册，第327中。	（唐）道宣撰	644年
11	于此寺东望屈屈咤播陀山，即经所谓鸡足山也。直上三峰，状如鸡足，因取号焉。去菩提寺一百余里，顶树大塔，夜放神炬，光明通照，即大迦叶波寂定所也。……尔时彼国闻斯往山，士女大小数盈十万，奔随继至共往鸡足。既达山阿，壁立无路，乃缚竹为梯相连而上，达山顶者三千余人，四瞩欣然，转增喜踊，具睹石鑐，散花供养。	《续高僧传》第4卷，《大正藏》第50册，第451页上—中。	（唐）道宣撰	645年

序号	有关印度鸡足山的文献	出处	撰者或译者	成书或译出时间
12	曾闻尊者大迦叶波，入王舍城最后乞食。食已未久，登鸡足山，山有三峰，如仰鸡足，尊者入中结跏趺坐。……发此愿已，寻般涅槃。时彼三峰便合成一，掩蔽尊者，俨然而住。	《阿毗达磨大毗婆沙论》第135卷，《大正藏》第27册，第698页中。	（唐）玄奘译	645—664年
13	莫诃河东入大林野，行百余里至屈屈（居勿反）吒播陀山（唐言鸡足）。亦谓窭卢播陀山（唐言尊足）。高峦峭无极，深壑洞无涯。山麓溪涧，乔林罗谷，冈岑岭嶂，繁草被岩。峻起三峰，傍挺绝崿。气将天接，形与云同。其后尊者大迦叶波居中寂灭，不敢指言，故云尊足。摩诃迦叶波者，声闻弟子也，得六神通，具八解脱。如来化缘斯毕，垂将涅槃，告迦叶波曰："我于旷劫勤修苦行，为诸众生求无上法，昔所愿期今已果满。我今将欲入大涅槃，以诸法藏嘱累于汝，住持宣布，勿有失坠。……"迦叶承旨，住持正法。结集既已，至第二十年，厌世无常，将入寂灭，乃往鸡足山。山阴而上，屈盘取路至西南冈，山峰险阻，崖径槃薄，乃以锡扣，剖之如割。山径既开，逐路而进。槃纡曲折，回互斜通，至于山顶东北面出。既入三峰之中，捧佛袈裟而立，以愿力故，三峰敛覆。故今此山三脊隆起。当来慈氏世尊之兴世也，三会说法之后，余有无量憍慢众生将登此山，至迦叶所。慈氏弹指，山峰自开。彼诸众生既见迦叶，更增憍慢。时大迦叶授衣致辞礼敬已毕，身升虚空，示诸神变，化火焚身，遂入寂灭。时众瞻仰憍慢心除，因而感悟，皆证圣果。故今山上建窣堵波，静夜远望，或见明炬，及有登山，遂无所睹。	《大唐西域记》，《大正藏》第51册，第919页中—919页下。	（唐）玄奘述，辩机撰	646年

序号	有关印度鸡足山的文献	出处	撰者或译者	成书或译出时间
14	又东度莫诃东大林野，行百余里，至屈屈咤播陀山（言鸡足也），亦谓窭卢播陀山（言尊足也）。直上三峰，状如鸡足，峭绝孤起，迥然空表，半下茂林，半上蔓草，尊者大迦叶波，于中寂定，故因名焉。初，佛以姨母织成金缕袈裟传付慈氏佛，令度遗法四部弟子。迦叶承旨，佛涅槃后第二十年，捧衣入山，以待慈氏。	《释迦方志》下卷，《大正藏》第 51 册，第 963 页中。	（唐）道宣撰	650 年
15	迦叶在世，常与如来对座说法。佛灭度后，所有法藏悉付迦叶。迦叶后时结集三藏竟，至鸡足山，全身不散。后弥勒佛出世之时，从山而出，在大众中作十八变，度人无量，然后灭身，未来成佛，号曰光明。	《观弥勒上生兜率天经赞》，《大正藏》第 38 册，第 283 页下。	（唐）窥基撰	664—682 年
16	曾闻尊者大迦叶波，入王舍城最后乞食。食已未久，登鸡足山，山有三峰，如仰鸡足，尊者入中结跏趺坐。……发此愿已，寻般涅槃。时彼三峰便合成一，掩蔽尊者，俨然而住。	《诸经要集》第 5 卷，《大正藏》第 54 册，第 6 页上。	（唐）道世撰	668 年前
17	曾闻尊者大迦叶波，入王舍城最后乞食。食已未久，登鸡足山，山有三峰，如仰鸡足，尊者入中结跏趺坐。……发此愿已，寻般涅槃。时彼三峰便合成一，掩蔽尊者，俨然而住。	《法苑珠林》第 16 卷，《大正藏》第 53 册，第 405 页上—下。	（唐）道世撰	668 年

序号	有关印度鸡足山的文献	出处	撰者或译者	成书或译出时间
18	又东度黄河百余里至屈屈吃播陀山（旧云鸡足），直上三峰，状如鸡足。顶树大塔，夜放神炬，光明通照，即大迦叶波于中寂定处也。初，佛以姨母织成金缕大衣袈裟传付弥勒，令度遗法四部弟子。迦叶承佛教旨，佛涅槃后第二十年，捧衣入山，以待弥勒。	《法苑珠林》第29卷，《大正藏》第53册，第504页上。	（唐）道世撰	668年
19	迦叶在世，常与如来对坐说法。佛灭度后，所有法藏悉付迦叶。后时结三藏竟，至鸡足山入般涅槃，全身不散，候弥勒佛出世之时，从山而出，在大众中作十八变，度人无量，然后灭身。	《法苑珠林》第33卷，《大正藏》第53册，第541页下。	（唐）道世撰	668年
20	大迦叶波王舍城后乞食，食已未久，登鸡足山。山有三峰，如仰鸡足，尊者入中结加趺坐。作诚言曰：愿我此身并纳衣钵，久住不坏，乃至经于五十七俱胝六十百千岁，慈氏如来应正等觉，出现世时，施作佛事。发此愿已，即般涅槃。时彼三峰，便合成一，掩蔽尊者，俨然而住。	《四分律开宗记》，《卍新纂续藏经》第42册，第343页下。	（唐）怀素撰	682年
21	是巴连弗邑也。去此城西南四百余里，渡尼连禅河，至伽耶城。城西南二十余里，至菩提树、金刚座等。菩提树东，渡大河入大林野，行百余里，至鸡足山。鸡足山东北百余里，至大山。入山东行六十余里，至上茅宫城。此城即摩揭陀国之正中也，故先君王之所都，多出香茅，故以名之。……茅城东北十四五里，至耆阇崛山，唐言鹫头，亦云鹫峰，接北之阳，孤标特起，既栖鹫鸟。又类高台，空翠相映，浓淡分色，如来御世，垂五十年，多居此山，广说妙法，即说此经之处也。故经云常在灵鹫山。	《弘赞法华传》第1卷，《大正藏》第51册，第12页下。	（唐）惠详撰	不早于706年

续表

序号	有关印度鸡足山的文献	出处	撰者或译者	成书或译出时间
22	（法显）明晨还反，路穷幽深，榛木荒梗，禽兽交横。正有一径，通行而已。未至里余，忽逢一道人，年可九十，容服粗素，而神气俊远。显虽觉其韵高，而不悟是神人。须臾进前，逢一年少道人，显问曰：向耆年是谁耶？答曰：头陀弟子大迦叶也。显方惋慨良久，既至山前，有一大石，横塞室口，遂不得入。显乃流涕致敬而去（今谓显所陟者是鸡足山，大迦叶波入寂之所，非佛旧居处鹫峰山也）。	《开元释教录》第3卷，《大正藏》第55册，第507页下—508页上。	（唐）智升撰	730年
23	（义净）备历艰难，渐达印度，所至之境，皆洞言音；凡遇王臣，咸蒙礼重，鹫峰、鸡足，并亲登陟；祇园、鹿苑，咸悉周游；憩那烂陀，礼菩提树，遍师明匠，学大小乘；所为事周，还归故里。凡所历游三十余国，往来问道出二十年。	《续古今译经图纪》，《大正藏》第55册，第370页上。	（唐）智升撰	与《开元释教录》同时
24	所以释迦如来传金襕袈裟，令摩诃迦叶在鸡足山，待弥勒世尊下生分付。今恶世时，学禅者众，我达摩祖师遂传袈裟，表其法正，令后学者有其禀承也。	《历代法宝记》，《大正藏》第51册，第183页中—下。	（唐）无住弟子编撰	无住（714—774）死后
25	今灵鹫山尽是荒榛所翳，鸡山即是鸡足，亦鹫岭所管。应现下成上，扬辉于东夏，山似灵鹫，故言鹫岭得名。	《大方广佛华严经随疏演义钞》第76卷，《大正藏》第36册，第601页中。	（唐）澄观撰	787年后

序号	有关印度鸡足山的文献	出处	撰者或译者	成书或译出时间
26	净奋励孤行，备历艰险，所至之境，皆洞言音；凡遇酋长，俱加礼重；鹫峰、鸡足，咸遂周游；鹿苑、祇林，并皆瞻瞩；诸有圣迹，毕得追寻。经二十五年，历三十余国。	《宋高僧传》第1卷，《大正藏》第50册，第710页中。	（宋）赞宁撰	989年
27	摩诃迦叶入鸡足山，待弥勒佛。《俱舍》即云已入涅槃，余说入定。圣说虽尔，若例今经，付嘱阿难，故知入定涅槃俱不可测。既知身在，已灭意根，圆明了知，不妨作用。	《首楞严义疏注经》第4卷，《大正藏》第39册，第888页下。	（北宋）子璇集	1030年
28	然尊者处世方四十五年，终以结集既毕，而说法度人亦无量矣。念自衰老，宜入定于鸡足山，以待弥勒。故命阿难曰：昔如来将般涅槃，预以正法眼付嘱于我；我将隐矣，此复付汝，汝善传持，无使断绝。乃说偈曰：法法本来法，无法无非法。何于一法中，有法有非法。阿难于是作礼奉命。	《传法正宗记》第2卷，《大正藏》第51册，第719页中。	（宋）契嵩撰	1055—1061年
29	第一祖摩诃迦叶，本摩竭陀国人，出于婆罗门氏，其形金色，先舍家入山，以头陀法自修，及会佛出世，遂归之为师。佛般涅槃之后，乃命众阿罗汉与结集法藏，其后持佛衣，将入定于鸡足山，以待弥勒下生。乃以其法印传之阿难，说偈曰：法法本来法，无法无非法。何于一法中，有法有非法。	《传法正宗定祖图》第1卷，《大正藏》第51册，第769页中。	（宋）契嵩撰	在《传法正宗记》之后

续表

序号	有关印度鸡足山的文献	出处	撰者或译者	成书或译出时间
30	（大迦叶）去辞阇王，适值王寝，即往鸡足山（其山三峰，如仰鸡足，即灵鹫山）。取草敷座而发三愿：一愿此身及所持衣钵俱不坏，待至慈氏下生；二愿入灭尽定已，三峰合一；三愿阿难、阇王若至，愿山暂开。时阇王梦屋梁折，王觉已悲叹，即往鸡足山，见迦叶全身俨然在定。王发声哀哭，积诸香木，欲阇维之。阿难为言：迦叶以定住身，以待弥勒，不可得烧。王供养已，还归本国。山合如故。	《佛祖统纪》第5卷，《大正藏》第49册，第170页下。	（宋）志磐撰	1269 年
31	佛告大众：我今所有无上正法，悉已付嘱摩诃迦叶，当为汝等作大依止（见别付法，末代住持，当用别义。），姨母所献金缕袈裟，慈氏成佛留与传付。迦叶弘持至二十年，以法藏付阿难陀，即持佛衣往鸡足山，入灭尽定。	《佛祖统纪》第34卷，《大正藏》第49册，第327页中。	（宋）志磐撰	1269 年
32	迦叶乃告阿难言：我今年不久留，今将正法付嘱于汝，汝善守护。听吾偈言：法法本来法，无法无非法。何于一法中，有法有不法。说是偈已，乃持僧伽黎（甲子丁卯三十）衣，入鸡足山，俟慈氏下生。即周孝王五年丙辰岁也。	《佛祖历代通载》第3卷，《大正藏》第49册，第496页下。	（元）念常集	1341 年
33	三藏沙门吽哈啰悉利，本北印度末光闼国人，住鸡足山，诵诸佛密语，有大神力，能祛疾病，伏猛、呼召风雨，辄效皇统。与其从父弟三磨耶、悉利等七人，来至境上，请游清凉山礼文殊，朝命纳之。	《佛祖历代通载》第20卷，《大正藏》第49册，第699页下。	（元）念常集	1341 年

序号	有关印度鸡足山的文献	出处	撰者或译者	成书或译出时间
34	往辞阿阇世王，遂杳然入鸡足山，席草而坐。自念：今我被粪扫服，持僧伽黎，必经五十七俱胝六十百千岁，至于弥勒出世，终不致坏。乃语山曰：若阿阇世王及阿难来，汝当为开，去已复合。阿阇世王知尊者已入鸡足山，乃请阿难同至山，山果为开，见尊者入定俨然。王礼讫，欲以香薪茶毗。阿难曰：未可燔也，迦叶方以禅定持身，慈氏下生，般涅槃。王闻敬叹，阿难礼辞，合如故。	《指月录》第3卷，《卍新纂续藏经》第83册，第425页中。	（明）瞿汝稷撰	1602年
35	迦叶乃语阿难：我今年不久留，今将正法眼藏付嘱于汝，汝善护持。听吾偈言：法法本来法，无法无非法。何于一法中，有法有不法。说偈已，迦叶乃持僧伽黎，入鸡足山入定，候慈氏下生。	《八十八祖道影传赞》，《卍新纂续藏经》第86册，第620页上。	（明）憨山德清撰，（清）高承埏补	1615年
36	迦叶告众曰：佛已茶毗，金刚舍利，非吾等事，宜结集法藏，无令断绝。结集既毕，迦叶自念衰老，宜入定于鸡足山，以待弥勒。乃召阿难言：我今不久世间，今将正法，付嘱于汝，汝当护持。听吾偈曰：法法本来法，无法无非法。何于一法中，有法有不法。偈已，阿难作礼奉命。	《佛祖纲目》第3卷，《卍新纂续藏经》第85册，第569页中。	（明）朱时恩撰	1634年
37	迦叶乃告阿难言：我今年不久留，今将正法付嘱于汝，汝善守护。听吾偈言：法法本来法，无法无非法。何于一法中，有法有不法。说偈已，乃持僧伽梨衣，入鸡足山，俟慈氏下生。即周孝王五年丙辰岁也。	《五灯严统》第1卷，《卍新纂续藏经》第80册，第584页中一下。	（明）费隐通容等撰	1654年

序号	有关印度鸡足山的文献	出处	撰者或译者	成书或译出时间
38	乃告阿难曰：今将正法付嘱于汝，汝善守护。听吾偈曰：法法本来法，无法无非法。何于一法中，有法有不法。阿难作礼奉命，祖入定鸡足山，以待弥勒。祖念既传法已，当遵佛敕，念佛舍利诸塔皆在诸天，乃凌虚遍礼已，复以凤约，辞阿阇世王，遂入鸡足山。自念我今持僧伽黎，经五十七俱胝六十百千岁，至弥勒出世，终不致坏。乃以禅定持身，语山神曰：若阿阇世王及阿难来，山当为开，开已复合。	《宗统编年》第3卷，《卍新纂续藏经》第86册，第88页下。	（清）纪荫撰	康熙年间（1661—1722年）
39	摩诃迦叶，云大龟氏，亦云饮光……修灭六尽七之定，此定能灭六识，空法尘，尽七半分染末那，故仍留半分净末那。以持定故，入是定者，若身若心，忘处忘时，能度多劫，如弹指顷，故现在天竺国鸡足山。入此定，以待弥勒出世者是也。我以空观，消除法尘，断诸结使，成阿罗汉。以故世尊寻常说我头陀为最者，以能抖擞法尘故也。	《大佛顶首楞严经宝镜疏》第5卷，《卍新纂续藏经》第16册，第534页上。	（清）溥畹撰	生卒（约1610—1690年）
40	迦叶乃告阿难言：我今年不久留，今将正法付嘱于汝，汝善守护。听吾偈言：法法本来法，无法无非法。何于一法中，有法有不法。说偈已，乃持僧伽梨衣，入鸡足山，俟慈氏下生。即周孝王五年丙辰岁也。	《五灯全书》第1卷，《卍新纂续藏经》第81册，第406中。	（清）霁仑超永撰	1697年

续表

序号	有关印度鸡足山的文献	出处	撰者或译者	成书或译出时间
41	《禅宗秘要》云：按禅书，天台韶国师座下，兴教明和尚问曰：饮光持释迦丈六之衣，在鸡足山候弥勒下生，将丈六之衣披在千尺之身，应量恰好。祇如释迦身长丈六，弥勒身长千尺，为复是身解短耶？衣解长耶？	《百丈丛林清规证义记》第5卷，《卍新纂续藏经》第63册，第413页下。	（清）仪润证义，妙永校阅；（唐）怀海撰	1823年

附表2　　　　　　有关云南鸡足山的汉语佛教文献一览表

序号	云南鸡足山佛教文献	出处	撰者	成书时间
1	《华严》之为经王也。……其制之者，曰唐一行；其藏之者，曰①鸡足山；其尊信而流通之者，今丽江郡世守木君也。佛法从因缘生，兴废显晦，皆有时节。《忏》之制于一行而传付于普瑞，成于唐而出于明，撰于龙首而藏于鸡足，闷于叶榆崇圣，而显于木君。	《华严忏法序》，《卍新纂续藏经》第74册，第133页上一中。	（明）钱谦益撰	1641年
2	空字妙有，云南太和葛氏子。出家后往鸡足山，然一指。偕友往南岳，下炼魔场，卓庵仰山，日唯一食。西踰江浙，访诸祖遗迹，阅藏天目，顿明大旨。谒万松林于双径，遂受记。是年应天界请，丙寅四十五年。	《宗统编年》第30卷，《卍新纂续藏经》第86册，第284页中。	（清）纪荫撰	康熙年间（1661—1722年）

----

①　原文为"日"，行文应为"曰"。

序号	云南鸡足山佛教文献	出处	撰者	成书时间
3	安吉州乐平淑安净周禅师，盐官吴氏子。偶见里中死亡者，憾曰：一息不来，向甚处安身立命？顿起参学之志。……住后上堂，法身无相，大道无形，拨置不开，提掇不起。陕府铁牛头角异，嘉州大象鼻头长。未尽今时，难通不犯，卓拄杖曰：已被拄杖子穿却了也，送法衣上堂，大庾岭头，争之不足，鸡足山内。	《五灯全书》第115卷，《卍新纂续藏经》第82册，第695页下—696页上。	（清）霁仑超永撰	1697年
4	见月律师，师讳读体，滇南楚雄之许氏子。父胤昌，世袭指挥使。母吴氏，感异而生师。幼而神敬，善绘大士像，人争宝之，皆称为小吴道子。年二十七，忽念世相无常，弃袭爵而为黄冠。……遇昧祖于丹徒之海潮庵，乞圆具戒，依学不离。祖视不凡，遂差为首领，辅弼法门。师承祖命，统众精勤，始终不息。祖常为众曰：老人三十年戒幢，若非见月，几被摧拆矣。及住华山，命师兼掌院事，临终付托，继席华山。师受嘱已，一切院务，事事躬行，布萨安居，法法如律。有滇中善信来谒云：弟子礼鸡足山三载，求见迦叶尊者。梦感韦大①示现曰：尊者至江南华山弘律，尔欲亲觐，当往见之，故来参请。师云：我是凡僧，不可虚说。	《佛说梵网经初津》第7卷，《卍新纂续藏经》第39册，第159页中—下。	（清）书玉撰	1699年

----

① 《得依释序文缘起》中作"韦天"。

序号	云南鸡足山佛教文献	出处	撰者	成书时间
5	有一善士自滇南来参云：弟子曾礼鸡足山求见迦叶，梦感韦天示云：尊者已至华山弘律，尔欲亲觐，可往见焉，故来礼拜。师恐众惑，秘不容传。至于马陵之枯泉自溢，龙眠之三世冤消，冥戒归依，神龙护法，种种灵奇难可具录。余详御史李模督河孙在丰二塔铭，翰林尤侗侍御方享咸二传，及方伯丁思孔道行碑中，有宜洁律师者，系师法嗣，名书玉，宜洁字也，别号佛庵，今现住古杭昭庆，说法度生。其学才挺拔，道德高明，固是一世之雄。	《得依释序文缘起》，《卍新纂续藏经》第88册，第393页上。	[日]慧坚撰	1708年
6	李卓吾，名赞，泉州晋江人。嘉靖间领乡荐为教官，万历初，历南京刑部主事，出为姚安知府。卓吾风骨孤峻，善触人。其学不守绳辙，出入儒佛之间，以空宗为归。……居三年以病告，不许，遂入鸡足山，阅藏经不出。	《居士传》第43卷，《卍新纂续藏经》第88册，第260页上。	（清）朝彭绍升（法名际清）撰	1740—1796年
7	华山见祖着（著）《一梦漫言》，自述云：昔朝鸡足山，宿寂光寺，访问山中明师，闻狮子岩，有大力白云二位老和尚，精修净业，三十年不下山。	《百丈丛林清规证义记》第7卷，《卍新纂续藏经》第63册，第470页中。	（清）仪润证义，妙永校阅；（唐）怀海撰	1823年

附表 3　　　　　　　　2012 年鸡足山寺庵现状简表

名称	宗派	住持／方丈	备　注
金顶寺	临济、沩仰	惟圣（临济第45代传人；沩仰第10代传人）	原址修建，"文革"后仅存楞严塔
迦叶殿	临济	宏信	原址重建
放光寺	显密兼修	慈法	原址重建
虚云寺	云门	惟升（云门第14代传人）	原址重建
祝圣寺	沩仰	宏盛	原址修建，"文革"中遗存部分建筑
万寿庵	未知	海福	原址重建，住女众
五华庵	临济、净土	演诚	原址重建，住男众，从常云师太接管
牟尼庵	未知	传诚	原址重建，住男众，从宏波比丘尼接管，宏波与传诚是姐弟关系，传诚师从惟圣
九莲寺	未知	常应	原址重建，住女众
佛塔寺	净土	道兴（台湾）	在建中，即将竣工
铜佛殿	未知	未知	在建中，即将竣工
慧灯庵	未知	惟净	在建中，即将竣工
玉皇阁	未知	未知	在建中，佛教寺庙
碧云寺	临济	惟圣	在建中，主体已完成
寂光寺	临济	演诚	在建中，完成主体大殿
兴云寺	未知	演吉	在建中，即将竣工
静闻精舍	未知	道兴	已建成

资料来源：笔者于鸡足山上实地调查所得，2012 年 8 月 8 日制表。

参考文献

一　佛教典籍（以时间为序）

1.（西晋）安法钦译：《阿育王传》，《大正藏》第 50 册。

2.（东晋）法显撰：《法显传》，《大正藏》第 51 册。

3.（北魏）吉迦夜、昙曜共译：《付法藏因缘传》，《大正藏》第 50 册。

4.（梁）僧伽婆罗译：《阿育王经》，《大正藏》第 50 册。

5.（梁）慧皎：《高僧传》，《大正藏》第 50 册。

6.（梁）僧旻宝唱等集：《经律异相》，《大正藏》第 53 册。

7.（隋）净影寺慧远撰：《大乘义章》，《大正藏》第 44 册。

8.（隋）智顗撰，弟子灌顶补作：《维摩经疏》，《大正藏》第 85 册。

9.（唐）般剌蜜帝译：《首楞严经》，《大正藏》第 19 册。

10.（唐）玄奘译：《阿毗达磨大毗婆沙论》，《大正藏》第 27 册。

11.（唐）澄观述：《大方广佛华严经随疏演义钞》，《大正藏》第 36 册。

12.（唐）窥基撰：《阿弥陀经通赞疏》，《大正藏》第 37 册。

13.（唐）窥基撰：《观弥勒上生兜率天经赞》，《大正藏》第 38 册。

14.（唐）怀素撰：《四分律开宗记》，《卍新纂续藏经》第 42 册。

15.（唐）裴休集：《黄檗断际禅师宛陵录》，《大正藏》第 48 册。

16.（唐）道宣：《续高僧传》，《大正藏》第 50 册。

17.（唐）玄奘口述，辩机笔录：《大唐西域记》，《大正藏》第 51 册。

18.（唐）惠详撰：《弘赞法华传》，《大正藏》第 51 册。

19.（唐）道宣撰：《释迦方志》，《大正藏》第 51 册。

20.（唐）无住弟子编：《历代法宝记》，《大正藏》第 51 册。

21.（唐）道宣撰：《广弘明集》，《大正藏》第 52 册。

22.（唐）道世编：《法苑珠林》，《大正藏》第 53 册。

23.（唐）智升撰：《开元释教录》，《大正藏》第 55 册。

24.（唐）智升撰：《续古今译经图纪》，《大正藏》第 55 册。

25.（宋）子璇集：《首楞严义疏注经》，《大正藏》第 39 册。

26.（宋）慧简译：《请宾头卢法》，《大正藏》第 32 册。

27.（宋）大慧宗杲述，弟子雪峰蕴闻辑录：《大慧普觉禅师语录》，《大正藏》第 47 册。

28.（宋）志磐撰：《佛祖统纪》，《大正藏》第 49 册。

29.（宋）赞宁撰：《宋高僧传》，《大正藏》第 50 册。

30.（宋）契嵩撰：《传法正宗定祖图》，《大正藏》第 51 册。

31.（宋）睦庵（善卿）编：《祖庭事苑卷第二》，《卍新纂续藏经》第 64 册。

32.（宋）赜藏主集：《古尊宿语录》，《卍新纂续藏经》第 68 册。

33.（元）宗宝编：《六祖大师法宝坛经》，《大正藏》第 48 册。

34.（元）念常：《佛祖历代通载》，《大正藏》第 49 册。

35.（明）释幻轮：《释氏稽古略续集》，《大正藏》第 49 册。

36.（明）钱谦益：《华严忏法序》，《卍新纂续藏经》第 74 册。

37.（明）释禅：《依楞严究竟事忏》，《卍新纂续藏经》第 74 册。

38.（明）费隐通容等撰：《五灯严统》，《卍新纂续藏经》第 80 册。

39.（明）瞿汝稷撰：《指月录》，《卍新纂续藏经》第 83 册。

40.（明）朱时恩撰：《佛祖纲目》，《卍新纂续藏经》第 85 册。

41.（明）憨山德清撰，（清）高承埏补：《八十八祖道影传赞》，《卍新纂续藏经》第 86 册。

42.（明）心泰编：《佛法金汤编卷第十二》，《卍新纂续藏经》第 87 册。

43.（明）彻庸周理编：《曹溪一滴》，《嘉兴大藏经》（新文丰版）第 25 册。

44.（明）彻庸周理撰：《谷响集》，《嘉兴藏》（新文丰版）第 25 册。

45. （明末清初）知空学蕴撰：《知空蕴禅师语录》，《嘉兴藏》（新文丰版）第 37 册。

46. （清）溥畹撰：《大佛顶首楞严经宝镜疏》，《卍新纂续藏经》第 16 册。

47. （清）书玉撰：《佛说梵网经初津》，《卍新纂续藏经》第 39 册。

48. （清）仪润证义，妙永校阅：《百丈丛林清规证义记》，《卍新纂续藏经》第 63 册。

49. （清）霁仑超永集：《五灯全书》，《卍新纂续藏经》第 82 册。

50. （清）纪荫编：《宗统编年》，《卍新纂续藏经》第 86 册。

51. （清）彭绍升撰：《居士传》，《卍新纂续藏经》第 88 册。

52. 方广锠编：《藏外佛教文献》（第 6 辑），宗教文化出版社 1998年版。

53. 方广锠编：《高僧传合集》，上海古籍出版社 2011 年版。

54. ［日］慧坚撰：《得依释序文缘起》，《卍新纂续藏经》第 88 册。

二 地方史志（以时间为序）

55. （唐）《南诏图卷·文字卷》，藏于日本京都滕井有邻馆。

56. （唐）樊绰撰，向达校注：《蛮书校注》，中华书局 1962 年版。

57. （元）中峰明本撰，慈寂编：《天目中峰和尚广录》，明洪武刻本。

58. （元）张道宗撰：《纪古滇说集》，嘉靖己酉刻本。

59. （明）陈文著，李春龙、刘景毛校注本：《景泰云南图经志书》，云南民族出版社 2002 年版。

60. （明）刘文征撰：天启《滇志》，古永继点校本，云南教育出版社 1991 年版。

61. （明）钱邦芑撰，（清）范承勋增订：《鸡足山志》，收录于杜洁祥主编《中国佛寺史志汇刊》第三辑第一册，丹青图书公司，1985 年。

62. （明）倪辂：《南诏蒙段野史》，云南省社会科学院图书馆藏抄本。

63. （明）杨慎：《南诏野史》，清乾隆四十年石印本。

64. （明）李元阳：《嘉靖大理府志》，郭惠青、李公主编：《大理丛书·方志篇》卷4，民族出版社2007年版。

65.（明）李元阳：《万历云南通志》，郭惠青、李公主编：《大理丛书·方志篇》卷4，民族出版社2007年版。

66.（明）释禅：《风响集》，云南省图书馆藏抄本。

67.（明）钱邦芑：《大错和尚遗集》，《云南丛书》集部二编之六，中华书局2011年版。

68.（清）计六奇：《明季南略》，中华书局1984年版。

69.（清）范承勋、王继文修：（康熙）《云南通志》，云南图书馆翻印本。

70.（清）刘健：《庭闻录》，文海出版社影印本。

71.（清）周钺：（雍正）《宾川州志》，《大理丛书·方志篇》卷五，民族出版社2007年版。

72.（清）题海宁三百二十甲子老人校录：《明末滇南纪略》，载于刘茞等撰《狩缅纪事》（外三种），浙江古籍出版社1986年版。

73.（清）范承勋：《鸡足山志》，常慧戊辰年翻印本1988年版。

74.（清）高奣映著，侯冲、段晓林点校：《鸡足山志》，中国书籍出版社2005年版。

75.（清）圆鼎：《滇释纪》，《云南丛书》子部之二十九，中华书局2011年版。

76.（清）李宗昉：《黔记》，嘉庆刻本。

77.（清）《光绪江阴县志》，《中国地方志集成·江苏府县志辑》之25，江苏古籍出版社1991年版。

78.（清末民国）袁嘉谷：《滇南释教论》，见《云南地方志佛教资料琐编》，云南人民出版社1986年版。

79.（民国）李根源、赵藩：《鸡足山志补》，云南省图书馆藏本。

80.（民国）赵藩：《鹪巢识小录》12卷。

81. 刘琳：《华阳国志校注》，巴蜀书社1984年版。

82. 尤中：《中国西南民族史》，云南人民出版社1985年版。

83. 尤中：《僰古通纪浅述校注》，云南人民出版社1989年版。

84. 宾川县志编撰委员会编：《鸡足山志》，云南人民出版社1991年版。

85. 王叔武：《云南古佚书钞》（增订本），云南人民出版社 1996 年版。

86. 云南省宾川县志编纂委员会：《宾川县志》，云南人民出版社 1997 年版。

87. 段玉明：《大理国史》，云南民族出版社 2003 年版。

88. 芮增瑞：《三迤散记》，云南民族出版社 2006 年版。

89. 方国瑜：《新纂云南通志》，云南人民出版社 2007 年版。

90. 葛寅亮撰、何孝荣点校：《金陵梵刹志》，天津人民出版社 2007 年版。

91. 张树芳等编：《大理丛书·金石篇》（1—5 卷），云南民族出版社 2010 年版。

92. 宾川县地方志编纂委员会办公室编：《鸡足山志》，云南人民出版社 2012 年版。

三 专著（以拼音为序）

93. 蔡学勤：《明及清前期鸡足山寺院经济研究》，云南大学硕士学位论文，2010 年。

94. 岑学吕：《虚云和尚年谱》，《虚云和尚全集》第 6 册，中国古籍出版社 2009 年版。

95. 陈九杉执笔：《高嶅映评传》，云南人民出版社 1995 年版。

96. 陈垣：《〈明季滇黔佛教考〉外宗教史论著八种》，河北教育出版社 2000 年版。

97. 杜继文：《佛教史》，江苏人民出版社 2006 年版。

98. 方国瑜：《云南史料目录概说》第三册，中华书局 1984 年版。

99. 方立天：《中国佛教哲学要义》，中国人民大学出版社 2002 年版。

100. 方树梅：《担当年谱》及《普荷传》；冯再来：《担当禅师塔铭有序》，见《担当诗文全集》。

101. 方铁、方慧：《中国西南边疆开发史》，云南人民出版社 1997 年版。

102. 付晶：《担当的诗论和诗歌研究》，云南民族大学硕士学位论文，2012 年。

103. 侯冲：《白族心史——〈白古通记〉研究》，云南人民出版社2011年版。

104. 侯冲：《中国佛教仪式研究——以斋供仪式为中心》，上海师范大学博士论文，2009年。

105. 胡适：《胡适说禅》，文化艺术出版社2012年版。

106. 黄忏华：《中国佛教史》，东方出版社2008年版。

107. 蒋维乔：《中国佛教史》，上海古籍出版社2007年版。

108. 赖永海：《中国佛教通史》，江苏人民出版社2010年版。

109. 李东红：《白族密宗》，《法藏文库》卷48，佛光山文教基金会出版社2001年版。

110. 李霖灿：《南诏大理国新资料的综合研究》，台湾省"中央研究院"民族学研究所1967年版。

111. 李四龙：《中国佛教与民间社会》，大象出版社2009年版。

112. 李贽：《续焚书》，中华书局1975年版。

113. 连瑞枝：《隐藏的祖先——妙香国的传说和社会》，生活·读书·新知三联书店2007年版。

114. 镰田茂雄：《中国佛教通史》，关世谦译，上海佛学书局2005年版。

115. 梁启超：《佛学研究十八篇》，岳麓书社2010年版。

116. 陆韧：《变迁与交融——明代云南汉族移民研究》，云南大学博士学位论文，1999年。

117. 吕澂：《中国佛学源流略讲》，中华书局2004年版。

118. 麻天祥：《中国禅宗思想史略》，中国人民大学出版社2007年版。

119. 马建石、杨育裳：《大清律例通考校注》，中国政法大学出版社1992年版。

120. 潘桂明：《中国佛教思想史稿》，江苏人民出版社2009年版。

121. 释东初：《中国佛教近代史》，台湾东初出版社1991年版。

122. 汤用彤：《汉魏两晋南北朝佛教史》，武汉大学出版社2008年版。

123. 惟升：《虚云老和尚的足迹》，宗教文化出版社2003年版。

124. 魏道儒：《佛教史话》，社会科学文献出版社 2011 年版。

125. 虚云：《虚云和尚开示录》，北京图书馆出版社 1993 年版。

126. 虚云著，余金晋、农汉才点校：《虚云老和尚法汇》，黄山书社 2006 年版。

127. 徐文明：《中土前期禅学思想史》，北京师范大学出版社 2004 年版。

128. 徐霞客：《徐霞客游记》，朱惠荣整理，中华书局 2009 年版。

129. 许天侠：《中国佛教名山——鸡足山罗汉传说》，宗教文化出版社 2004 年版。

130. 杨为星：《苍雪大师〈南来堂诗集〉诗注》，云南出版集团 2011 年版。

131. 印顺主编：《虚云法师与鸡足山佛教》，宗教文化出版社 2008 年版。

132. 余嘉华、杨开达点校：《担当诗文全集》，云南人民出版社 2003 年版。

133. 张丽芬：《世界佛教名山——鸡足山》，陕西旅游出版社 2007 年版。

134. 周霞：《中国近代佛教史学名家评述》，上海社会科学院出版社 2006 年版。

四 论文（以拼音为序）

135. 道坚法师：《云南鸡足山古代佛寺藏书考略》，载印顺主编《虚云法师与鸡足山佛教——中国宾川鸡足山佛教文化论文集》，宗教文化出版社 2008 年版。

136. 法缘：《虚云老和尚在云南》，载印顺主编《虚云法师与鸡足山佛教——中国宾川鸡足山佛教文化论文集》，宗教文化出版社 2008 年版。

137. 方国瑜：《李京〈云南志略〉概说》，《思想战线》1981 年第 2 期。

138. 方慧：《行省、宗王、段氏并立时期的段元关系——元代云南民族关系研究之二》，《思想战线》1989 年第 6 期。

139. 傅贵九：《明清寺田浅析》，《中国农史》1992 年第 1 期。

140. 葛季芳：《从千寻塔文物看大理国与中原文化的联系》，《云南社会科学》1984 年第 1 期。

141. 郭声波：《〈大元混一方舆胜览〉的价值与缺陷》，《中国历史地理论丛》2005 年第 1 期。

142. 侯冲：《大理国写经〈护国司南抄〉及其学术价值》，《云南社会科学》1999 年第 4 期。

143. 侯冲：《元代云南汉地佛教重考——兼驳“禅密兴替”说》，《云南社会科学》1996 年第 2 期。

144. 侯冲：《云南阿吒力教经典及其在中国佛教研究中的价值》，载方广锠主编《藏外佛教文献》第 6 集，宗教文化出版社 1998 年版。

145. 华方田：《鸡足山佛教与浙江佛教》，载印顺主编《虚云法师与鸡足山佛教——中国宾川鸡足山佛教文化论坛论文集》，宗教文化出版社 2008 年版。

146. 黄彩文：《试论明代云南民族关系的特点》，《中南民族大学学报》（人文社会科学版）2003 年第 2 期。

147. 黄权才：《静闻禅师死因之分析》，《广西师范学院学报》2003 年第 2 期。

148. 黄夏年：《谛闻法师的教育人才观》，载昆明佛学研究会编《佛教与云南文化论集》，云南民族出版社 2006 年版。

149. 黄夏年：《鸡足山佛教与广西佛教》，载印顺主编《虚云法师与鸡足山佛教——中国宾川鸡足山佛教文化论文集》，宗教文化出版社 2008 年版。

150. 李东红：《白族文化史上的“释儒”》，《云南民族学院学报》1993 年第 3 期。

151. 李惠铨等：《〈南诏图传·文字卷〉初探》，《云南社会科学》1984 年第 6 期。

152. 李建欣：《妙峰山彻庸周理禅师论》，载印顺主编《虚云法师与鸡足山佛教——中国宾川鸡足山佛教文化论文集》，宗教文化出版社 2008 年版。

153. 李伟卿：《一自为僧天放我——担当出家问题的再审思》，《云南民族大学学报》2011 年第 5 期。

154. 陆韧：《论明代云南士绅阶层的兴起与形成》，《云南师范大学学报》（哲学社会科学版）2007 年第 1 期。

155. 陆韧：《明代云南汉族移民定居区的分布与拓展》，《中国历史地理论丛》2006 年第 3 期。

156. 任宜敏：《明代佛教政策析论》，《人文杂志》2008 年第 4 期。

157. 田怀清：《宋、元、明时期的白族人名与佛教》，《云南民族学院学报》（哲学社会科学版）2002 年第 1 期。

158. 汪宁生：《南诏中兴二年画卷考释》，《中国历史博物馆馆刊》1980 年第 2 期。

159. 王蓓蓓：《〈南诏图传〉奏乐仙女与永陵伎乐之比较研究》，《思想战线》2011 年第 1 期。

160. 王惠民：《敦煌写本"请宾头卢疏"考察》，《敦煌学辑刊》2006 年第 2 期。

161. 魏道儒：《宋代禅学的主流——宗杲的看话禅体系》，《中国社会科学院研究生院学报》1991 年第 2 期。

162. 温玉成：《南诏图传文字卷考释》，《世界宗教研究》2001 年第1 期。

163. 徐圣心：《梦即佛法——彻庸周理〈云山梦语摘要〉研究》，《台大佛学研究》2009 年第 18 期。

164. 颜晓云、陆家瑞：《白族姓名文化探微》，《云南社会科学》1997 年第 5 期。

165. 伊利贵：《永胜高氏土司与"改土归流"》，《学理论》2010 年第 4 期。

166. 张丽剑：《明代大理白族地区汉文化传播的主要途径之一——儒学教育》，《云南教育学院学报》1999 年第 1 期。

167. 张松辉：《论德山宣鉴禅师呵佛骂祖思想》，《湖南科技学院学报》2005 年第 1 期。

168. 张信：《传扬佛学的丽江木氏土司》，《今日民族》2008 年第 9 期。

169. 赵旭峰、路伟：《文化认同与多民族国家统一——以明代云南地区为例》，《黑龙江民族丛刊》（双月刊）2010 年第 4 期。

五 英文文献 (以时间为序)

170. S. Naquin, *Millenarian Rebellionin China. The Eight Trigramis Uprising of* 1813 , Yale U. P, 1976.

171. Peter Stallybrass and Allon White, *The politics and poetics of Transgression* . London: Methuen, 1986.

172. Frank Joseph (ed.), *Sacred sites: AGuidebook to Sacred Centers and Myssterious Place in the United States.* St. Paul, Minn: Llewellyn publications, 1992.

173. Henri Lefebvre, *The Production of Space*, translated by Donald Nicholson, Wiley – Blackwell, 1992.

174. James Robson, *The Polymorphous Space of the Southern Marchmount* [*Nanyue*]: *An Introduction to Nanyue's Religious History and Preliminary Notes on Buddhist and Daoist Interaction. Cahiers d'Extrême – Asie* 8 (1995).

175. David Chidester and Edward T. Linenthal, *Amercian Sacred Space*, Introduction, Indian University Press, 1995.

176. Jonathan z. smith, " Constructing a small place," in Benjamin Z. Kedar and R. J. Zwi Werblowsky, eds, *Sacred space: shrine, city, land* (New York, 1998).

177. Kamata Shigeo, *Unnan Keisokuzanno Bukkyō*, Jouranl of the International College for Buddhist Studies1 (1998).

178. James Robson, *Buddhism and the Chinese Marchmount System* [*Wuyue*]: *Excavating the Strata of Mt. Nanyue's Religious History.* In John Lagerwey, ed. , *Religion and Chinese Society: Volume* 1 *Ancient and Medieval China.* Hong Kong: The Chinese University Press, 2004.

179. Toni Huber: *the holy land reborn, chapter*1, *The Shifting Terrain of the Buddha.* The University of Chicago Press, 2008.

180. James Robson, *Power of Place, The Religious Landscape of the Southern Sacred Peak (Nanyue* 南岳) *in Medieval China*, Published by the Harvard University Asia Center and distributed Harvard University Press, 2009.

181. James Robson, *Buddhist Sacred Geography*. see Jhon Lagerwey, Pengzhi Lü, *Early Chinese Religion*: *The Period of Division* (220—589*AD*), Part2, Leiden Boston Brill, 2010.

182. James Robson Co – edited with James A. Benn and Lori Meeks, *Buddhist Monasticism in East Asia*: *Places of Practice*. London: Routledge, 2010.

183. Rana P. B. Singh Edi, *Sacred Geographyof Goddesses in South Asia*: *Essays in memory of David Kinsley*, Cambridge Scholars Publishing, 2010.

184. Venetia Porter, *Hajj – Journey to the Heart of Islam*, Publisher: Lustre (Roli Books) British Museum, London, 2012.

185. Diana L. Eck, *India*: *A Sacred Geography*. Harmony, 1 edition, March 27, 2012.

后　记

明季云南鸡足山寂光寺儒全水月禅师闭关时，有一个姓王的天台兵宪挺好奇，问师曰："用事如何？"师答曰："凿池不待月，池成月自来。"细细品味，其中不仅有随缘机用的智慧和因果逻辑，更有禅师内心深处一份坚实的自信。禅师闭关修行如此，我等凡俗的学习、科研亦如此。没有坚持不懈地斧凿，固然不会有池满月圆的佳境。

掩卷遐思，心中却没有儒全水月禅师那份满满的自信……我是个后知未觉的人。在安徽乡村中学从教十年，小有成绩，但又心存一丝不甘。能够改变命运的途径唯有考研，于是买了一本《星火考研英语》开始备考。2005 年第一次报考即通过了，毅然辞去工作，变卖点滴家产，换作一肩行囊，携妻儿一路风尘来到云南民族大学，师从张桥贵教授。然后开始了边打工边求学的旅程，从开始租住 10 平方米的小屋，到硕士毕业后进入云南省社科院工作、按揭贷款买房，其间的辛酸，如鸭在水，冷暖自知。踏入学术殿堂之后，如一个懵懵懂懂的垂髫，觉得处处好奇而神圣，更发觉自己的无知与渺小。2010 年，是我人生的又一个转折点。是研究佛学的福报吧，像我这样一个起点低、年龄大、根器浅的人，能够考入中国人民大学读博，缘于张风雷老师和温金玉老师的慈悲和宽容，使我有幸忝列师门。

三年弹指间，谁言往事如烟？屈指额首，三年旧事，历历在目。来中国人民大学读书前，我对佛教知之不多，对佛教义理更是一知半解。导师张风雷教授知我根浅底薄，循循善诱，鼓励我多读书、多思考。第二年，我才斗胆把自己写的一篇论文交给导师审阅。当看到满纸的红字旁批，细到句式、标点的更改，我震惊和汗颜……严谨治学的师风不用言诠，自然刻骨铭心。在确定论文选题时，导师更是费尽心思，三易选题，最终确定下来写云南鸡足山佛教圣地。现在回想起来，更知导师用心良苦。这个选题既可避开我对佛教义理的短板，又能结合我的工作实际和云南本土资源。但如师言，无论今后怎么做，佛教义理是绕不过去的，一定要恶补。这也是我为什么在完成了博士学位论文之时，却没有那份喜悦和自信的原因。此生有涯，学无止境。我知道，区区一卷带有诸多遗憾的学位论文，只是我今后学习和研究的起点。

　　在酝酿思路和收集资料过程中，得到上海师范大学侯冲教授的悉心指导和慷慨赠书。侯先生和蔼温厚，百忙中为后学答疑解惑，指点迷津；侯先生对云南佛教的开拓性研究，尤其对云南鸡足山的崛起及其禅宗法系的研究，是本文研究的重要基石。在云南鸡足山作田野调查时，得到鸡足山虚云禅寺住持惟升法师的大力支持。惟升法师学识渊博，山中典故，如数家珍；解说佛理，通俗明了，令人有醍醐灌顶之感。在杭州第十届"吴越佛教"论坛上，邂逅胡建民博士，胡博士给了我许多具体细致的写作思路，受益匪浅。在中国人民大学校园，偶遇宁波七塔寺住持可详法师，得赠《谛闻尘影集》，解决了我论文中的一个悬疑的问题。论文答辩会上，中国社会科学院世界宗教研究所的魏道儒研究员、北京大学李四龙教授、北京师范大学徐文明教授、中国人民大学温金玉教授、张雪松教授给予很多建设性的修改意见。在中国人民大学学习过程中，得到中国人民大学佛教与宗教理论研究所诸位老师的教诲和指导。在中国人民大学西门对面的小餐馆里，王声忆师兄于觥筹交错中给予我论文选题方向性的建议。正是有众多师长的指导和帮助，才有我的点滴进步，在此致以崇高的敬意和衷心的感谢！

　　蓬生麻中，不扶自直。在中国人民大学哲学院 2010 级博士班这个大集体中，从诸位同学那里我得到很多帮助，在讨论交流、抑或是神侃中亦有所得；相比之下的差距更激励我要努力进步。在我多年求学路上，我的弟弟张含始终鼎力相助，兄弟相携，砥砺前行；我的妻子张恩玲女士一直陪伴漂泊，我前行的每一步都有她的支持。

　　本书亦是国家社科基金项目的成果。2012 年，我以博士学位论文开题报告为基础申报国家社科基金项目，获得立项。2013 年完成博士学位论文后，用了两年的时间重新结构，补充材料，修改后获准结项。在修改过程中有幸得到中国社会科学院世界宗教研究所郑筱筠研究员、大理大学张锡禄研究员、云南大学李东红教授、云南师范大学吴之清教授的修改建议，恰中肯綮！在出版过程中，中国社会科学出版社哲学宗教与社会学编辑室冯春凤主任和许晨编辑为之劳心，在此一并表示衷心谢意！

怀着一颗感恩的心继续前行，心灵会越来越轻松，脚步会越来越踏实。

回落到本书主题上，迦叶遵佛嘱，捧金缕袈裟入定鸡足山，以待弥勒佛降世，传佛僧伽梨衣，以补佛位。不管迦叶入定的是此鸡足还是彼鸡足，总之，迦叶道场在云南鸡足山的确立，成就了一座佛教灵山圣地，为人们传达出一种希望，希望人间太平，希望众生幸福。

张庆松
2013 年 5 月 18 日于中国人民大学图书馆初稿
2016 年 6 月 12 日于昆明修订完成